隣国の発見

日韓併合期に日本人は何を見たか

鄭大均
Tei Taikin

筑摩選書

隣国の発見　目次

隣国の発見——日韓併合期に日本人は何を見たか

序

一九一〇年から一九四五年までの三五年間、朝鮮は日本帝国の一部を構成していた。本書は主にはこの時代に異邦人として朝鮮で暮らしていた日本人が書き残したエッセイ（随筆）や日記を短い解説とともに紹介するものである。

日本統治期（日韓併合期）が朝鮮の街や人や文化に与えた影響は今日私たちが漠然と考えるよりはるかに根本的である。野山の風景や、街の風景が変わったというだけではない。朝鮮全土に鉄道や道路、電信・電話といったインフラが整備され、学校や病院が建設され、また法的規範や私有財産制度がもたらされたというだけでもない。

この時代の朝鮮の住民の多くは農民であったが、その田植えの方法や畑の畝作《うねづく》りに変化が生じ、作物の品種が植え替えられ、水利灌漑設備が整備され、化学肥料が用いられ、金融機関が農民に小口融資を行うとか、農事試験場がその育成指導を行うといった農民と国家や産業との関係が始まったのはこの時代であり、それは今日の韓国や北朝鮮にも基本的には継承されている。

より劇的でありながら、ほとんど意識されていないのは言葉の変化である。朝鮮で長く公的な書き言葉（文字言語）とされていたのは漢語であり、ハングルは一五世紀半ばに編み出されていたが、それは長く「諺文《おんもん》」と呼ばれ、周縁化されていた。かつてのヨーロッパで、土着語がありりながらもラテン語が文字言語とされ、それを知るものが権威あるものとされていたように、朝鮮においても漢語を知るものが権威あるものとされていたのである。

似たような状況は日本にもあった。とはいえ、『土佐日記』や『枕草子』や『源氏物語』のような仮名文学が十、十一世紀にかけての作品であるのに比べると、漢土志向から解放された漢字ハングル混用文が開花したと言えるのはこの国が日本の政治、文化的影響を強く受けるようになった十九世紀末以後のことで、それは漢字仮名混用文の影響を強く受けるものであった。

日本統治期というと、朝鮮総督府の「朝鮮語弾圧」を思い浮かべるのが今日の常識であろうが、朝鮮総督府が朝鮮語辞典を編纂し、「綴り字」や「標準語」制定において朝鮮語学会と協働関係にあったことを忘れてはいけない。日本語が国語化したといっても、大部分の朝鮮人は朝鮮語の世界に生きていたのであり、その朝鮮語がこの時代に大きな変容を遂げていたのである。

今日、私たちは韓国語が驚くほど日本語に似通った言語であることに気づいているが、それは日本統治期に朝鮮語が日本語の語彙や構文や語法を大胆にとり入れて近代語化した結果であり、日本語の影響はその後も続いている。日本語を「国語」として押し付けられた朝鮮人は一見母語を「喪失」したかに見えるかもしれない。しかし実際のところはというと、日本語の押しつけはバイリンガルの朝鮮人を生み出すと同時に、近代語としての朝鮮語を生み出す契機になっていたのである。

もう一つ短く加えたい。この時代は朝鮮社会に長く続いていた両班・常民・奴婢といった身分制が解体され、新女性が誕生し、消費文化が生まれ、人々の生活がより合理的で選択的になった時代としても記憶されてよい。より良い明日のために過去の自分を捨て去ることに物怖じしない朝鮮人が大量に生み出された時代である。しかし、それは人々が「原初的欲望」と「合理的欲望」との間に引き裂かれる時代の幕開けを意味するものでもあった。「原初的欲望」が血縁主義や祖先崇拝に結びつきやすいものであるとしたら、「合理的欲望」は新しい時代に適応し、より自分らしい生き方をするための生活習慣や自己訓練を意味するもので、日本統治期はやがて訪れるこの国《くに》の飛躍《ひやく》や混乱の序章であった。

右に記したことは断片的に過ぎないが、それでも日本統治期が朝鮮やその人々にとって重大な変化の時代であったということがお分かり頂けると思う。にもかかわらず、韓国がこの時代を抑圧、収奪、抵抗の物語として語り続けることに筆者は不安と不満を覚える。それは韓国人の日本にたいする敵意や憎悪を自明で本質的なものにするというだけではなく、日本人に原罪意識を植え付けるにもかなりの成果を収めているが、注意すべきは、だからといって韓国を幸福にしているわけではないということである。韓国の論者たちは日本統治期の日本人の加害者性や自らの犠牲者性を自明のことのように語り、それは学校教育や年中行事や博物館の展示でも反復されるが、それでもそれに相反する事実を完全に消し去ることはできないし、反日的な魔女狩りの伝統が今日では韓国人同士の争いに適応されて国内に大きな分裂を生み出しているという状況もある。

二〇二二年十月二十九日、ハロウィンの少し前、ソウルの梨泰院洞《イテウオンドン》の路上で人並みに押しつぶされて一五八人もの人間が圧死するという惨事の報に接したときに考えたのもそんなことだった。すぐに思い浮かんだのは韓国人の「群れる」という性格に「好奇心」や「喚起的発言」が連鎖したときに生まれてくる光景で、それは多分に韓国的光景であるように思えるのだが、事故後に現れた解説記事にそれに注目したコメントを見つけることができなかった。逆に執拗に繰り返されるのは魔女狩り的態度である。なぜ韓国人にはそれが見えにくいのかなと思う。

「群れる」というハビトゥス（habitus）に韓国人が無意識であるのはなによりもそれに違和感を抱く人間が少ないためであろうが、それは同時に韓国には有力な民族、文化的少数者がいないためでもあるだろう。ハビトゥスは文化や言語を共有するものには意識されにくいが、異邦人には気がつきやすい「身体文化」のようなもので、今日の韓国の議論にそれが抜け落ちているとしたら、それはこの国の議論に外部の目が欠けていることを示唆する。

そのような国の人々には知ってほしいのだが、日本統治期の朝鮮にはその群れる性格に注目する異邦人がいた。朝鮮総督府官房文書課に嘱託として勤務していた村山智順《むらやまちじゅん》がその人で、氏の『朝鮮の群衆』（一九二六）所収の「交番前の群衆」というモノグラフには「何等かの事故で人が交番に連行又は検束された場合そこには直ちに黒山のような群衆があらわれる。これ等の群衆は変ったこと見たさ知りたさの好奇心から集まった者達であり、（略）如何に解散させようとしても後ろには十重二十重の人垣が築かれた為に身動きもならない事になってしまう」とある。

村山智順は一九一九年に朝鮮に渡り、二十年ほどその地で仕事を続けた日本人であるが（第三章参照）、彼が朝鮮人の群像行動に関心を寄せたのは社会学者であるとともに朝鮮の地で生活する異邦人であったからで、本書はこのような日系の異邦人たちが朝鮮の自然や人や文化について見たり、考えたりしたことを記したエッセイを紹介するための本である。

意外に認識されていないことだが、韓国のように五千万人を超える人口規模を持ちながら、民族・文化・言語的にもかくも均質・等質であるという国は世界のどこにもない（もう一つの例外は北朝鮮であり、日本にもある程度その性格があるが、しかし日本には少数ながら土着型のマイノリティや移住型のマイノリティがおり、またカースト型のマイノリティがいて、その意見が国政にも反映するという状況がある）※註1。近年韓国では日本統治期を北朝鮮式に「日帝強占期」などと呼んで、その犠牲者性や抵抗性を一点の曇りもなく語るという態度が流行であるが、それは、なによりもそれによって自己の尊厳が傷つけられたと感じる少数者がいないからであり、もしこの国に、隣国の在日コリアンに匹敵するようなにぎやかな少数者がいてくれたら、隣国を悪魔化する歴史をかくも無邪気に語り続けるという事態を想像することはできない。

これを言い換えると、かつての異邦人である日本人が書き残したものを、これまではその「侵略者性」や「植民者性」のゆえに無視し、遠ざけてきたのだが、これからはむしろその「異邦人性」や「少数者性」のゆえに注目すべきではないのか。彼らは朝鮮に変化をもたらした張本人であったが、同時にこの時代の朝鮮の生活者であり、観察者であり、外部の目を持った少数者であり、今日の韓国に欠けている視点や記憶を提供してくれる重要な証言者であり得る人々である。

ポストモダニズムやポストコロニアリズム隆盛の今日、研究者やジャーナリストたちは一見、過去から学んでいる風を装い、少数者には大いに関心があると言う。しかし彼らは今日を生きる自分たちを至上のものとする人々であり、一度《ひとたび》あるものに「侵略者」や「植民者」の烙印を押すと、それをなかなか変えようとはしない頑固者たちである。そんな人々の記したいびつな日本統治期論などに比べると、この時代に朝鮮の地に住んでいた日本人が書き残した朝鮮エッセイには人間の息吹があり、読んでいて生きた心地のするものが少なくない。本書で紹介したいのはそんな良質なエッセイである。

以下、数十人の証言が登場するが、安倍《あべ》能成《よししげ》と挾間《はざま》文一《ぶんいち》の作品をやや集中的にとり上げたのは、その作品が観察と体験と記述の調合した良い作品であるからで、二人の間に政治的、思想的な共通性があるわけではない。ただし、第一高等学校校長や学習院院長といった要職にあった安倍能成に比べると、挾間文一はほとんど無名の人であるから、短く紹介しておきたい。

大分県北海部《きたあまべ》郡に生まれた挾間文一は一九三五年から終戦の年まで京城医学専門学校に在職したが、一九三八年、生物電気の研究でノーベル生理学・医学賞候補にノミネートされた科学者である。もっとも本人はそのことを知らなかったし、周囲にいるものもこの人がそんな偉い先生であるとは知らなかったようである。とはいえ本書が関心を寄せるのは、科学者としての挾間というよりは、不本意ながら長崎医科大から京城医専に移動した挾間が、朝鮮の新しい自然や文化に触れて、それに好奇心や探求心を発揮する過程で記してくれたいくつかの作品である。

以下本書は五章で構成されている。第一章は海峡を越えて朝鮮の地にやって来た日本人がその自然や山河になにを見たのかをテーマにした章で、否定的に語られることの多い「禿山論」の一方には肯定的に語られる「岩山論」の系譜がある。

第二章と第三章は日本人の朝鮮や朝鮮人に対する多様な発見、ないしはそれに伴う肯定的、否定的、好感的、非好感的、ないしはアンビバレント（両面感情的）な眺めを紹介する章である。

第四章と第五章はこの時代に朝鮮の地をよく歩いた安倍能成と挾間文一の作品を集中的にとり上げる。カント哲学や西洋哲学史を専門とする人文学者の安倍が基本的には京城の街を「歩く人」であったとすると、自然科学者である挾間文一は観察や採集のために野をよく歩いた人であるが、戦時期には鉱山労働者の診療のために辺境の地をよく旅した。

引用される作品の多くは日韓併合期の一九二〇年代から三〇年代にかけてのものであるが、大韓帝国（一八九七～一九一〇）の時代の証言や、逆に、戦後に回顧的に記された作品も若干含まれている。

証言のなかには、今日的基準からすれば、差別的と見做される言説もあるが、それ故にそれを除外するということはしない。差別的ではあっても、それはこの時代の誰かの思考や感情を代表するものであり、今も昔も異文化との出逢いにおいて偏見やステレオタイプから自由な人間はいないはずである。

引用文だらけであるが、やや古い文章が多いため、若い読者や日本語を母語としない読者の便宜も考えて、旧字体は新字体に、旧仮名遣いは新仮名遣いに改め、漢字表記された「こそあど」のような指示語は仮名に改めるなどの変更を加えている。しかし朝鮮の地名、人名に関しては、著者が朝鮮語の字音読みを想定していたと見做されるものを除いて、それに朝鮮語字音のルビを付すということをしない。日本統治期に多くの日本人はたとえば「漢江《ハンガン》」を「漢江《かんこう》」と呼んでいたのだから、それに「漢江《ハンガン》」のルビを加えたら、それは事実を歪めることになるだろう。

本書は完成に思いのほか時間がかかったが、貴重な資料を提供し、助言を与えて下さった挾間秀文、岩本弓子、李悦宰、青木晴夫（故人）、ウィリアム・ウェザロール、藤原夏人、嶋津弘章、高柳俊男、勝岡寛次、林建朗の各氏に心からの謝意を表したい。校閲者の田村眞巳さんからは多くの誤りを指摘して頂いた。感謝。筑摩書房の藤岡美玲、湯原法史、松田健の三人からも有難い助言と便宜を頂いた。

註

1　韓国の民族・文化・言語的均質性に注目することの重要性について筆者はすでに「韓国ナショナリズムの性格」『思想』（一九九三年一月号）、『韓国のナショナリズム』（岩波現代文庫、二〇〇三年）等の論考で指摘したことがある。

第一章
朝鮮の山河

一　海峡を越えて

谷崎潤一郎の朝鮮行

日韓併合期に多くの日本人は下関から連絡船に乗って海峡を越え釜山に到着、そこから鉄道を利用して京城やその他の地域に移動した。本章ではそんな時代に朝鮮を旅した日本人の紀行文を紹介することから始めたい。一九一八年の秋、雨の多いジメジメした天候の続く日本から釜山の港に到着した作家の谷崎潤一郎（一八八六〜一九六五）は次のような印象記を残している。

朝鮮に雨が少ないという事は以前から聞いて居たので、恐らくこうもあろうかと予期しては居たものの、実際予想以上の麗しい天気であった。港に着いて、町のうしろに聳《そび》えて居る丘の上を、真白な服を着た朝鮮人が鮮やかな秋の朝の日光にくっきりと照らし出されながら、腰を屈《かが》めつつ悠々と歩いて行く姿を見た時には、一と晩のうちに自分は幼い子供になって、フェアリー・ランドへ連れて来られたのではないかというような心地がした。飽く迄も青く澄んで透き通って居る空を眺めると、何だか頭までがすうッと冴え返って、二た晩の間汽車と船とに揺られて来た疲労が名残りなく消えてしまった。後で聞いたのであるが、朝鮮の秋は一年中で最も景色の好い時だという話であった。恐らくそれはほんとうであろう、年が年中あんな景色と天気とばかりが続いたら、多分朝鮮は世界一の楽土だろう。
釜山から京城までの汽車の沿道が又非常に景色がいい。漢江の水は空と同じように透き徹って殆んど翡翠《ひすい》を溶かしたように真青である。ところどころの農家の屋根に干してある唐がらしが日に反射して珊瑚の如く紅く光って居る。いや、実際は珊瑚よりももっとずっと紅く、いかにも人工でてかてかと研《みが》き立てたように輝いて居る。レールの両側に植わっているアカシヤの並樹、コスモスの花、楊柳《ようりゅう》の枝、百姓家の土塀、それ等の色彩の冴《さ》え冴えとした調子は、到底油絵では写すことの出来ない、純然たる日本画の絵の具の色である。(「朝鮮雑感」『谷崎潤一郎全集(第六巻)』中央公論新社、二〇一五年、四一五~四一六頁)

釜山の港にやってきた谷崎潤一郎が「フェアリー・ランド」へやって来た心地と記しているのが斬新である。京城に向かう鉄道の沿線に見える樹木や土塀の色を「純然たる日本画の絵の具の色」と表現しているのにも驚かされる。戦後の日本人に隣国の風景を表現するのにかくも自由であった人がいただろうかと思うが、より驚かされるのはその後に出て来る記述であろうか。

平安朝を主材にした物語なり歴史画なりを書こうとする小説家や画家は、参考の為に絵巻物を見るよりも寧ろ朝鮮の京城と平壌とを見ることをすすめたい。京城の光化門通りあたりをさまようて居ると、嘗て戯曲「鶯姫」を書いた私は、自分があの戯曲中の人物になってしまったような気持を覚える。ゆったりとした白い狩衣《かりぎぬ》を着て居た平安朝の京都の庶民の風俗と、今の京城の市民の服装とは、その感じに於いて殆んど何等の相違もない。そこにはあの市女《いちめ》笠《がさ》に似た編笠を被った男も通る。烏帽子《えぼし》に近い帽子を被った人々も通る。被衣《かつぎ》に似た衣《きぬ》をすっぽりと被って、衣擦《きぬず》れの音ひそやかに練って行く婦人も通る。そうして、彼等の顔までが絵巻物から抜け出たような円々とした、平べったい、眼の細い、鼻の低いのが非常に多い。夕方になると、鵲《かささぎ》が五六羽ずつ群を成して町の上を飛び廻ったり、羽ばたきをしながら宵闇《よいやみ》の往来へ降りて来たりするが、平安朝の京都の町も大方あんな風に鳥が多かったであろうと思う。その外民家の築土《ついじ》の塀なども、平安朝の情景を想い出させるに充分である。殊に、京城の朝鮮料理屋の長春館へ行った時、例の名物の妓生が温突《おんどる》の床の上に敷いたわらうだの如き蓆《しぎぐさ》に古風なあぐらを掻いて据《す》わって、ねむい慵《ものう》い催馬楽《さいばら》のような朝鮮の歌を唄い出した折に、私は一層その感を深くした。平安朝の公卿たちの催したうたげというものも、恐らくはこんな風であったろう、――そう考えると、まずくて幼稚な朝鮮料理までが、その頃の日本料理に似通って居《い》はしまいかというようにさえ感ぜられた。

平壌で朝の市場を通った時に、烏帽子を売る一人の男が沢山の烏帽子を高く弓なりに反って居るくらい積み重ねて、それを片手で肩の上に支えながら、人ごみの中を悠々と歩いて来るのを見た。これなんぞは昔の光長をして絵巻物の中へ写生して貰いたいくらいに思った。王朝の昔、京都でもこういう風にして烏帽子を売り歩きはしなかったろうか。頭の上へ瓶だの籠だのを載せて歩いて行く光景も、全く古の販婦《ひさぎめ》、販男《ひさぎお》に髣髴たるものである。(同書、四一六～四一七頁)

京城や平壌の街を歩く谷崎潤一郎は平安朝の風景の中を歩いている気分らしい。この文を初めて読んだときには谷崎はなんて個性的なことを言う人なんだろうと思ったが、やがて隣国に日本の古代性を発見するという態度はこの時代の知的人間にはさして珍しくないことを知る。谷崎が朝鮮を訪れる前年の一九一七年九月、萩野《はぎの》由之《よしゆき》（歴史学者・国文学者、東京帝大教授）は京城高等女学校での講演で次のように語っている。

私はわが王朝時代、奈良朝時代や平安朝時代の国史を読んでその風俗に関し、現存していないものが多いので想像に苦しんで居ったことが久しかった。しかるに朝鮮に来て見ると、わが王朝時代の風俗がそのまま現存して居るので国史を読んで判らなかった久しい疑問がスッカリ解けたので大いに喜んで居ります。日本の上古、即ち大化の革新以前においては朝鮮の南一部は日本の保護国であったから、支那の文化は多く朝鮮を経て日本に入って来たものだが、その後、朝鮮の南も日本の手から離れたので、日本は直接陸唐の文化を支那より輸入するようになった。即ち日本は支那の文化に対し相弟子という関係になった。ところが陸唐の文化が日本に入ってから日本は益々文弱に陥った。即ち平安朝時代は文弱の弊に堪えなかった。ソコデ幕府というものが起って武家政治が行われるように至った。即ち鎌倉幕府、室町幕府、江戸幕府というように武門政治が行われ、風俗人情にも大変化が行われて、終《つい》に今日では王朝時代の風俗習慣というものは国史や風俗史の上において見る計りで実物を見ることは出来ぬという有様であるが、ソレが朝鮮に来て見ると、朝鮮はその後、新羅が高麗朝になり、高麗朝が李朝になるという風に主権者は朝を幾度も変えたが、風俗習慣の上には殆ど変化が無く、二千年昔の風俗習慣が今日でもそのままに行われて居るから、朝鮮に来て見ると日本の王朝時代が想像される。奈良朝時代の絵巻物を見る心地がする。故に私は東京においても日本上古史を研究せんとする者は必ず朝鮮を見ねばならぬということを語って居ります。(「国史より見たる朝鮮」『朝鮮之研究』朝鮮及満洲社、一九三〇年、三二四〜三二五頁。概要からの再引用)

ところで先の文で谷崎は朝鮮料理について「まずくて幼稚」と記していたが、それに続く部分の記述はというと、次のとおりである。

前にちょいと朝鮮料理のことを書いたが、いかに悪物喰《いかものぐ》いの私でもあればかりは全く食えなかつた。とても食える物ではないから止した方がいいと云われたのを、兎に角と云うので私は友人K氏と一緒に長春館へ行って見た。(此の外にもう一軒明月楼と云う家があって、共に一流の料理屋なのだそうである。明月楼の方は大分日本化して居て日本人の客が多いと云う話であったから、私は特に長春館へ行ったのであった。)大分品数は沢山出たけれど極めて原始的な料理の仕方で、水っぽい、薄穢《うすぎたな》い、口がヒリヒリする程唐がらしの這入った、見るからに気味の悪い物ばかりである。せめて熱いものででもあればいいのだが、大概は冷めたい料理が多い。最初に茹でた豚の肉を味噌に着けて食うのが出た。私はそれを一と切れ摘まんだ時から何だか胸がムカムカし出した。最も閉口したのは真赤な色をした生の牛肉をからしに漬けた物であった。中でどうにかこうにか食えるのは神仙炉と云う寄せ鍋に似た料理（これだけは熱かった）だそうであるが、それさえ私には口に合わなかった。長春館へ行ったお蔭で、私はその明くる日一日胸が悪かった。

谷崎はこの時代に日本人たちによく利用された「明月楼」（後の「明月館」）を避け、長春館に出掛けたのだが、その料理にはしかし異邦人の舌によって鍛えられた味の普遍性が欠けていたようである。ちなみに「朝鮮雑感」で否定的なことが書かれているのは朝鮮料理の部分だけで、料理でもこの後に出て来る西洋料理の話になると、「朝鮮ホテルの西洋料理のうまいのには頗る感心した」とある。

ポプラの樹

谷崎潤一郎の朝鮮訪問から九年後の一九二七年五月、政界入りする直前の鶴見祐輔《つるみゆうすけ》（官僚・政治家。鶴見和子や鶴見俊輔の父。一八八五〜一九七三）は釜山から京城に向かう展望車に乗って、旧知の朝鮮の山河を眺める。

私は朝鮮に遊んで、いつも一番深い印象を受けるのは、ポプラの樹である。ポプラを中心として、誰かに朝鮮の風趣を描いては貰えまいか。南ロシアのウクライナは、詩情ある地方である。そのウクライナの人々はポプラの樹を愛すること、世の常に越え、美人を形容して、彼女はポプラの如く美しというそうである。

新緑の山河は、どこの国でも美しい。南朝鮮の河は水流満々、岸と共に平らかに、身のすでに亜細亜大陸の一角にあるを覚えしめる。ただ四辺に点在する朝鮮家屋が、旧態依然として茅葺《かやぶき》屋根であるのが、遊子の胸臆に一味の哀愁を誘う。二時ごろ、車は秋風嶺［忠清北道永同郡］を過ぎる。何というよい名の町だ。左右は高き山々、山の下《もと》に青田、処々疎林を見る。眼にしみるような新緑と、黒い裾に白の上衣、髪を奈良朝風につかねた朝鮮の乙女が、丘の上の細経を歩んで来る。高くして真直ぐなるポプラの樹の葉が、ひらひらと風に裏返っている。

大田を過ぎて初めて、朝鮮民家のうちに、トタン屋根の家を見る。制帽を被った朝鮮の子供三人来る。こうして、少しずつこの国が変ってゆくのだ。

成歓をすぎて曇り、餅店［原文には米店とあるが訂正］より細雨、水原に到りて雨上りの松林滴《したた》るごとき翠色。水田のうちに、白い鶴の立てるを見る。薄暮、京城に入れば、満街《まんがい》すでに燈光明《あか》し。車を駆って町をゆくと黄昏の空に美しき王城の楼門が聳えている。遊子は京城に到りつきて、古今千年の歴史を懐《おも》う。

その夜、新知《しんち》旧友に招かれて、生れて初めて朝鮮料理を喫し、名物の妓生《きーさん》を見る。食堂園という旗亭《きてい》。待合室に入れば、十二畳ほどの部屋。天井高きこと九尺、床下はオンドル、薄褐色のしき物の上に、萌黄縁《もえぎべり》の蓆《むしろ》をしく。色調の既に異なるを見る。色どり濃き屛風を引き廻し、周囲を浅黄に中央を緋にしたる座布団をしき、その正面を主賓の席とし、主賓の座にのみ左右両個の枕様の萌黄の肱つきあり。この座に直って一座を見渡す心持は、猿芝居のお大名もかくやあらんと思わる。

妓生《きーさん》の名、曰く、金蘭珠、曰く金玉蘭、曰く鄭玉蘭、曰く金山月、何ぞ詩情に富めるや。一人は白の紗の上衣《うわぎぬ》、桔梗《ききょう》模様を織り出したる同じく白羽二重の裾、滴《したた》るごとく黒き髪を朝鮮髷《まげ》にして赤の手がらに、翡翠《ひすい》と白金の釵《かんざし》。一人は紅の紗に紺の袖口《そでぐち》。薄水色の羽二重《はぶたえ》の裾《すそ》、静粛《せいしょう》として情趣あり。今まで路上の朝鮮の婦人のみを見たる眼には意外の感なき能わず。

食事は、今は次第に本来の朝鮮料理より、次第に転化して、日本人の好尚《こうしょう》を加えつつありという。生栗、松の実、もちごめに朝鮮の気分がある。寄せ鍋のごときを名づけて、神仙壚《しんせんろ》とは、流石に文字の国である。食事半にして妓生鼓《こ》を打って筏流しの歌を歌う。哀音切々、人の胸に迫る。正直に白状して、私は支那の芸妓の鑢《やすり》の目をたてるような胡弓の音には感服しない。朝鮮の音楽は遥かにいい。(「北支の旅」『中道を歩む心:新自由主義論』大日本雄弁会講談社、一九二七年、四〇九~四一二頁。角括弧内は筆者による補足。以下同)

朝鮮のポプラの樹を目にした鶴見祐輔はウクライナの人々がポプラの樹を愛することを語り、新緑の山河は、どこの国でも美しいと言う。異文化世界の魅力を伝えてくれる文である。こんな文に触れると、自分も朝鮮の風景の一部になってみたいという気分になる。文中にある「今まで路上の朝鮮の婦人のみを見たる眼には意外の感なき能わず」の「婦人」が両班の女性であるのか、常民や奴婢の女性であるのかはよく分からないが、この時代に朝鮮の女性たちには顔を隠すという習慣があったから、どんな顔に対面しても、「意外の感」を受けたに違いない。さて京城に二日ほど滞在した鶴見は、京城から新義州に向かう京義線に乗って満州に向かうが、北朝鮮の風景も鮮やかに描かれている。

翌日は講演に一日を消し、翌々朝この旧都を去って満洲に向かう。京城より北の方、三十分にして水色駅というに至る。山青く田広く水清し。水色とはよき名かな。かかる名前を付けた当時の朝鮮人の心意気が偲ばれる。南朝鮮と較べて、北朝鮮の風光は異なる。遥か彼方に、天を遮《さえぎ》る高い峰巒《ほうらん》の姿が、日本と別乾坤《べつけんこん》の感を与える。それは高く険しくして、しかも荒々しくない。たとえばカナダのロッキー山と比して、何となく北朝鮮の山容には優《やさ》し味《み》がある。それは、朝鮮が細い美しい線の国であるからだ。丁度、英国から海峡を渡って、フランスに上陸した瞬間に、我々は別天地という感じを受ける。同じように我々は、満洲から往《い》っても、日本から往っても、朝鮮に到って別山河という感に打たれる。それはフランスの場合と似ている。英国の樫《かし》の樹を見たあとで、フランスの街路樹を見るとき、我々はフランスは美しい曲線の国だという感に打たれる。朝鮮に到って、我々は少しく異なる意味において、美しい線の国だという感じがする。フランスの線のごとく、美しい曲線ではない。しかし朝鮮の線は、直線であるが、美しく細く軽い。ポプラの樹においても、高い峰々においても、半空に峙《そばだ》つ王城の楼門においても、我々はこれを観取する、感得する、否、呼吸する。日本のごとき雨の国においては、線は美しく煙《けぶ》り、支那のごとき厖大なる平原においては、線は大地に吸い込まれている。ひとり朝鮮において、優しく存在する。英国の陶器鑑賞家のリーチ［バーナード・リーチ］が、支那は「形《フオーム》」、朝鮮は「線《ライン》」、日本は「色《カラー》」といったのは流石に一隻眼《いっせきがん》であったと驚かされる。

北朝鮮の停車場を美しく飾るものは、松杉である。幹は落葉樹に似たれども、葉、密生して、軟らかい細葉《さいよう》風を梳くごとき味わいは、スペインのサン・セバスチァンの豪州松の優しさを偲《しの》ばしめる。ただその葉、豪州松のごとく長からざるを憾《うら》む。

土の色、赤煉瓦ほど赤き上に、三寸より五寸ほどの青い麦の芽の伸びたのは美しいものだ。ただ例の朝鮮鴉《からす》［カササギ］という奴、無遠慮に樹間に不細工な巣を作っているのは、不届きと言うべし。（同書、四一二～四一三頁）

満洲から入っても、日本から入っても、朝鮮に到って「別山河」の感に打たれるとは南北縦断可能の時代の印象であろうが、それが叶わなくなった今日の私たちには朝鮮半島の南北にある風光の違いに鈍感になっているのかもしれない。ただし日本と朝鮮との間を移動したときの変化が、英仏間を移動したときのそれに似ているという感覚は今日でも了解可能で、文化人類学者の中根千枝はかつて羽田空港から金浦《キンポ》空港に到着したときの体験を「タラップを降りるとヒヤリとする冷たい空気が肌をさす。この澄んだ冷たさに大陸の国に来たという感慨が一入《ひとしお》湧く。ロンドンからパリーに着いたときの感じに驚くほど似ている」と記していた（中根千枝編『韓国農村の家族と祭儀』東京大学出版会、一九七三年、一八三頁）。

まずは谷崎潤一郎と鶴見祐輔という二人の朝鮮紀行文から始めたが、そういえばどちらにも禿山への言及がなかったなと思う。

二　禿山と岩山

禿山論

この時代に日本で朝鮮の山というと、禿山《はげやま》を連想するものが多かったし、紀行文にもそれが出てくることがあるが、禿山が主要なトピックとして語られることは少ない。それは朝鮮の否定的な事象の一つとして言及されながらも朝鮮総督府の植林事業によって徐々に改善していると語られるのが普通で、永田青嵐の筆名で俳人や随筆家としても活躍した官僚・政治家の永田秀次郎《ひでじろう》（一八七六〜一九四三）の紀行文にもそれが見える。

朝鮮に渡って第一に感ずることは、禿山が多くて樹木が少ないことである。内地の鉄道で下関の付近には相応に樹木の鬱蒼たる山林を目撃した眼をもって、釜山から鉄道沿線の山を見ると、著しく禿山の多いことを感ずる。しかしそれでも、従来世上に宣伝されて居ることが頗る誇大なので、朝鮮の山といえばまったく砂山岩山のごとくに思って居ると、事実は存外山の色が青いのに感心する。統計表で見ると、朝鮮の山林は約千六百万町歩である。（略）最近約十五年間に禿山が百万町歩減少して、内三十五万町歩が成林地、六十五万町歩が稚樹地となって居る勘定である。おそらくこの百万町歩の禿山の減少というものは、主として鉄道沿線において減少したものであろう。それゆえ鉄道旅客の眼にはよほど朝鮮の山の色が変化したことを感ぜしむるのである。支那の山海関あたりの京奉線［北京・奉天（瀋陽）間］の車窓から見た山はまるで樹木というものがない。実に満目荒涼を極めている。おおよそ山が禿げて居ると山が茂って居るとは、その国の盛衰を語るものと見てよい。（略）泰平でなければ山の木が育たぬ。財産の安全がなくては山の樹が育たぬ。政治が改善されなくては山の樹が育たぬ。私は朝鮮の山の色が青くなり行く有様を見て朝鮮民族のためにこれを喜ぶのである。（「朝鮮の印象」『東洋』一九二七年一二月号）

禿山は草深い国・日本からやってきたものには普通否定的に語られるが、いつもそうだとは言えない。新木《しんき》正之介《まさのすけ》（一九〇四〜九八）は三歳のとき父の仕事の関係で長崎県から南満洲の旅順に移り、その後九歳のとき今度は朝鮮にやってきて京城高等商業学校を卒業。中学教員を経て九州帝国大学法文学部に入学。やがて英文学者となった人であるが、朝鮮の禿山は美しいと言う。

吾々は朝鮮の風景といえば、すぐ禿山のことを思い出すようである。しかもその禿山という言葉には、美しさということは含まれていないように思われる。

朝鮮の一般の山々は確かに禿げている。又その上に、金剛山や鴨緑江《おうりよっこう》上流の山々は別として、少しもロマンティクな要素がない。ただ平凡な山々が禿げて横たわっているのである。しかし渓流や樹木というような神経質な細部のないこの山々にこそ量感があり、山としての本質的なものが盛られてあって、母なる大地、吾々の心を託するに足るところという感じがするのである。私はそれを極めて美しいと思い、それに限りない愛着を感じている。

朝鮮の山は殊に冬がよい。白く熱のない太陽を小さく浮かべた空、微動だにしない永遠の青さの冬空の下に、草の枯れ尽した山々の横たわっているのは、山の姿がロマンティクでない丈に、一層、淋しさに徹した淋しさとでもいうような美しさがある。

河はその両岸に、或は片側に、黄色な広い砂原を作って流れている。雨期にはその砂原を満たして満々たる濁流と変じ、鎖を断ち切って立ち、怒り狂う巨人の悲劇的最後を想わしめるが、稲が熟れ、唐辛子が赤くなり、蜻蛉が秋日に翅を光らせて飛ぶ頃になると、夏の水の名残をそこここに止めて、山と野の間をただ自然に流れる。冬には、それがそのままに、全くそのままに凍るのである。

朝鮮の河には蘆荻《ろてき》もなければ、急流もなく、立並ぶ酒蔵もなければ、籠《こも》り沼といった感じの淀《よど》みもない。そういうような文学的な要素を全部とり除いて、朝鮮の山々の間を緩やかに流れる。もし強いて文学的な要素を求めるならば、岸に続く丘の上の、古い都の丹塗《にぬり》の楼門と、陽に光るその白亜の壁であろう。ただ自然に流れるということの中には、東洋の聖者の教えを思わせる美しさがないであろうか。

朝鮮の樹木はポプラである。ポプラは明治二十年頃、当時北京にいた独逸人が朝鮮に移し植えたのだと聞いた。そういう浅い歴史のポプラが、如何にも朝鮮の山に合い、河にうつる。それはポプラそのものが又素直であって、自然な樹である故であろう。

春は河辺の夕暮にその嫩葉《どんよう》をそよがし、夏は青草の野に烈日を浴び、亭々《ていてい》として天を摩《ま》すポプラも、秋に入れば一斉に黄葉して、落葉を遠く秋風に託し、山眠ればその白き幹を静かに山裾の冬陽にさらす。そしてこの山や河やポプラに配するに行人をもってするならば、それは純白な衣をまとうた朝鮮の人より外にはない。

もしも画家があって、この平凡なる山河、自然なる自然の真の美を認め、これを表現することが出来るならば、朝鮮は如何なる国にも劣らず美しい国であることを証明することになるのではなかろうか。(「朝鮮の風景」『金融組合』一〇二号、一九三七年三月＊註1)

長崎と旅順で幼少期を過ごした新木正之介は九歳のとき朝鮮に移り住んだ人であり、絵を描く人でもあった。「禿山に限りない愛着を感じる」という意見はだから異邦人の目とともに画家の目を持った人の眺めということになるのであろう。

狩野派の絵

とはいえ、朝鮮の自然の魅力についての語り口は多様で、新木の眺めが孤立したものというわけではない。東洋大学支那哲学科を卒業した難波専太郎《なんばせんたろう》（美術評論家。一八九四〜一九八二）は一九二三年朝鮮に渡り、京城中学校教諭や朝鮮鉄道読本編纂刊行の仕事に数年従事した後、東京に戻り、やがて『朝鮮風土記』を刊行するが、朝鮮の自然の発見について次のように記している。

私は嘗て、しばしば狩野派の絵を見て、天を摩するほど、尖った絶壁の中腹に白雲が懸ったり、水の中から浮かび出たように、林や山の頭だけを描いたりした趣向を、それは確かに詩味ある着想には相違ないが、自然とはかなり遠いものに思っていた。つまりその構図に嘘を感じて、余りにもわざとらしい図様として不快を感じていた。また趣向構図あるいは布置に対してばかりでなく、その樹法や、山及び岩石の皺法《しゅうほう》等に対しても、角々しく骨の出た勁《けい》抜《ばつ》な線状に対しても同様に気乗りのしないものを禁じ得なかった。ところが朝鮮に来てそれらの疑惑や不快を一掃することが出来た。朝鮮の自然に接して、嘗《かつ》ては甚だしくわざとらしく思っていた、狩野一派の構図や描法やまた馬遠・夏圭の作風が、かえって自然に近い写実であると感じた。全く、朝鮮の自然の到る処に狩野派や雲谷派の持つ独自な線や形態が点出されている。それは主として秋から冬にかけての風景であるが、春から夏にかけては南画の趣を呈して来る。朝鮮と言えば、誰しも話にでも聞いているであろうように、内地とは余程その趣が異なっていて、野と言わず山と言わず、樹木が少なく、なんとなし茶ッぽく蕭散《しょうさん》で、艶《つや》と潤いに乏しく、黄土色の山は豪雨に上砂が洗い流されて、高山には稜々たる岩が黒々と露出し、巨然たる頭骨は碧空に聳《そび》え、その姿は如何にも雄大豪壮である。この雄健豪宕《ゆうけんごうとう》な線は支那北画や狩野一派の持つ一特色である。その岩根こごしき間に、春は岩躑躅《いわツツジ》が彩り、秋は蔦《つた》や紅葉が紅々と夕陽を吸収する。あるいは濃霧がそれらの山谷を襲いまた凝滞して、興趣《きょうしゅ》はその白雲の中から鵲《かささぎ》の飛び出ることである。山腹に霧が流れたり、霧の中から山の峰だけがぽっかりと浮び上がったりする。この光景は、狩野詩人派の得て択《えら》んだ画材であり、又趣向であった。探幽や常信あたりにしばしば見うけられる図である。(『朝鮮風土記』建設社、一九四二年、一六四〜一六六頁)

難波はかつて「わざとらしい図様」と考えていた狩野派や雲谷《うんこく》派に独自な線や形態が朝鮮の自然の到る処にあることに気がつく。人間の想像や創造の産物と考えていたものが、実は「自然に近い写実」であることを知るというこの発見は印象的であるが、同書にある朝鮮のポプラの樹の四季について記した文も味わいがある。

朝鮮にはポプラの樹が多い。そしてそれは朝鮮風景の特色をなしている。禿げた山麓に全く南画に描かれているような、丸味のある低い非文化的屋根二つ三つを囲んでポプラは高く勁直《けいちょく》に聳《そび》えている。野路に川辺に細長く聳えている。この樹はたまに内地でも見るが、内地では樹木の多いためか朝鮮のように引き立って見えないが、山が禿げ、野の痩《や》せた朝鮮では美観の一つであろう。四月末頃になるとその繁密な小枝小枝に青黄色の芽を吹くが、それが遠目に煙るように、ニジむように、朦朧と青黄色に彩った様は美しい。夏は黒いまでに青々として、風のないのに高い所で葉が揺れている。酷熱《こくねつ》の真昼時、黒い汗を拭きながら歩いている時、この樹の葉が自ら揺らいでいるのを見ると救われた気がする。こう言っても風が頬に触れたというのではない。微塵の風もない暑い盛りに大地も、空も、野も山も凝《じ》っと烈日《れつじつ》に堪えている時は、人の心も板張りにでもされたように身動きならない気持ちにさせられるが、その気持ちを少しでも動かしてくれるからである。真夜中に真っ暗を凝視した者は、その不動の底の真っ暗に苦痛と恐怖を覚えるであろう。そんな時、遠くに灯が見えたり、犬の遠吠えが聞こえたりすると、張り詰めた動かない心に幾分のゆとりが生じて気が楽になる。まあこれに似たような気持ちを揺らいでいるポプラの葉に味わうのである。朴世堂［李朝時代の学者・文人］は「この樹、葉帯弱く、風無きに自ら揺らぐ」と言ったが、ポプラの性情を写し得た感がある。秋は一斉に黄葉《こうよう》して野の夕を明るくする。秋になると朝鮮では深い霧の来る朝が多い。そうした時にはポプラの中程から上だけが白い霧の上に出て崇高な景状を現す。黄色い葉は朝となく昼となく舞い落ちて、幾月もそれが続いた。やがて夏気のつかなかった鵲《かささぎ》が不器用な巣を造っているのが見え出す。冬は月より高く帚《ほうき》のように並び聳えている。こんな風にポプラは春夏秋冬朝鮮に景観を添えるのであった。（同書、一二五〜一二六頁）

冒頭に紹介した谷崎潤一郎や萩野由之同様、難波の文にも朝鮮の風景に古代性を見る態度があるが、難波はしかしそれを日本の失われた古代性という脈絡では語らない。

私は元来春を好まないと同時に冬もまたさほどとも思わない。そこで結局は常に同じところに落ちて来るので、季節的には矢張初夏と秋が一番好きだ。殊に、朝鮮では一層その感じが強い。朝鮮の山野は概して土は痩せ石は秀で、松とか杉とかの常盤木《ときわぎ》に乏しい代わり、柳やポプラやアカシヤや落葉松などの木が多く、四月から五月にかけてそれらが一斉に潑溂と青芽をふいて来る。爪のように吹き出た淡い新芽はやがて緑に化し、また木によっては紺《こん》青《じょう》に暗緑色にまでその葉を茂らして、山野を彩るのである。柳やポプラやが淡青の小さい点々を打ったように芽吹いて、初夏の風がさらさらと白く吹く野や川辺に鮮人※註2はよく摘み草をしていた。摘み草と言えば野山の草や木の芽というものは大抵食えるそうだ。先日もある人の言うに、アザミやレンゲ草をお浸しにして食ったが、自然の風味が強くていいと言っていた。また深山に三年も籠って荒行した人の話に、彼は大抵の木の芽を食ったと言っている。その摘み草には白衣がいい。舟をやる漁夫の白衣が新緑の上に見えるのは全く南画である。空は藍青《らんせい》を帯び、顔も映らんばかりに澄明透徹《ちょうめいとうてつ》している。朝鮮では秋の空の高く美しいのは言うまでもないが、夏もまた翡翠《ひすい》の如く美しく晴れる。空の美しいと同様に、初夏や秋の候には空気が澄み切って、遠くの山や杜《もり》やが二里も三里も近く見える。こうした空の気持のいい事はなんとも言われない。われわれは視力に汚濁を感ずる程不快なことはない。反対に遠山の谷々や峰の木々まで数えられる様に明らかに近く視《み》える愉快は、健全そのものの喜悦と幸福とである。澄明なる空気、透明藍青《とうめいらんせい》の空、その下に生々とした青葉若葉は茂るのだ。水は向かうままに放任して、人工的な堤などを築かない。極めて自然的な川の両岸のあちこちに、柳はふさふさと幹を隠し、山の麓に落葉松やポプラは出来るだけ高く伸び上がり、丘を囲んでアカシヤの木は小暗く茂って、無数の白い花をつける。その花は静かで、しとやかで、床しい香を微風と共に遠方に運ぶ。このアカシヤの花からは香水の原料が採れると聞いた。すべての木々の葉が金箔に化し、更に夕陽の光を浴びて恰も神火《じんか》の燃ゆるが如き秋の光景に対し、初夏は緑樹鬱蒼《りよくじゆうつそう》として、上に瑠璃碧玉《るりへきぎよく》の空を控え、住む人の心を爽快ならしむる神仙国の趣きがある。前者は暖かい色であり、後者は涼しい色である。一方は人の心を発揚させ、一方は人の心を清浄ならしめる。然して黄緑共に喜悦な点に於いて同一であり、共に俗ばなれした光景を呈する。時の流行に逆らったものは兎に角風流であるものだ。川に堤のない放任主義、千年以前の風を多分に備えた白衣風俗、人工を加えない茶黄色の山々、これは実用ならないが見ては一種の風流である。（同書、一七〇〜一七二頁）

岩山論の系譜

岩山論のより古い例に本間九介《ほんまきゆうすけ》の『朝鮮雑記』がある。同書の原型は日清戦争直前の一八九四年四月一七日から六月一六日にかけて『二六新報《にろくしんぽう》』に掲載された連載記事で、『朝鮮雑記』はそれが後に単行本としてまとめられたものである。同書は復刻版が近年クリストファー・W・A・スピルマンの解説付きで刊行されているから、この時代に刊行された本としてはやや知られていると思うが、その「草木」の項にある文を紹介したい。復刻版からの再引用である。

飢饉凶年に対処するための活《い》きた学問を学ぼうとすれば、朝鮮へ赴くのがよい。野外にある草木や葉は、その大半が膳羞《ぜんしゅう》に上《のぼ》る（食べられる）。杏《あんず》、梨、百日紅《さるすべり》、黄梅《こうばい》、桃花《とうか》などがあるが、桜花や梅花はない。

かの国には、杉材《さんざい》もない。最も多いのは、松と樅《もみ》である。山林は開墾されず、咸鏡・平安の両道で、少しの松樹《しょうじゅ》の連山を見るだけである。

かの国の人は、美術的情緒を欠くため、全国のどこにも、庭園などは見られない。

しかし、山岳重畳《さんがくちょうじょう》、兀突《こっとつ》としてその骨を露《あら》わし（山々は重なり、ごつごつとして）春水《しゅんすい》漲淼《ちょうびょう》、軽風細漣《けいふうさいれん》を起こす（春の河の水が漫々と広がり、ささやかな風が小さな波を立てる）とき、微吟緩節《びぎんかんせつ》（小声で歌い、ゆるやかに節をとり）、詩中の人となって、みずから画図《がと》の中に配す（山水画の中の主人公となる）。これは、わが国にいては得ることのできない快楽であろう。（本間九介『朝鮮雑記――日本人が見た1894年の李氏朝鮮』祥伝社、二〇一六年、二八三〜二八四頁）

ここに記されていることは今もさして古びていない。「野外にある草木や葉」が食膳に上がる風景は今日の韓国人の食生活にも見てとれることであり、松や樅の木は多いが杉の木は少ないとか、梅の木が朝鮮に少ないというのもその通りである。もっとも今日食膳に上る「草木や葉」は大部分が栽培されたものだろうし、桜の木のように、日本統治期によく植えられた結果、今日では珍しくなくなった樹もある。岩山論が語られるのはその後であるが、「山水画の中の主人公となる」ような「快楽」は日本にいては味わうことができないであろうと本間は言う。難波の文にも見てとれたことだが、岩山論に特徴的なのは、その肯定性や魅力が語られるという態度で、それはとりわけ金剛山が語られるときには手放しの賞賛という形になる。

「世界無比なり。この絶景地境に沢山の寺刹《じさつ》あり。金剛山は内金剛と外金剛に分かれ、別に海金剛あり。各特色ありてその自然の美を発揚しおれり。この景勝は朝鮮一にて内地にも類例少なき景勝地なり」（早田伊三編『朝鮮机上便覧』大阪屋号書店、一九二八年）。

お気づきのように、朝鮮における金剛山は日本における富士山がそうであるように、朝鮮を象徴する山として語られている。ちなみにこの時代の朝鮮総督府発行普通学校用『朝鮮語読本』（巻五、一九二四年）には「富士山と金剛山」の文があって、金剛山についての記述は次の通りである。

金剛山《クムガンサン》は朝鮮の名山であり、江原道の東北部に高く聳え立ち、その姿が優美奇妙で石の峰が幾重にも重なっていて世に一万二千もの峰があると言われており、その中でも毗盧峯《ビロボン》はこの山の最高峰で、高さが六千尺にもなります。

山中には奇巌怪石が千態万丈を呈し、形容し難く、とりわけ萬物相《マンムルサン》の景色は観光者の目を恍惚とさせ、石壁と渓流にくねくねと奔流する飛瀑と清い水の流れは人の胸襟を爽快にし、特に九龍爆《クリヨンポ》の壮観は筆舌に尽くし難いほどです。この山は山肌が露出していることから皆骨《ケゴル》山《サン》という別名もありますが、その岩石が殆んどすべて樹木に覆われているので、また蓬萊山《ポンネサン》という名称もあります。秋になると満山の樹葉が全て紅葉と化し、錦繡の屛風をめぐらした如くなのでまた一名を楓嶽《ブンガク》といいます。また山中に古寺が多く、山水の自然美を助け、遊覧者の宿泊を便利なものとしてくれます。昔から、「金剛山を見る前には山の話などするな。」という諺があったのも当然なことです。

富士山はその山容の雄壮秀麗なことで、金剛山はその姿の優美幽邃《ゆうすい》さで、共に世界屈指の名山です。（「富士山と金剛山」旗田巍監修『日本は朝鮮で何を教えたか』あゆみ出版、一九八七年。原文朝鮮語。権在淑訳）

金剛山について記されたエッセイの例も加えたい。泉靖一《いずみせいいち》（人類学者。東大教授。一九一五～一九七〇）は一九二七年、父・泉哲《いずみあきら》が明治大学から京城帝国大学法文学部に転任したのに伴い京城に引っ越すが、翌年から軽い肺浸潤を患うようになる。当時、日本からやって来たものにその症状がよく出たというが、家族は靖一の病気療養のために夏を内金剛、長安寺のバンガローで過ごすようになり、それは泉にとっては山歩きに魅せられる契機となる。

京城から鉄原まで鉄道に乗り、ここで金剛山鉄道に乗りかえた。当時の電鉄の終点は昌道で、そこから長安寺まではタクシーによらなければならなかった。重畳たる山脈を、登っては降り、降《くだ》っては登って、長安寺に着くのに半日以上かかった。長安寺一帯は、深い針葉樹林に覆われていて、そこには鉄道局直営の朝鮮ホテルの分館と、おなじホテルが経営するバ

金剛山長安寺。

ンガローがあり、民間の人々の経営する旅館は、みすぼらしく、その数もわずかであったし、店というべきものもほとんどなかったように記憶している。そのせいか、私たちは、京城から大量の食料品、それに食器や炊事道具まで持参した。

京城の町と、その周囲の海岸しか知らなかった私にとって、長安寺の自然はきわだって鮮やかであった。はじめの年は、ミンミン蝉のなき声が膚にしみて、めずらしかった。長安寺の僧侶の読経におどろき、清冽《せいれつ》な小川のせせらぎに耳を傾けた。寺のはずれからの内金剛の中心部にむかって、小さな路が沢ぞいに続いていた。弟妹たちとこの小路をいくたびか登ったが、登れば登るほど大きな一枚岩や滝があらわれてきて、自然は天上からおそいかかってくるかのように思われた。とくに、谷のうえの青空に白い雲がとびかうのをみると、天と雲が落ちてきそうな幻覚にとらわれた。そのようなときには、私は弟妹たちをつれて、いちもくさんに、バンガローに逃げ帰ったことを思いだす。

さびしい内金剛の山路で出会う人々は、たいてい目の青い外国人だけで、朝鮮人も日本人も僧侶をのぞくと、ごくわずかであった。また、たまに会う朝鮮人と日本人は例外なしに団体客であって、小人数の旅行者にはほとんど会わなかった。そのころの金剛山は、朝鮮や日本よりも、東洋に屯《たむろ》している外国人に有名であった。バンガローの隣人たちもホテルに泊まっていた客も、たいていは外国人で、上海や香港から夏の休みを涼しいところですごすためにきた人々であった。長安寺の涼しい夏をのんびり愉《たの》しむことのできる経済的余裕がある人が、まだ朝鮮人にも日本人にも少なかったのと、余裕のある人々にも心のゆとりがなかったのである。（略）

父は毎日木陰で書物を読み、子どもたちは蟬をとったり、谷々を歩いたり、昼弁当を野外でひらいたりしたが、あまり山の奥にははいってゆかなかった。そうこうしているあいだに、一九二九年の夏休みも終わり、一家は京城に帰ってきた。秋がきて、冬にはいると、私たちはいつのまにか、次の夏を待つようになった。

中学二年の冬には、家の付近の奨忠壇の池で、スケートを習った。硬い氷の上を、鉄の棒を足につけて滑ることは、容易な業ではなく、ようやく滑れるようにはなったが、ついに好きにはなれなかった。それでも、奨忠壇から漢江にまで足をのばして、滑るだけは滑った。一九三〇年の夏がくるまでに、私の健康はめきめき回復して、手足が大きくなったように思われる。

夏休みがはじまると、一家はすぐまた内金剛の長安寺のバンガローにおもむくことになったが、（略）私はもう蝶やトンボを追うのを止めて、山を歩きはじめた。あらかじめ用意してきた細い縄《ロープ》を腰にさげて、付近の岩の峰に登ろうとしたのである。花崗岩の一枚岩の多い金剛山の峰々は、のちにも述べるように、岩登りのすばらしいゲレンデであった。

七月のある日、私のからだをずっとみてもらっていた医師の三木先生が、バンガローをたずねてきて、数日泊まった。ちょうどその時、ホテルの支配人の弟の伊藤さんも、長安寺にきていて、どんなきっかけからか知らないが、三木先生と意気投合し、内金剛のうちでもっともけわしい望軍台という山に登る計画が、夕食の話題にでたのである。私はぜひ、同行させてもらいたいと申しでたところ、まだからだがほんとうに治っていないからと、母が反対した。その時、三木先生が大丈夫だと思うから、試験的に登らせてみようといってくれたので、主治医がいわれるのだからと許可がおりた。

長安寺から望軍台への路は、そのころは、まだ踏みあと程度で、落ち葉が深く吹きだまり、歩くと膝がすっぽり埋まるようなところもあった。渓谷の水は清冽で、いたるところに小さい滝がかかっている。川を遡っている路のところどころに丸木橋がつくられていたが、大部分は朽ちはてていて危険であった。小さな谷や崖の上に結ばれた庵《いおり》におもむくために枝路がたくさんあったが、みちしるべのようなものは少なく、私たちはなんかいも迷った。

望軍台の登りは、頂に近づくにしたがって、急にけわしくなった。とくに頂上のすぐ下の岩壁には、上から太い、鉄の鎖がさげられている。その鎖にすがって、小さな岩峰の頂上に立った。私だけが、頂上の下ですっかりのびてしまい、水筒の水をがぶがぶ飲んだ。二人の大人は、さっさと、私をおいてとおりすぎた。なにくそと、走るように二人を追いかけたことを、いまでも覚えている。庵に住んでいる僧侶をのぞくと、この日はだれにも会わなかった。

望軍台は、けわしい山だが、眺望はさほど秀れていない。さらに高い峰が、北のほうに聳《そび》えていたからである。望軍台に登って自信をつけた私は、この峰の北に走っている金剛山中の最高峰である毘盧峰に登りたくなった。この峰は、そののち外金剛のほうからも登れるようになったが、当時は長安寺から頂上まで小路がついていただけである。

内金剛の主体をなす渓谷は毘盧峰に源を発して、長安寺に流れくだってくる。だから、この渓谷を遡行《そこう》して、毘盧峰の頂上に達するコースは、古くから内金剛の幹線であった。したがって路も、望軍台よりはよほど立派である。私は、毘盧峰には、伊藤さんと登ることにした。

昨年、雲がまいおりてくるのにおどろいて、妹や弟をつれて逃げ帰った峡谷の入り口を、朝暗いうちにとおりすぎた。一年間で、これほどまでにたくましくなったことが、不思議に思われてならない。(「遥かな山々」『泉靖一著作集7　文化人類学の眼』読売新聞社、一九七二年、一六五〜一六九頁。初出『アルプ』一九六七年八月〜一九七〇年四月号)

当時記した日誌等を資料に回顧的に記したものと考えられるが、この時代の金剛山の風景をこれだけ生き生きと記した例を知らない。内金剛の山路で出会う人々が「たいてい目の青い外国人」であるという記述は興味深いが、当時金剛山はリゾート地として開発されていたから、これは朝鮮鉄道局経営の貸別荘を利用する上海等からの避暑客だったのだろうか。

赴戦高原の近代的景観

チッソ株式会社の創業者である野口遵《のぐちしたがう》（一八七三〜一九四四）は一九〇六年、曾木《そぎ》電気株式会社を設立、九州で水力発電と化学工場の操業を始める。野口はしかしやがて電力を求めて朝鮮半島に進出。一九二六年には朝鮮水電株式会社、一九二七年には朝鮮窒素肥料株式会社を設立。朝鮮総督府の協力を得て、鴨緑江水系の赴戦江に流域変更を加え、途中の渓谷をダムで仕切って人工湖を造り、導水トンネルを掘って貯溜湖水を日本海側に落とし、その落差を利用して発電を行うという大工事を敢行し、巨大ダムを完成させる＊註3。一九三〇年代半ば、この赴戦高原の地を訪ねたジャーナリストの市瀬五郎《いちのせごろう》に次の文がある。

朝鮮の山河は決して内地のそれの如く明媚とか古風な絶景だとか、いう種類のものではない。

人間の生活が如何にもおだやかに山村水廓《さんそんすいかく》につつまれている姿ではない。だから内地の景勝は一瓢《いっぴょう》を携えて享楽するに適するが、朝鮮の山河はそんな生やさしい応対をしてはくれない。

大都会に人口が集中して山村水廓の生活に、なじみの少なくなった現代では、山とか里とかいうものに対する憧れも次第に稀薄になって来たことは事実であろうが、それでも尚内地人の心の奥には山や里に対する憧れが残されている。

ところが朝鮮の山河は人間を威圧しているのだ。

私は平壌から元山に至る道路を自動車ですぎた。また赴戦高原を歩いて見たが、その風景は断じて感傷をそそる底の生やさしいものではなかった。

如何にも雄大であり威圧的であり漢詩にはなるが、断じて童謡などにはなるべき山容ではないのである。

平安南道陽徳温泉の朝である。

山は朦朧として煙っている。その山々がほんのりと白く裾をぼかして立てる足下を一筋の小川が流れている。

小川の両側には草葺の朝鮮家屋が立ちならぶ。

白い着物、単純な立体的構造の姿態、それがぽつりと現れてぽつりと消えてゆく。

南画ではない、まさに北画だ。

私は朝鮮に来て初めて朝鮮風景の豪宕《ごうとう》さと美しさに打たれたのであった。

これは正に東洋の風景美だ、内地の風景もいいと思うが規模が小さい、朝鮮の風景は実に雄大である。

朝鮮の風景は飛行機の上から鑑賞する現代人の嗜好に合致している。しかも朝鮮の風景は東洋風景の圧巻だと思う。

恐らく支那にもこれ程の風景はあるまい。

従って朝鮮風景は未だ知らない者に一向興味を与えないが、一度その地を踏めば断じて忘れ難き印象を刻みつけるのである。

大体、風景に対して朝鮮は無関心であったかのように思っている者が多いのだがそれは朝鮮を理解せざるものだ。

朝鮮が風景に対する関心がある証拠には、景勝の地にはどこにも「亭」を造って眺望を楽しむことにしている。

もとよりこの「亭」は封建貴族の建設したものでありその豪華を語るもので、反面苛斂誅求《かれんちゅうきゅう》の記念塔とも見るべきものであろうが。かくの如くにしてまで、風景を満喫したいということは、出来得《う》べくんば誰もがやりたい希望をその出来得る人が現実に実行したということに過ぎない。

それに朝鮮の寺院は必ず景勝地の最も眺望よき地に建てられている。

これも朝鮮の民衆が風景の美を愛するが故に、民衆を相手とする宗教家が宗教の上に風光の魅力を持って来て、宗教宣伝の具に供したと思われる節々がある。

朝鮮民衆の風景に対する関心を知るべきであり、それだけ朝鮮の風光が人を惹きつけるものが、あることを悟るべきである。

又赴戦高原の景観の雄大さは、天下にその比類を求めるのが困難なぐらいである。

従って吾々凡愚の徒には、ただその高原のひろがりに瞠目しその山塊の偉大なる姿に驚異を感ずるのみでこれを資本主義の機構の下に活用しようなどという考えは毛頭起こる余地がないのである。

風景として赴戦高原を見ると、今までの風景観にとらわれている人達はそのとりとめのない茫漠たる景観に失望するかも知れない。
然しそれに大水力発電所があり、人口湖水があり、千分の七百という傾針をもったインクラインがある。この大自然に対して、この大人工を施したところに赴戦高原の近代的景観がある。（市瀬五郎『半島は廻転《めぐ》る』朝鮮問題調査会、一九三六年、三五四〜三五七頁）

建設中の水豊ダムの風景。

市瀬によれば、朝鮮の山河は「雄大であり威圧的であり漢詩にはなるが、断じて童謡などにはなるべき」でないと言う。これは先に鶴見祐輔が「日本と別乾《べつけん》坤《こん》の感を与える」と記した北朝鮮の山容の風景に重なるが、文中にある「近代的景観」の中心にあるのは水豊ダムであろう＊註4。朝鮮の山といっても、結局はそれを眺める人の立ち位置や体験や意識によってその景観をどんどん変えて行くのである。

三　朝鮮の山河

暗さや物凄さがない

安倍能成《あべよししげ》（一八八三～一九六六）は朝鮮の風景や風物について多くのエッセイを記し、その魅力を伝えるに最も貢献した人であるが（第四章参照）、京城生活二年目に書かれた「朝鮮所見二三」（初出一九二七年）に次の記述がある。

私が昨年の三月初旬に初めて朝鮮へ来た時、釜山から京城までの車窓から見た景色は、まだ冬枯れ頃の事とて誠に単調であった。初めは物珍しく眺めた景色も、仕舞いにはもう興味を引かなくなった。山という山は大抵小松の生えた山ばかりである。変った枝ぶりの樹も一向見当らない。満目《まんもく》の山野は可なり蕭条《しょうじょう》として、ただ白衣の行人が白帆の如く冬日に光って居るばかりであった。夏休みの帰りに見た時には田は青く山も青く、前日の冬景色に比べては非常に賑やかであったが、しかし見る木も見る木もポプラにあらずんばアカシヤばかりで、何だかうるさいと同時に退屈な様な感じがした。ポプラもアカシヤも自然の与えたものであるる故に、何れも独特の美しさや好さはある。しかし何といっても粗末な樹である。この粗末な樹も所によっては趣《おもむき》がある。しかし十時間も続けざまに登場せられてはもうウンザリする。

小松の山でなければポプラの河岸、アカシヤの並樹。これを見ると何となくうらさびしい、荒れた気持になる。そうして所々に見る桐の木や栗の木や、又は心ある駅長の植えた停車場の草花などが、非常に珍しく湿《うるお》いと温かみとを持つものの様に眺められる。ポプラもアカシヤも、手がかからず速く成長する点から見てはいいのであろう。しかし朝鮮の文化がいつまでも粗製濫造であってならない様に、朝鮮の木ももう少し念の入ったものでありたい。ポプラと比べれば柳の木の鮮やかなやや薄い緑は、朝鮮の空や土の色によく適合して美しく見える。それは水辺にあっても宮殿の前にあっても、又残塁の側にあっても美しい。その外槐《えんじゅ》や欅《けやき》などの古木も非常に美しいが、そういう古木はだんだん少なくなって行くのではあるまいか。

聞く所にして誤りがなくば、朝鮮は三分の二位は花崗岩質だという。そのせいであろう。山の土は多くは赤いか白いかであり、河の砂も常に白く、そうしてそこを流れる水も大体においても清らかである。空が鏡の様に晴れて大地が大体に白い故、朝鮮の景色には総べて汚さ、むさくるしさ、暗さ、物凄さ、気味わるさがない。それは清く、明るく、開けっぱなしである。しかもその清く明るい中に、何となく滋味のない様な、たよりのない様な寂しさがある。例えば洗い晒《ざら》しの白地の雑巾といった様な所がある。その原因は主として今までの山林の荒廃、人間が自然から取るだけ取って、自然を守り育てることをしなかった投げやりから来る様に思われる。(『青丘雑記』岩波書店、一九三二年、三三二~三三五頁)

引用の末尾部分で安倍は、「朝鮮の景色には総べて汚さ、むさくるしさ、暗さ、物凄さ、気味わるさがない」が、「その清く明るい中に、何となく滋味のない様な、たよりのない様な寂しさがある」と言う。この文には反発を覚えるものもいるだろうが、実は見事な観察と直感の文で、ユーラシア大陸の東の果ての草深い島国に住んでいたものが半島の山河に触れたときの印象をこれより的確に表現する方法があるのだろうかと思う。ただし「洗い晒しの白地の雑巾」の比喩には主角がある。

赤松こそが朝鮮の風景

朝鮮の山河のテーマの末尾に朝鮮の林野について専門家が記した二つのエッセイを加えたい。一つ目は京城帝大予科教授の竹中要《たけなかかなめ》（生物学者。一九〇三〜六六）が朝鮮の林野を概観した文で、朝鮮王朝時代の仏教弾圧の結果、山奥に追いやられた寺刹《じさつ》が森林保護に役立ったのだと記している部分が印象的である。

内地から朝鮮に渡った人々は異口同音に朝鮮の禿山を取立てるが、実際朝鮮においては事実上禿山が多いのである。すなわち朝鮮における林野の総面積は約一千六百四十七万町歩であるが、そのうち五分の四は荒廃せし無毛の地で、かつ林野の面積が朝鮮全土の七割四分に当ることを思えば、荒廃せし無毛の林野は全朝鮮の六割に相当するのである。その上立派な樹林を持つ林野は主として北鮮［この時代には咸鏡道を指していた］地方に集まっていて人目に触れない範囲に多い。かつて植物分類学の権威たるドイツの今は亡きエングレル教授が、大正二年朝鮮を通過して、その沿道の荒廃せるを見て、朝鮮の植物を取調べる必要がないと云ったと伝えられている。これも至極もっともなことで、朝鮮の鉄道は日清、日露両戦役のために火急に架設せられたもので、なんら経済的あるいは風景的条件を考慮に入れられたものでもなく、かつまた鉄道架設と共に元々濫伐に濫伐を重ねて見る影もない貧弱なる森林がなお伐採せられたのであるから、一層荒廃が目立つのである。しかのみならず近年松ケムシの発生が著しく、僅かに見られる松の疎林さえ枯死に瀕せんとしている。しかし幸いなことには全鮮に散在している千三百三十三箇寺の寺有林はその七割強に当る十一万六千余町歩が立派な森林を保っているし、その他東部海岸に沿っている山脈、北鮮山岳地帯には所々に今なお立派な原始林が見られる。

さてこの如く荒れ果てた朝鮮であって、釜山から汽車に乗って北上すれば松やクヌギの疎林が丘陵性の低山に見られ、平地には村落付近に楊柳が散在し、それにかつて一度総督府で植えさせたポプラとニセアカシヤが河畔や路辺に残余しているだけであるが、詳しく調べると、昔の植生の面影が到る処に偲ばれる。朝鮮の植物について研究された事柄は未だ鑑別学の域を脱していないが、今より約二百年前、西洋人達によって調査され初め、その後露国人達によって研究され、近来は主として東京帝国大学理学部中井猛之進教授によって調査記録されている。その結果、朝鮮所産の高等植物の知られたるものは百六十科、八百八十属、三千五十九種、五百四十六変種（昭和二年迄）の多きに達し、その内には朝鮮固有種も夥しい

数にのぼるのである。（竹中要『半島の山と風景』古今書院、一九三八年、九一〜九三頁）

もう一点は水原高等農林専門学校教授の植木秀幹《うえきほみき》（一八八二〜一九七六）が記した文である。植木は食用可能な野生植物、栽培植物三八七種について、その産地や産額、採取季節、食用法などを記した『朝鮮の救荒植物』（朝鮮総督府山林部、一九一九年）の著者であるが、ここに紹介するのは朝鮮の景観を支配する樹木のエコロジーについて記した文で、赤松こそが朝鮮の風景であると言う。

樹種が地方色に著しき影響を与えることは日本内地と朝鮮との風景の比較をもって見ても説明を要しないであろう。数ある樹種の中にも常緑樹と落葉樹とによって冬の景致に非常なる相異を生ずる。朝鮮の代表的常緑樹は赤松であって、赤松は朝鮮の風景そのものであるとも言い得るのである。されど全羅南道の多島海に於ては済州島を始め、莞島、甫吉島など全く九州、四国あたりの景致を聯想し得る所もある。そのもって居る所の理由となるものは共通なる常緑闊葉樹［広葉樹］が存在して居るからである。あるいは同じ常緑樹が育っておるほど気候が似て居るとも言えるであろう。例えばカシ類、シイ、タブ、ヤブニクケイ、シロダモ、ツバキなどの常緑闊葉樹が欝々として茂って居って、ツバキの花の咲き乱れておる三、四月頃には鶯、目白《メジロ》などが谷から谷へと鳴き合って居る。さてこの常緑闊葉樹は半島本土に於ては南端の外、殆ど自生しないから、ここに急激なる風景の変化があるのである。竹は常緑である。南鮮地方には竹藪が少くないので、地方的には日本内地に似た感を与える。竹の産するは忠南、忠北、江原の南半以南である。

（略）

以上述べた通りに、南は常緑闊葉樹あり、北には常緑針葉樹あり、その両者を綴るに赤松をもってするのが朝鮮の常緑樹帯の特徴であるが、これがまた朝鮮の景致を支配する大なる因子でもあるのである。

この自然の配置は人為をもって動かすことの出来ない法則に支配されておるのであるから、高山産の針葉樹を下界に持って来てもその自然美は味われぬばかりでなく、その生命すらも危険であり、南方の常緑闊葉樹を北方に移すことは尚更許されぬことである。

吾人はしばしば庭園、公園などにおいて比較的低地に強いビャクシン、イチイ、ツガなどの外に外国産の常緑樹を見る。例えばドイツ唐檜《とうひ》すなわちスプルースの如きは低地にも耐える比較的丈夫な針葉樹であり、ヒマラヤシダーの如きは南方に適する優美なる針葉樹である。公園などには外国にても外国の樹種を見るのは普通であって、例えばわが国の青木葉やヤツデが欧米の各地の公園に見出され、チェリー、ローレルという大形の葉を有する桜科の常緑灌木は小アジア辺の原産であるが、欧米の公園にしばしば見出される。

（略）されど人為をもって破壊せられたる天然を原形に復することは人為にてなし得らるることではあるが相当の努力を要する。例えば朝鮮の景致の特色は赤松ではあるが、赤松を一層多からしめたるは人為であって、原形としてはもっと落葉闊葉樹（ナラ類、カエデ類、ニレ類、シデ、ハリギリ、シナノキン類）が増加すべきである。濫伐、火災などの人為の結果として増加したる赤松にはマツケムシの被害が増加して緑化を夥しく害しておる。赤松が原形に近づいた時は、そこに落葉樹の美が増加するであろう。同時に又赤松も健全なる緑色の美を発揮するであろう。（植木秀幹「常緑樹」『金融組合』一一八号、一九三八年七月）

註

1 本書には月刊誌『金融組合』の「随筆」欄からの引用が少なくない。『金融組合』は農民に小口融資を行う朝鮮金融組合聯合会発行の機関誌で、『地方金融組合』誌や『金融と経済』誌を継承する形で一九二八年十一月号から『金融組合』と改題し、一八〇号（一九四三年一二月）まで刊行されている。

2 「鮮人」は今日的基準で言えば「蔑視語」「差別語」である。しかしこの時代には「朝鮮」の略語として「鮮」の字を用い、「鮮人」「北鮮」「西鮮」「日鮮」「満鮮」のような熟語が一般的に使われていた。統語論的にいうと、「朝鮮」という言葉の主体は「鮮」にあって、「朝」はそれを修飾するものと見做されるから、「鮮人」という言葉に蔑視性はないと一旦は言える。「京阪電車」というときの「阪」が「大阪」を意味して使われるのと同じ理屈である。

とはいえ、この時代の朝鮮人は二級市民的な位置にあり、「鮮人」の言葉も実際には蔑視的に使われることが少なくなかった。従って「鮮人」の言葉の使用を避ける日本人は当時もいたし、本書に登場する日本人にはその例が多いが、しかし「北鮮」「西鮮」の熟語になると、それを避ける例は少ない。それは朝鮮人自身も使っていたものであり、「南鮮」のような熟語は今日でも北朝鮮の話し言葉の世界では使われている。ちなみに日本統治期における「北鮮」とは今日の北朝鮮の咸鏡南北道を指すものである。

3 赴戦江《ふせんこう》に巨大ダムを完成した野口遵は一九三七年に鴨緑江本流の開発を始め、下流の水豊に巨大ダムを完成させる。この壮大なプロジェクトの概要を木村光彦と安部桂司が端的に記している。

〈工事を担当したのは間組《はざまぐみ》、西松組、松本組であった。間組、西松組の技術者は米国のフーバー・ダムやグランドクーリー・ダムを視察し、その建設技術、機器を導入した。ダム工事には延べ2500万人の労働者を動員した。その多くは南朝鮮の農村から半強制的に集めた。完成したダムは当時世界最大級で、高さ106m、長さ900mに達した。人工湖は琵琶湖の約半分の広さとなり、居住朝鮮人・中国人7万人の立ち退きを要した。彼らは鴨緑江・大同江の河口付近と満洲・華北に移住し、前者では塩業（塩田作業）、後者では農業に従事した。これにともなう補償金額は2000万円超であった〉（木村光彦・安部桂司『北朝鮮の軍事工業化』知泉書館、二〇〇三、一一四頁）

4　赴戦高原が生み出した電力は咸鏡南道の興南に建設された朝鮮窒素肥料株式会社の工場に供給されたが、この興南から撤収した日本窒素肥料が水俣病を引き起こしていたことを知ったのは随分時間が経ってからのことだった。朝鮮窒素肥料工場の位置する興南の地にすでに「わけのわからない奇妙な病気」があったということは下川正晴の『日本統治下の朝鮮シネマ群像』（弦書房、二〇一九、一三一～一三三頁）を読むまで気がつかなかった。

戦後、抗日武装闘争の勝利者を自任する金日成がその国章に水豊ダムを描き、それをこの国の社会主義の勝利を象徴するイコンとして使用していたことに気がついたのも随分時間が経ってからのことだったが、前記『北朝鮮の軍事工業化』には、今日の北朝鮮が日本統治期の産業遺産の継承において韓国よりはるかに恵まれた立場にあったということとともに、この軍事国家が日本統治期末期の戦時体制の継承者であることが記されている。

〈日本帝国は北朝鮮に膨大な開発成果を残した。それは電力、鉄道、港湾などの産業基盤、鉱工業の生産設備のほか、本書で触れなかった農業の進歩に及んだ。これに比すと南朝鮮は、電力、鉱物、化学・金属製品の生産能力の点で大きく劣った。とくに発電能力が乏しく、産業活動は北朝鮮からの送電に依存していた。帝国崩壊後、北朝鮮は南への送電を続けた（売電）が、1948年5月にそれを停止した。これは南の産業を麻痺させた。南朝鮮はこのように、産業を維持するうえで北朝鮮よりはるかに不利な状況にあった。

帝国崩壊後の南北間には、一層きわ立った相違が存在した。それは体制の相違であった。北ではソ連軍および金日成政権が、帝国から継承した「戦争経済」の発展を図った。すなわち軍事工業を拡充し、戦争のための動員体制を強化した。（略）

金日成はこの間、周到な戦争準備を行なった。開戦するや、人民軍はまたたくまに韓国軍を圧倒し、ソウルを陥れた。金日成はソウルで、多数の青年男子を人民義勇軍に強制徴募した。また、住民50万人の北への連行と労働従事、教育・研究施設内の物資の軍事動員を命令した。（略）1950年9月、米軍は仁川上陸を敢行し、本格的反撃に移った。人民軍は敗走し、北朝鮮の国土を米軍が席巻した。金日成は毛沢東に助けを求め、中国領に逃れてようやく身の安全を保つことができた。（略）

朝鮮戦争は、北朝鮮における帝国の遺産を無にしたのではなかった。金日成は、老人、婦人、子供を含む労働力を動員して工場を疎開させた。機械設備を山中に隠したり、中国領内にまで工場を移転した。避難のさいには、設計図を携行させた。かつて日本の企業や陸軍が地下に築いた坑道や施設は、金日成にとって利用価値の高いものとなった。（略）

帝国が残した産業設備は、1953年以降も北朝鮮経済の基盤となった。水豊ダム、日本製鉄の2製鉄所、三菱製鋼平壌製鋼所、日窒の化学コンビナートなど多数の工場が、修復・拡張を経て北の産業を支えた〉（同書、二一一〜二一三頁）

金日成政権は戦時期の日本帝国の統制強化、人的・物的資源の国家総動員、資産国有化を継承・発展させる形で国作りに励んだのである。

第二章

隣国の発見

一　少年の日の思い出

家の近所はすぐ市場だった

隣国の韓国・朝鮮は日本人にとって長い間、肯定的な関心を抱きにくい国であった。それはもう一つの隣国である中国に比較すると分かりやすい。中国に対しては、自文化のいくつかの淵源が彼の地にあるのだという感覚があり、また杜甫や李白や孔子の作品のように愛吟され愛読され、それを通して憧憬や親近感が形成される媒体があった。しかし日本人は長く朝鮮にそういう媒体を見出すことが出来なかった。隣国が日本人に文化的誘引力を発揮するようになったのは実はつい最近のこと、つまり二一世紀に入って韓流ドラマやＫポップが登場してからのことで、それ以前の日本人に隣国への憧憬や親近感を駆り立ててくれる作品というものはほとんどなかったのである。

とはいえ、隣国であるということは歴史的、文化的、体験的に結びつけられたさまざまな因縁があり、繋がりがあることをも意味する。少数であっても、なんらかの理由で隣国に惹きつけられて移住するというものもいれば、朝鮮で生活を始めた後にその風景に魅力を発見したというものもいる。本章ではまずは自分の意志でというよりは親や家族の事情で朝鮮に移り住み、その少年期や青年期を朝鮮の地で過ごしたという二人のエッセイから始めたい。

前章にも登場した新木正之介《しんきまさのすけ》は九歳のとき南満洲の旅順から朝鮮の水原に引っ越して来るが、少年の日に見た風景を次のように記している。

私が九つの時、日韓併合後あまり間もない頃だったが、私は母や弟と一緒に、水原で働いていた父の許に行くために船に乗り、仁川に上陸した。

船が港に近づくと、丘の若葉の間から異国のにおいのする洋館の白い壁や赤い屋根が見えて、静かな海は爽やかな五月の朝の陽に光っていた。

胸の内側からゆすぶるような太い汽笛の音がする。やがてエンジンの音は止り、進行はゆるやかになる。一しきりの騒音と共に錨が下され、スクリューのまきかえす船尾の白い泡波が消えると、船は岸から遥かに離れてとまった。緑の水の中に光の縞が入り交ってゆらゆらと舷側にゆれる。

見る中に六、七艘の小舟が船のまわりに漕《ゆ》ぎよせられる。舟を操る白衣の人達はみんな逞しく、ちょん髷《まげ》を結った顔は陽にやけて、何か口々に叫んでいた。それは私が耳にした最初の朝鮮語であった。朝鮮の舟乗のはげしい聲を聞いて私は幼心に遠い国にきたことをしみじみ感じて物悲しかった。

水原の家は藁葺《わらぶき》の朝鮮家屋で、中が僅かに改造してあった。近所隣りに住む人は殆んどみんな鮮人である。朝鮮の子供とはすぐにお友達になった。一緒に蜻蛉《とんぼ》をつり魚をすくい、独楽《こま》を廻したものである。

七月になると雨が降りつづいた藁屋根には雨樋がついていないので、雨だれは水のたまった中庭にそのまま落ちる。水たまりに落ちる雨だれの音は小聲で話す女のおしゃべりである。大きな番傘をさして、郵便出しのお使いなどに露地を通ると、顔の色の白い十四、五の女の子が、細目にあけたオンドルの窓から、外をじっと眺めていることがあった。又雨にぬれながらチゲを背負った塩鯖《しおさば》売りが、ぬかるみの道を跣足《はだし》でピシャピシャふみながら通って行く。（略）

家の近所はすぐ市場だった。十日目十日目に市がたつ。

市場には柱をたてて藁屋根をのせただけの小屋が二百軒余りもあり、普段の日は人の子一人もいなくてひっそりしていただけに、市日《いちび》の賑わいは大したものだった。秋晴れの日などは、その動揺めきが遠い海の響のように町中に拡がった。

市場の中でも殊に勇ましいのは米の売場である。筵《むしろ》の上に小山のように積まれた米があちらにもこちらにもあって、その間を売買の人がもみ合い入り乱れ、米を量ってはうつす一斗枡は、元気のいいかけ聲と一緒に回転して、枡の口の金輪はキラリキラリと陽に光る。

栗や干棗《なつめ》を売る店、海草や魚貝の干物を売る店も出来た。干物の店には一丈にも及ぶ章魚《たこ》が吊り下げられてあった。

小間物屋は、石鹼に糸類、陶器のボタン、それから赤く塗った半円形の櫛やお粗末な鏡などを店一ぱいに並べる。

臨時に出来た酒幕には、もうもうと立ち上る湯気の中に肥ったおかみさんが半月形の大きな包丁で青く細長い南京瓜を刻み、押かけたお客さんは、立って食べたり踞《しゃが》んで飲んだりする。ソルンタンのにおいや、肉を焼くにおいが流れ出て、そこいら一帯を低く這いまわる。売る聲、買う聲、罵る聲、そしてその狭い人ごみの通り路を山のように荷物を背負った牛が通る。「チミヨチミヨ」。人を分けて行く牛飼の聲はすきとおっている。

私の好きなのは市場のはずれの通りに箱を並べた飴売りである。箱の中には、粉のついた棒飴、琥珀のようにすきとおった飴、黒ごまのついたねじり飴、赤い干棗をくっつけ胡麻で味をつけ、甘い中にもヒリリと辛い胡椒飴《こしょうあめ》など。胡椒飴は平たく箱の中に延ばしてあって、それを大きな鋏で切って売るのである。飴売の鳴らす鋏はチョキンチョキンといかにも長閑に鳴った。(「朝鮮の音」『金融組合』九八号、一九三六年一一月)

新木は後に朝鮮の禿山に愛着を感じると記した人であるが、この人に隣近所が朝鮮人という環境で生活をした体験があり、また朝鮮人を遊び友達にしていた幼少期があったというのは興味深い。ちなみに市場の場面に出て来る「チミヨチミヨ」(짐이오짐이오)とは、「荷物だよ、荷物だよ」の意だが、そこを通るのは山のように荷物を背負った牛である。新木には京城の街について記したエッセイもある。

少年の日の私の頭に残った京城と今の京城とでは、大変な違い様である。
京城駅を当時は南大門駅と言った。駅舎は黒く塗ったトタン屋根の低い平屋で、雨の降る

南大門。派出所があり、その前を電車が通る。

日などは如何にもわびしかった。汽車が着くと駅手《えきしゅ》は「ンダイモオン、ンダイモオン」と呼んだものである。駅には何時行っても見かける助役さんが居られた。始終目をしばたたく癖のある背の高い上品な人で金筋の帽子を少し前下りにきちんと冠《かぶ》り、口を結んで、プラットホームの上を静かに大胯に行来して居られた。

西大門小学校の裏手には、西大門駅というのがあって、京《けい》釜《ふ》線《せん》の終点であった。京中［京城中学校］や西大門小学校への通学生はそこで降りた。その線路と義州通へ通ずる田舎道と交叉した小さな踏切が今の賑やかな蓬莱橋である。

南大門駅の前には客を待つ人力車とチゲの外に、ただ一台ホテルの自動車が止まっていた。箱のような車で、屋根には荷物を載せるための金網がくっついていた。普通の人がその自動車を頼むと、並木町あたりまでで五円ぐらいとられたものだそうである。

南大門通には近代建築は殆んどなく、木造のお粗末な交番は道の左手の目立たない処に引込んでいたので、南大門は周囲の丘や屋並と調和し、堂々あたりを圧した美しさがあった。

昔から今まで少しも変わらないのは大平通である。不思議な街である。その周囲が激しく渦を巻いて変化するのに、忘れられ、取り残されて、昔のままの姿を保っている。台風の眼の様なものかも知れない。古物屋は相変わらず綺麗に磨いた古靴と、赤や緑の色の薄い蒲団をつみ重ね、食器屋には真鍮の器が光っている。

今の総督府の門のあたりには、三つアーチの光化門が、晴れた空の下に静かに朱塗の門を閉じて立っていた。その前方二十間程の処に、煙草「カイダ」の絵になった高麗狗《こまいぬ》が二匹、体を向い合せ南方に首をむけていた。高麗狗の石の台座の付近には、年の頃二十七、八の唖《おし》が何時も赤ん坊を帯で腰の上に背負って遊んでいた。髪ののびた顔は小さくて陽にやけ、袖口から長く出た手は途方もなく大きい。何か自分の意志を伝えたい時には急に眼が輝き出し、上を向いて開けられた口の奥から不思議な叫び声が出、手はあやつり人形の様に動く。背中の赤ん坊の首は、ユラユラと不規則に揺り動かされた。門の前の運動場のような大路には行人の影も稀に、道に面した長屋の瓦屋根では鵲《かささぎ》がカチカチと鳴いていた。

鍾路にコンクリートの建物のなかった頃は、光化門郵便局の前あたりの、煉瓦造りの二階建の薬屋が中々立派に見えた。壁紙の色褪せたショウウィンドウの中に、高さ三尺計りの人体解剖模型の人形が、少し前に傾いたまま立てられてあった。彩色された臓器には埃がかかっていて、叩くとカラカラと音でもしそうであった。ずいぶん久しくあったものだが今はどうなったかしら。

鍾路には五、六軒洋服屋が店を出していて、その低い瓦屋根の上には、同じようなペンキ塗の看板がかけられてあった。看板の絵は黒と青と茶色の三色ぐらいで、湖などを背景に、口髭をつけた紅毛人《こうもうじん》が二人か三人立っている。その人物のどれもが、みんな手を真すぐに下にのばし、正面を向いてかしこまった様子は、アンリルッソー張りで見ていると何となく心がのんびりした。

鍾路は流石に古の都大路の名残を止め、ものさびて落着いた通りであった。殊に晩春の夕など、とりとめもないわびしさの中に、普信閣や水下洞の石の小橋が暮れてゆくと、夕闇の中を青丹の帳《とばり》を垂《た》れた輿《こし》が、羅紗の黒い帽子に広袖の衣装をつけた使丁にかかれて通り、緑の薄絹のかつぎに半ば顔をかくした婦人達が、静かに歩みをうつしていた。誠に夢のような美しさであった。

三坂通も練兵町も、一続きの山と野原で、僅かに丘の中腹に四、五軒の藁屋根があり、その付近に、春には杏が淡紅の花をつけ、秋には柿が枯枝の間に赤い実を輝かした。野砲隊のあるところは、陸軍の練兵場で、夏には夏草が生い茂り、所々に水溜りがあって、お玉杓子が泳ぎ廻っていた。

訓練院はその昔の兵隊の訓練場だったと聞いている。黄金町四丁目の交叉点の少し先から東大門までは、一帯の広い原っぱで、東大門小学校のあるあたりには、訓練院という篇額のかかった建物があった。建物の前では、藁靴をはいた老人達が、糸車を大きくしたような縄ないの道具をつかって、十四、五間許り離れて向い合い、終日縄をなっていた。

訓練院の原っぱの一部は、塵埃《じんあい》すて場になっていたが、そんなに広い原っぱなので、捨てられた塵埃もすぐ日光に乾いて、そこに草が生え、蛤の貝殻が白く曝らされて散らばり、罐詰の空罐は秋陽に光っていた。その上を大きく輪を描いて飛ぶ鳶《とび》の声はピヨロピヨロと夕空に谺《こだま》した。

その頃の京城は優しく美しかった。（「その頃の京城」『金融組合』一〇九号、一九三七年十月）

これまた視覚的かつ聴覚的なエッセイであり、印象的な人やモノが登場する。この文を記した頃、新木正之介は京城高等商業高校教師であったが、この時代の友人に後に学習院大学教授となるレジナルド・ブライス（一八九八～一九六四）がいる。ブライスは京城帝国大学や金沢の第四高等学校を経て、学習院大学に赴任するが、俳句や禅に関心を寄せ、それを西洋に広めるのに貢献した人であり、また昭和天皇の皇太子時代に英語教師を務め、天皇の人間宣言にも関わったという人である。

宮城道雄と朝鮮の音

盲目の箏曲家・宮城道雄（一八九四～一九五六）は一九〇七年から一七年にかけての十年余りを仁川と京城で暮らした。ほぼ同時期の一九一二年から二二年にかけては昭和期を代表する国民的作曲家である古賀政男（一九〇四～七八）もこの二つの街で暮らしていたが、ここでとり上げるのは宮城道雄がその朝鮮体験について記したエッセイである。

朝鮮に来て誰しも感じるのは砧《きぬた》の音であろう。殊《こと》に秋の夕方にあの音を聴くと何ともいえぬ感じがする。どこからともなく砧を打つ音がし始めると、そのうちに、あちらからも、こちらからも聞こえて来る。あるいは早くあるいは緩《ゆる》やかに、流れるように、走るように、聴く人の心をもまた、その調子に引き込まれるのである。

私が仁川《じんせん》から京城《けいじょう》に移った頃である。夜になるとよくこの砧の音を聴いて、面白いと思っていた。それから一寸《ちょっと》思いついて作曲する気になったのである。これが「唐砧《からぎぬた》」である。それは西洋楽風に、箏《こと》と三味線《さみせん》の合奏曲で、四重奏にした。曲の初めは静かな朝鮮の夜、ことに秋の感じを持たせ、漢江《かんこう》のゆるやかな流《ながれ》を思わせるような、気持を取り入れて合奏曲にしたのである。これが箏と三味線の合奏の始めであった。そんな動機から作曲を続けるようになった。

私は少年の頃朝鮮で育ったせいか、朝鮮で自然の感じを教えられたような気がする。今でも暇があったら、朝鮮に行って暢《の》んびりと作曲をしたいと思うけれども、朝鮮も今日ではその頃より開けているから、そんな自然の感じがないかも知れぬ。（宮城道雄『新編　春の海──宮城道雄随筆集』岩波文庫、二〇〇二年、二二三～二二四頁。初出『雨の念仏』三笠書房、一九三五年）

朝鮮人の音楽的素質について記した文もある。

朝鮮人は割合音楽の素質を持っている。どんな労働者のような者でも、どこかで音楽をしていると立ち止ったり、腰をおろしたりして聴いている。それが、ただ面白いという感じばかりでなく、真面目に聴いているのである。また物売《ものうり》にしても、その呼び声がよいのがいた。殊に今でも感じているのは、毎日塩を売り歩いていた老人であるが、私の家では、その塩売の老人を東郷大将と呼んでいた。その老人の声が品がよくて、私はよく聴いていたことがあった。薪売《まきうり》が「ナフサリヨ」といって売り歩く声も暢《の》んびりと聞える。

私が外出する時に、いつも私の手引きをしていた朝鮮人がいた。二、三年私の家にいる間に、私の弾く曲をすっかり覚えてしまった。もちろん弾けはしなかったが、弾いている曲を聴いて、それが何の曲かということをちゃんと知っていた。

その後、その男が私の家から暇をとって、他に奉公をした。その家の奥さんが箏をしきりに弾いていたそうである。奥さんの方では、聴いている相手が日本の箏の曲なんかはもちろん、上手下手もわからぬ朝鮮人の下男であると思って、少々間違っても遠慮なく弾いていたら、その下男が、「奥さん、今弾いているのは何々の曲でしょう」といったので、奥さんの方でびっくりして、そのわけを問われたそうである。すると、その男が、自分は弾くことは出来ないけれども、私の家にいて、箏の曲は聴いて知っているのだと話したら、今度は奥さんが、きまりが悪くなって、以後は遠慮して弾くようになったと、私の所に来て話したことがあった。

朝鮮人は何か事があると、白とか赤とかの色の着物を着て、皆山に行って、歌ったり踊ったりする。その歌が暢《の》んびりしている。私は朝鮮を思う時、どうしても平安朝時代のような気がする。

京城の郊外に牛耳洞《ぎゅうじどう》という桜の名所がある。（略）私はもちろん花を見るわけにゆかぬので、郊外散歩のつもりで、牛耳洞に連れて行かれたことがある。ところが、連れの人に勧められて大分酒を飲んだので、酔払《よっぱら》っていい気持になっていた。ちょうどその時、私たちの休んでいた所から、そんなに遠くない所に、やはり朝鮮人が花見に来ていたらしかった。朝鮮の暢んびりとした歌を歌っていた。私はいい気持になっていたので、皆の知らぬうちに、その歌のする方に行って、聴き惚れていた。私は朝鮮語の単語を知っていたので、そのうちに、一言二言話しかけたら、朝鮮人の方で喜んで、私を仲間に入れてくれた。私は朝鮮の酒を飲まされたり、御馳走をして貰ったり、歌を聞かされたりしたことがあった。

日本の人は朝鮮の音楽を、亡国の徴《ちょう》があるというけれども、私は決してそんなことはないと思っている。朝鮮で聴くとなかなか暢んびりしていてよいものである。

私は官妓《キイサン》の練習所に朝鮮音楽を聴きに行ったことも、交換演奏をやったこともある。拍子なども、朝鮮の方が、三拍子、四拍子など取りまぜてあって、変化が複雑である。

先年、朝鮮から正楽団《せいがくだん》というのが来たことがあった。それは朝鮮の雅楽を研究している楽団で、私が、故近衛直麿《このえなおまろ》さんに紹介して、日本の雅楽を聴かせたことがあった。その時正楽団の人々のいうには、曲はよいが拍子が朝鮮のから見ると、単調であるように思うが、もっと複雑なものをとったらどうかといったことがある。

朝鮮の音楽は、一《いち》の笛《ふえ》で長く引張る節をやって、打楽器で三拍子とか、六拍子とかに変化させるのが多い。従って、民謡にしても面白いのがある。思い出したが、今でも不思議でならないのは、朝鮮人には、調子外れの人というのがほとんどないことである。語学なども早く覚えるのも、これらに関係があるのではないかと思う。（同書、二二四〜二二七頁）

非凡な音感の持ち主である宮城が朝鮮人の歌に聴き惚れる場面には思わず引き込まれてしまう。宮城は十代から二十代にかけての十年ほどを朝鮮で過ごし、その後一九一七年、朝鮮で知り合った尺八家の吉田清風に招かれる形で東京に移動するが、同書にはそれより早く初代韓国統監の伊藤博文が宮城を東京に連れて行こうとしたという逸話も記されている。その部分と「朝鮮言葉」という二つの文を引用したい。

「伊藤博文公」

私が初めて作曲《さくきょく》して、それを発表した時は、まだ、子供ではあったし、またその描写が素人《しろうと》にもわかるので、歓迎されたのであった。その頃京城に楽友会というのがあって、その会の目的は、倭城台《わじょうだい》に音楽堂を建てるためにやっていた。会員は統監府（略）の役人や、龍山の軍楽隊の人々が主であった。その会で、私の事を聞いて、出演を頼まれたり、会員にもなってくれといわれたりして、共に加わったことがあった。

当時の統監は伊藤公であったが、朝鮮を引き上げて内地に帰られる時、仁川の浅岡という料理屋に私は招かれて、自分の曲を弾いたことがあった。統監はその時、自分はもう一度朝鮮に来る用があるから、その時には是非私を東京に連れて行ってやるといわれた。私は常々東京へ行って、一《ひと》勉強したいと思っていたので、この思いがけぬ言葉をきいて、この上もなく嬉しく思っていたが、統監があのようなことになられたので、出来なくなってしまった。

「朝鮮言葉」

これは音楽の話ではないが、朝鮮の話のついでにつけ加えておこう。

朝鮮は冬になると、オンドルというものを焚《た》く。朝鮮人は冬これがなければ生きて行かれぬくらいで、米よりも焚木《たきぎ》の方が必要なものだとさえいわれている。だから朝鮮人の家《うち》は、どの部屋もオンドルで出来ている。家によって内地人の家にも、一間《ひとま》くらい、オンドルの部屋が設けられてあることがある。老人や子供には真《まこと》に寒さ知らずでよいものである。家中の者が、夜になって、温《ぬく》く温《ぬく》くとした、オンドルの中で、話などする時は、夜の更けるのを知らずに語り続けることがある。

冬の夕方に、オンドルを焚く煙のにおいは何ともいえぬいい気持のものである。先年シュメーが日本に来て、私の所に練習に来た時に、シュメーの伴奏者がチェッコ人であった。ちょうど夕方であったが、その人が、日本の夕方の空の色がチェッコのと同じ感じがする。それに薪《まき》を焚くにおいが何ともいえぬ慕《したわ》しい、といったことがあったが、私も、オンドルの煙のにおいがそんな感じがした。

私は朝鮮人に手引きされていたので、朝鮮語の単語を知っている。盲人のことを、チャンギミというのである。朝鮮では、内地と違って、盲人の商売は八卦見《はっけみ》である。私が東京に来た後《あと》のことであるが、ある時町を歩いていると、朝鮮人が私のことを、チャンギミだといったので、私が、今君は私のことを盲人だといったのだろうといったら驚いていた。
また朝鮮人の物売りなどが時々やって来て、いらぬといっても帰らないので、つい自分で出て行って朝鮮語で話すと、先方では驚いているが、なつかしいのか、嬉しそうにして、なかなか帰らないことがある。（同書、二二九〜二三一頁）

Ⅱ　大人たちの見たもの

普通学校の訪問

法制局参事官の原象一郎《はらしょういちろう》は一九一四年、五十日間に亙って朝鮮各地を視察するが、地方視察に出掛ける前、朝鮮総督府で調査研究に従事していたある日（七月十八日）の日誌に次のような記述がある。

午前は例の如く総督府へ行き、午後は役人の所へいってある事項を研究した。帰って来ると疲勢が著しい。一体この頃の暑さは酷《ひど》い。日中は室内でも九十度以上であるが、ただ雨期であるにも拘らず余り蒸さないから内地に比して却って凌《しの》ぎやすい様な気がする。殊に夜はズッと温度が下がるから良い。晩涼を追って南から北に向かう。二つばかり電車道を横切って行くと、パゴダ公園とかいう塔のある甚だ小さな公園に来る。色々の草花や灌木の様なものが植えてあって稍《やや》体を具えて微なるものである。音楽堂の様なものもある。これを通り抜けて行くと、純然たる朝鮮人の部落に入る。家の陋苦《むさくる》しいことは夥《おび》ただしいものである。もとより日本の家屋といえども、欧米の家屋に比較すれば随分小さいものであって自慢にも何にもならぬであろうが、朝鮮の家屋を見ると、これはまた別段に貧弱矮小なるものである。

（略）

家屋の小さく陋《きた》ないのに反して、街頭を徘徊しておる者の衣服の清素なることは驚くばかりである。皆ピンとした一点の汚れもない白色、黄色、水色の衣、殊に女は緑色、紅色の裳をも着けておる。それがみな新調の衣服を始めて着た様な具合である。しかもその様式が甚だ優美である。男は大抵平常服の上に周衣《ツルマキ》と称する長き外衣を着て、黒冠を戴き（略）非常に高尚な紳士である。貧富貴賤の階級が衣服によっては殆んど識別がつかぬ。小使も行路商人も一度外装して立てば立派な紳士である。衣服の点においては殆んど完全に近き社会的平等が行われておる。それが朝鮮人の気質の一端を示す様に思われる。即ち多年官憲によって虐げられておったに拘わらず、根本において平等の要求が頗る強き社会的特質を現わしておる様にも思われる。女の衣服がまた甚だ美しい。乳の上までにも足らぬ狭き上衣は仮に議論があるとしても、胸より垂るる長き裳は甚だ余韻が多い。揺々として流れている。それがみな単色の配合美しきものである。貧富の別は女についても余り判らぬが、美しき被衣《かつぎ》を被《かつ》いでいる者は多少身分が善い者ではあるまいかと思われる。（略）。要するに様式の優美と単色の調和とは朝鮮衣服の特長であって、殊に貴賤貧富の区別がないのと清潔なる点においては世界に類が無かろうということである。糞土《ふんど》の中に生くる民としてこの事ありとは、自分は実に意外の念に堪えざる所である。女の衣物はとりわけて宜しい。綺靡にして締りのない不格好な日本の婦人服と取り換えたならば如何に経済にしてまた如何に品格を向上せしめるであろうかなどと飛び放れた空想に耽る。（『朝鮮の旅』巌松堂書店、一九一七年、六九〜七四頁）

朝鮮家屋の「むさ苦しさ」が記されたあたりまではとりたてて感興をそそるものはない。が、「衣服の点においては殆んど完全に近き社会的平等が行われている」の記述は目新しい。原象一郎の『朝鮮の旅』は法制局参事官時代の朝鮮旅行の日誌風記録であるが、ときにこうした注目すべき観察や直感がある。二日後の七月二十日、原は総督府に出掛けて調査を始めるが、この日から朝鮮人子弟の通う高等普通学校が夏季休暇に入ることを知らされる。

自分は平生から朝鮮に於ける最も重要なる政策は土人教育の問題であると信じておったので、兼々《かねがね》朝鮮へ来たら是非学校の実情をも見たいと思っていたに拘らず、甚だ迂闊の次第ではあるが、（略）毎日の仕事に追われて学校の夏休みになることを知らなかった。（略）授業はなくとも責めて校舎の状態、児童の集っている有様でも見て来ようと思って電話を掛けて聞いて見ると、既に本校の生徒は散ってしまったが、付属学校の生徒はまだいるという。直ぐに車を走らす。

学校の位置は総督府とはまるで反対の方向に在る。即ち京城の北方の山の手において朝鮮人部落の中に在る。校舎は木造の質素な建物であって、門を入ると正面に存する主たる建物は朝鮮人で普通学校の教員とならんとする者を速成的に仕立てる臨時教員養成所の建物である。その右の方に当って種々の蔬菜を栽《う》えた小なる畑がある。短草離々として廻らす飛石の上を伝って畑の中を通って行くと、更にまた木造の小なる建物がある。これが付属普通学校である。今しも一年から四年まで全部の生徒が日蔭棚の下の庭に整列し、何か先生の話を聞いている。愛らしいこと夥しい。みな朝鮮服で成人と同様な様式をした周衣《ツルマキ》を着て、制帽だけは海軍帽を戴いている。一体この「ツルマキ」即ち朝鮮の「フロックコート」は、成人に対してよりも小児《しように》に対して最も似合う。水色のものに至っては殊に優美であって、清素の感が人を悦《よろこ》ばしむる。朝鮮へ来てから今まで見る所によると朝鮮人の小供は、日本人の小供の様に始めから我の張った小《こ》ましゃくれた野卑な顔をしているものが甚だ少ない。概して眉目清秀にして、貧家の子でも気品が高く、温良活発で聡明な顔をしている。大人とはまるで別物である。何時しか退化するのであろうが、少年時代の風貌に至っては、日本人の小供よりは余程良い様である。殊にこの高等普通学校の付属普通学校は上流の子弟が多い為か、別してその感が深い。やがて小供は教場に這入る。全体七学級に別れておって、概して単式の編成であるが、中には二学年の複式の学級も混っておる。まず一年級の国語の教授を見る。今年の四月から収容したもので、その前から日本語を知っているものは甚だ少ないという話であるが、それにしては驚くほど日本語が達者である。日本人の子供と少しも違いがない様に思われる。もとより犬や猫に関し、または国旗等に関する簡単なる会話であるが、少しも無駄な言葉がない。観念の連絡が極めて敏活巧妙であって語調に淀みがない。これは単に席に居って先生の問に答える場合のみならず、教壇に立ち数分間に亘って説明する場合においても些《いささ》かの泥滞がない。しかして活発であって、誰を指しても少しも人に怖《おじ》気るということがなく皆平然として答える。要するに言語の、明晳流暢《めいせつりゅうちょう》なる点、話の秩序立っている点、態度の落付き払ってハキハキしておる点などはとても日本人の小供の企て及ぶ所でない。(同書、八〇〜八三頁)

「土人」の呼称に驚かされるが、原自身はおそらくはそれを「土地の人」とか「土着民」の意味で使っていたのだろう。ただし原がここで記しているのは学校で見かけた少年、少女たちへの肯定的評価であり、「愛らしいこと夥しい」とか「温良活発で聡明な顔をしている」というように、いささか手放しの賞賛ぶりである。かと思うと、その後には「愛らしいこと夥しい」子供たちも「何時しか退化するのであろう」の文が出てきて不思議な気分にさせられるが、その思考回路を辿るのは容易でない。さてこの後、原は上級生学級の方へと歩みを進める。

段々と廻りめぐって上級生の方へ行くと益々出来る。日本人の小供の比ではない様である。最後に四年生の所へ行くと、先生が参観人に何でも御随意のことをお尋ね下さいという。参観人の某代議士が試みに日本の領土の範囲について質問すると、歴々として掌《たなごころ》を指すが如きものがある。大国の民と小国の民と何れが幸福なりや、幸福なりとせば何故に幸福なりや等の難問を如何に答えるであろうかと思うて聞いておると、平然として甚だ婉曲に而《しか》して要領を得た答をする。有髯《ゆうぜん》の男子をして瞠若《どうじゃく》たらしめる。（略）辞令の才のみならず何様《どう》しても多少頭が無くては言えぬ。最後に世界において如何なる国があるやという質問に対しては、手を挙げたものは比較的に少なかったが、ある一生徒を指すと、ヨーロッパより豪州に到るまで滔々《とうとう》として各国名を挙げ、また時に植民地を挙げ、しかしてその何れの国に属するやを説く。これは学校では少しも教えぬというから、自分で何か読んで来たに相違ない。

　参観し終って殊に不思議に感ずることは、彼らは少しも人に怖れぬということである。先生のいうところによると、如何なる貴顕大官の類が来ても平気であるという。指名せられて演壇の上に立つ有様は場馴れた演説使が悠々として壇に上るの概があり、説明の調子がまた平然たるものである。途中で偶々支《つか》えることがあっても少しも焦らぬ。徐《おも》ろに語を続ける。これは度胸が据っているというよりは寧ろ感情が冷ややかであって、かつ責任の観念が乏しい為ではないかと思われるが、如何なものであろうか。（同書、八六〜八八頁）

「参観し終わって殊に不思議に感ずることは、彼らは少しも人を怖れぬということである」の文が印象的である*註1。原象一郎はこのとき日本人とは異質の文化を持つものの仕草や振舞いに出逢っているのであるが、それを「度胸が据っているというよりは寧ろ感情が冷ややかであって」と解する。原はこの後、同校に前年設置されたという朝鮮人子弟の通う普通学校教師養成のための授業風景を参観する。「臨時教員養成所」は修業年限が一年で、週当たり授業時間三四時間のうちに「朝鮮語」一〇時間、「朝鮮事情」二時間が含まれていたが（山田寛人『植民地朝鮮における朝鮮語奨励政策』不二出版、二〇〇四年、一〇一―一〇二頁）、原が訪ねたときはちょうど唱歌の時間であった。

校長と共に本校の高等普通学校の校舎を見廻って行くと、二階で頻りに「オルガン」の音が聞える。何かと聞いて見たら、これは日本人の中学卒業生を採って一年間に急速に師範教育を施し、八道［朝鮮全土］の片田舎に散らばっている朝鮮人の普通学校の先生にするのだという。それは殊勝である。是非その開拓者の状態を拝見しようといって二階へ登って行くと、才気の影は余り見えぬが、質実にして剛健らしい青年が四、五十人ばかり熱心に唱歌を教わっている。（略）校長の話によると、これらの青年は単独に深く朝鮮人の間に這入って、全然朝鮮人と同様の生活を為《す》る必要から第一、日常の生活から改めてかからねばならぬ。そこで食事も凡て朝鮮流の物を食い習わせ大蒜《にんにく》等を盛んに食わせる。調理も自分でさせ、温突の如きも焚き習わせるという塩梅である。しかしてかくの如くにして鍛えられた先生の行く先は何処かというと、それが何ともいえぬ気の毒な所が多いという。医者は固より食物も余りない、しかも時には自ら朝鮮人の小供を教えても自分の小供を入れる学校がない。また金もないから自分の子には結局教育を施さぬ者があるという。甚だ憐れな話である。しかしこれらの先生の任務は国家百年の政策の上より見れば最大の意味を持っているものである。（略）かくの如くにして日本人の社会的感情と朝鮮人の社会的感情とを根帯から融和して堅実なる植民地統治の基礎を造らねばならぬ。幸いにして従来の実績に徴するも、日本人の先生は朝鮮人の信頼を得ること最も夥しい。冠婚葬祭に迄も立ち入って付託を受くる者が多いということである。併合以前に地方に騒乱などのあった時には、他の部局の日本人はドシドシ殺されて終《しま》ったが、教育者にして難を被った者はかつて一人もないということである。（同書、八八〜九〇頁）

朝鮮人の通う普通学校の教師養成課程には、朝鮮人と同じ生活ができるように大蒜を盛んに食わせるとか、温突の焚き方を学ばせるという訓練が含まれていた。普通学校には朝鮮人教師もいたが日本人教師のほうが多かった。その日本人教師の働きぶりが朝鮮人に信頼されていたというのは概ね事実のようで、金泳三や金大中のように、日本人恩師に謝意を表した韓国大統領もいたし、個人的な体験であるが、日本統治期に学校教育を受けた韓国人の知人から自分がかつて出逢った日本人教師への賞賛と感謝を聞かされたこともある。＊註2

『朝鮮の旅』を記した原は法制局参事官の後、軍需局長や国勢院第二部長を務め、一九二〇年退官するが、『朝鮮の旅』以外に朝鮮との関わりを示す履歴はない。ただし『寺内正毅日記――一九〇〇〜一九一八』（山本四郎編、京都女子大学、一九八〇年）の五二六頁に朝鮮総督府長官希望者の七番目に原象一郎の名が記されたメモがあって、「若《も》シ若キ者ナレバ」の但し書きがある。京城滞在の初日、原は寺内正毅総督の午餐に招かれ、一時間ほどを過ごしているが、日記には総督への好感が記されている。総督のほうも原に好感を抱いていたらしい。

電車に乗って釜山の東へ行く

一九二〇年五月二十四日、南満洲鉄道の斡旋で朝鮮と満洲の旅に出た歴史学者の喜田貞吉《きたさだきち》（一八七一～一九三九）は釜山に到着すると、当時内地人が多く住む市街をしばらく歩いた後、郊外の様子を知るために電車に乗って釜山の東に向かう。古代史研究者である喜田は江戸時代の歴史地理や被差別部落研究、賤民研究にも関心を寄せる人であった。

石原・田所両君と、宿の前から電車に乗った。釜山の市街は全然内地同様の町作りだが、町外《まちはず》れに出ると鮮人の村落がある。平地から丘陵の半腹にかけて陋屋《ろうおく》が密集して居る。何たる気の毒な状態であろう。内地にはむかし坂の者・野の者などという部族があった。河原者・谷の者・島の者・原の者などいうのもつまり同類で、普通の都邑に住み兼ねた社会の落伍者が、都邑に近く、しかも捨てられた空閑の地に小屋住居をして、都邑の人々の雑用に使役せられ、或いは漁獲物や竹細工・草履などの製産品を都邑に供給し、或いは身を遊芸に委して歴門米銭を乞い、それで漸《よう》やくその日その日の口を糊して行く同情すべき人々であった。（略）彼らは限られたる土地に限りなく増殖する人口を収容して、ますます貧乏のドン底に陥り、ついには所謂《いわゆる》密集部落・細民部落等をなした。自分は今敢えてこの同情すべき新付《しんぷ》の同胞が、彼らの徒と同じ運命にあるなどと失敬な想像をなすものではないが、その現に町外れの僻地に住んで所謂《いわゆる》野の者をなし、丘陵の半腹に住んで坂の者の態を呈し、内地人の市街とこれら朝鮮人の村落とがあまりに著しい懸隔のあるのを見ては、我が平安朝における虐政の結果落伍して、賤者の列に落ちこんだ人々の有様を思い起こさずには居られぬ。如何に優勝劣敗の原則に支配せられる世の中とは云え、これはあまりに悲惨である。これを救うの道はただ当路者の誘掖輔導《ゆうえきほどう》と、鮮人自身の自覚発奮とにあるのであろう。

見たからに気の毒な感を起こさしめる様な陋屋に住んで居りながら、鮮人の服装はなかなかに気の利いた、立派なものだ。現に労働に従事して居るものの外は、大抵清潔な純白の衣服を身に繞《まと》うている。頭には朝鮮特有の冠《かぶ》り物の外に、パナマ帽や鳥打帽《とりうちぼう》などを被《かぶ》っているものもある。全く風俗の混乱過度時代だ。労働者には印度人の様に布で頭をクルクル巻にして居るのもある。魏志には倭人の俗を記して、男子皆露紒《ろかい》、木綿を以て頭を招すとあるのはこんなものであったかと思わしめる。

若い婦人の服装は殊に気が利いて居る。一寸外出をするにもお化粧をして、涼しそうな薄《うす》絹《ぎぬ》を頭から被り、衣服には色物を用いて如何にも気持ちのよいのがある。袴《はかま》を例の通り胸高にはいて、短い上衣の前を合わす紐に銀環《ぎんかん》を通して、装飾としたものをも電車内で数人見受けた。この胸高の袴は支那唐代の俗を輸入したもので、本国にそれが疾《と》くに失われても、ここにはまだそれが遺って居るのである。下級の婦女にはその袴と上衣との間から乳が露出して平気で居るのもある。これ等乗合婦人の中に一人濃厚に粉粧を施して、例の袴を胸高に締めて、だらりと垂れた上衣の紐もうつりがよく、上には純白の絹布を纏い、薄桃色の薄絹を頭からかぶり、金指環《きんゆびわ》の三つもはめて、絹張の蝙蝠傘《こうもりがさ》を手にした十八、九歳とも見える女が、自分の立って居るのを気の毒だと思ってか、破顔微笑してその座席を分って呉れた。なかなか愛想がよい。はて貴族の令嬢にしては一人で電車に乗ろうとも思われず、またこのあたりにこんな立派な服装の女子の居そうな富豪らしい家も見えぬ。何たる上品な、しおらしい娘ではあろうと、後で聞いて見るとそれはカルボー（蝎蛹）という下級の売春婦であった。やはりあの陋屋に住んで居るのである。（略）朝鮮は全く我が平安朝から現代まで、一千余年の経過をゴッチャにした一の大きな縮図だ。後ろに垂れて背に及んだ白い頭巾を被った中年の女が幾人も車内に居る。額の上に縁を取って頭の後ろで縛っているところ、能楽でよく見る女にこんなのがある。これは南部に限った風俗じゃそうな。例の長い煙管《きせる》を持って煙草を吸っているのもある。見たところ如何にも昔床《むかしゆか》しい心地のする服装だが、その床しい婦人がツンと手洟《てばな》をかんだのには恐縮した。男子が長い煙管を持っているのは普通だ。併しその煙管も嘗て土産に貰ったり、絵で見て想像していた程には長くない。聞けば近年だんだん短くなったのだとの事だ。男子の例の冠り物の鍔《つば》（縁）も、絵や写真で見慣れて居たものよりも遥かに狭い。怠業的民族だなどと言われる人々にも、次第に忙しい世界の風潮が押し寄せて来た結果だという。併し見た所では相変わらずの怠業的民族で、何をするともなく白衣の偉丈夫が三々五々佇立《ちょりつ》したり、逍遥したりして居るのは到る処に見受けられる。(「庚申鮮満旅行日誌」『民族と歴史』第六巻第一号、一九二一年七月)

喜田貞吉が釜山の東方に見たのは常民や奴婢たちの住居であろうか。「見たからに気の毒な感を起こさしめる様な陋屋に住んで居りながら、鮮人の服装はなかなかに気の利いた、立派なものだ」と反応するところは前記原象一郎に似ている。服装のなかでも婦人の服装に感心する態度も似通っていて、「一寸外出をするにもお化粧をして、涼しそうな薄絹《うすぎぬ》を頭から被り、衣服には色物を用いて如何にも気持ちのよいのがある」と言う。朝鮮の風景を見て平安朝を思いだすという態度はここにも見てとれるが、それを喜田は「朝鮮は全くわが平安朝から現代まで、一千余年の経過をゴッチャにした一の大きな縮図」であると言う。一行はこの後、文禄慶長の役に際して日本軍が築いた城郭を目にするが、それをそのまま通り過ぎると、畠中の小道を小娘たちが水甕《みずがめ》を頭に乗せて歩む姿に出くわす。

草梁を過ぎてやがて左手の山上に日本式城郭の石塁《せきるい》が見える。文禄役《ぶんろくのえき》に我軍の築いたものだ。右手の海に近い小山にもまた日本式の城塁《じょうるい》がある。所謂釜山鎮の城墟《しろあと》だ。これは帰路に踏査する積りにして素通りした。畠中の小道を小娘が数人水甕《みずがめ》を戴《いただ》いて列をなして電車道の方へ歩んで来る。水甕には一つずつ大きな瓢簞《ひょうたん》を浮かべて居る。野中の清水から飲料水を汲んで帰る所だ。瓢簞は即ちヒサゴで、内地ではそれをヒシャクと訛《なま》り、木や竹で作って、柄《ひ》杓《しゃく》などと似合った文字にも書いて居るが、朝鮮ではやはり原始のままの瓢《ひさご》が今も用いられて居るのだ。一事が万事この行き方で、朝鮮ではどうしてもわが一千余年間の変遷の縮図だ。頭に戴くのは水甕ばかりでない。一切のもの皆頭上に載せ、糞尿の桶までも戴いて平気だという。内地では有名な八瀬女《やせめ》・大原女《おはらめ》を始めとして、京都付近の村落の女に今も頭上に物を戴く習慣が遺って居る。海岸部落の女にも往々それが見られるが、古い絵巻物や埴輪などを見ると、下様《しもざま》の婦女の間には昔は一般にこの風があったらしい。而して朝鮮には現にそれが一般に行われて居るのである。

　女子が頭上に物を戴くのに対して男子は背に物を負う。何でもかでもチゲという物に縛りつけて背負うのだ。チゲとは二本の堅木を椅子の様に横木で連絡せしめて、その二本の堅木の下部に各一本ずつの腕を出し、堅木にはそれぞれ紐をつけて左右の腕に通し、前から肩にかける様に作ったものである。先刻釜山の埠頭に上がった時に、荷物を持たせて呉れろと五《う》月《る》蠅《さ》く付《つ》け纏《まと》った立ちん坊が負うていたのはこれであった。併し彼等は内地の立ちん坊とは違って、用のない時はそのチゲを下に置いて早速腰掛に応用し、腰から例の長い煙管を抜いてスパスパと煙を吹かす。椅子携帯の立ちん坊だ。チゲには可なり長大なものでも縛りつける。二間もある長い材木をつけて、道で人に行き違う時には身体を横にして蟹の真似をする。孟子に百畝の田之に植うるに桑を以てせば、半白の者道路に負戴せずとか何とかの句があって、支那でも三代時代には負うたり戴いたりする習慣があったと見えるが、朝鮮では今もそれが一般に行われて居るのだ。さてさて朝鮮は古い風俗の保存されるところではある。（同

誌）

水甕を頭上に載せて歩く女たちとチゲを使って荷物を運ぶ男たちの姿はこの時代に朝鮮を訪ねた日本人たちに異国情緒を感じさせてくれる代表的風景で、後述するエッセイにもときどき登場する。文中にある草梁には中世から近世にかけて「倭館」と呼ばれた日本人居留地があった。そして今日この地には日本領事館があって、ソウルにある日本大使館とともに反日デモの標的になったり、日本への拠り所になったりする。さて帰路、ある停車場で下車した喜田貞吉の一行は釜山鎮の城塁に上り、その後坂道を歩き始めるが、ある家から砧《きぬた》を打つ音が聞こえてくると、吸い込まれるようにそちらに足を向ける。

どれを見ても似た様な、狭苦しげな茅屋を物珍らしげに覗き見しつつ坂道を下りて行くと、門構えの稍《やや》気の利いた家から砧の音がストトントントン、ストトントンと節《ふし》面白く聞こえる。一寸失敬して門内へ這入って見ると、娘の子が二人縁側に向かいあって、石の砧の上で例の白布を打って居る。各自両手に棍棒の様な槌を持って、四つの槌が交互に一つの畳んだ布の上に落ちる。一高一低、調子を合わせてストトントンと打ち下ろす早さは全く以て目にも止まらぬ位、丁度太神楽《だいかぐら》の天一が数本の短い棒を操る曲芸を見る様だ。よくもあの槌が打《ぶ》っつからぬ事だと、余りの面白さに暫らく立って見て居ったが、曲打ちの当人等は振り向きもせぬ。側に例の長い煙管をくわえた婆さんが苦い顔して我等一行を見詰めて居るが、さて朝鮮語のわからぬ悲しさには話しかけて見様《みよう》もない。そのうちに子供が二、三人帰って来た。これ幸いと持ち合わせの切餡を二つ三つ宛《ずつ》与えると、婆さん始めて微笑して愛想をして呉れた。それをきっかけに「新羅」という煙草一袋を握らせてその婆さんを買収し、手真似でもって室内の構造や炊事場などを見せて貰った。砧の音が取り持って偶然希望していた鮮人家庭訪問の目的を達した訳だ。

我等の一行が偶然訪問したこの家は、このあたりでは可なり良い住宅の方で、先ず中流の家庭らしく見えたが、それでも家屋の狭隘、屋内の備品の貧弱なのには驚かざるを得なかった。頭を打ちそうな低い平家が三室に分れ、向かって左が温突《オンドル》の設備のある室で、床は渋紙見た様な油団《ゆとん》で張りつめ、壁も天井もやはり同じ様な紙で張って、四畳半よりも狭いと見たが、その中には例の真鍮金具をベタベタ打った朝鮮簞笥が一つあるばかり、外に何等の装飾をも施してない。その左方は壁を隔てて炊事場の土間で、竈《かまど》には綺麗に磨きあげた金属製の蓋のついた釜が二つかかって居る。低く掘り下げた温突の焚口もここにある。温突のある室の次の間には多少の雑品があったが、目を引く様なものは見なかった。この室の縁側で相変わらず曲節面白く娘達は砧を打って居るのだ。一番右が内房で、男子不入のないしょの間だけに、新羅一箇の賄賂では見せなかった。家のまわりをぐるぐる見まわしても、植木鉢が一つあるでもなければ、草花一本植えてもない。殺風景な事だ。

娘達はまだ砧を打って居る。よく肩がこらぬ事だ。あんなに打っては布帛《ふはく》が破れはしないかと心配しながら会釈して門を出た。坂を下りてもまだ砧の音は聞こえて居る。

砧打《きぬたうち》と洗濯とは朝鮮婦人の常の勤として、先ず第一に数うべきものじゃそうな。先刻電車内から見た所でも、苟《いやしく》も村があり、水の流れがある所には、必ず小娘・年増・婆さんなどが多数集まって洗濯をして居た。内地の如く盥《たらい》の中でもむのではなく、砧を打つ様に石の上でたたくのだ。それを芝生の上に広げて、天日に晒らしてある。「白妙の衣ほすてふ天の香久山」の歌も思われて、我が古代でもこんな風があったのではなかったのかなどとも考えられた。家は如何にむさくろしくとも、着物だけは清潔なのを着せたい、着たいというのが朝鮮婦人の理想とする所だ。衣食住の三者孰《いず》れを重しとし、孰れを軽しとすべからざるものではあるが、朝鮮では第一が衣、次が食で、住まではなかなか手が届かないらしい。これはどの民族でも同様で、生活程度の低いものは先ず衣に骨を折る。次に食に骨を折る。（略）可愛そうに多年虐政に苦しめられた朝鮮人は、まだ住居の是非を云為《うんい》するの程度に達しないのだ。否達しないというよりも、従来彼等は家屋を華美にすることが出来なかったのだ。若し目に立つ様な家にでも住んで居よう物なら、忽ち悪辣な郡守共に彼奴《きやつ》は工面がよさそうだなと睨まれて、忽ち血が出るまでに絞り上げられる。時には絞る口実を作る為に冤罪を構えられて、親族友人が賄賂を持つて身請に来てくれるまでは、牢獄の苦しみをも見なければならなかったのだ。それが習い性となって、家屋のむさくろしいのは敢て意に介することなく、せめては清潔な衣服を身に纏い、美味に飽くの低級趣味に満足する事になったのであろう。洗濯と砧打とが朝鮮婦人の第一のつとめと言われるまでになったのも、これで了解する事が出来よう。（同誌）

貧民窟は見晴らしのよい地にある

喜田のエッセイには朝鮮人の民家をして「船虫か芋虫が群衆して居る様な体裁」という表現があったが、それから二年後の一九二二年九月から十月にかけて京城、平壌、開城、咸興、全州、金泉、大邱等で「上流」家屋から「貧民窟」に至る家屋調査を実施した今和次郎《こんわじろう》（建築学者・民俗学者。一八八八〜一九七三）は朝鮮の民家を異なる視点から評価する。

下流の人達の家、ないし一般民衆の家は——朝鮮には両班及び士班という貴族ないし士族格の家が各地にある。それらの家は瓦葺《かわらぶき》で、装飾的な外観を持った邸宅の構えをなしている。それらに対して実に多数の民衆は極《ご》小さい家を持っている——朝鮮への外来者達、旅行家達の印象記に「豚の家」（Pigs' house）と批評され、しかしてもう少したち入って、「いじけた精神の表現！」と呼ばれている。

私はそれらの家々の多数を見て歩いた。しかして彼等の家の内部をはじめて見た時には、実際よく綺麗に片付いていて、美しいと感じたのであった。お了《しま》いまでこの初めの印象は裏切られることがなかった。ただしかし、驚くべく単純だと最後に結論付けをしてしまっていた。便所や下水の始末は随分汚いが、それは教育の普及、衛生思想の植え付けによって案外早く変革の見らるべき事項で、風習の根本の姿とは関係の薄い事なのである。

それらの家々の内部の清潔な事は、一つは温突から来ているようである。それについては後に述べる機会があろう。（略）清潔を喜ぶ風は、その服装に於て特に顕著に見られる所で、実にそれらは驚くべき事件である。朝鮮の家庭に於ける家婦の仕事の全部は、食事の調理と、衣服の洗濯とであると言われているが、特に衣服の洗濯に使う時間の分量は恐るべき量だろうと思われる。

朝鮮の旅行者は誰も言う、「朝鮮の人の衣服は鶴や鷺《さぎ》のように真白い」と、男も女もそうなのである。で、それの汚れたのは大きな不名誉だとして貶《けな》される習慣になっている。昼中、砂の間のささ流れの水に、婦人達の群が習慣の為のこの戦闘の為に集まってい、夜は所謂美しき情調を朝鮮の国土に与える響きの仕事、砧《きぬた》の音を作る習慣に払う為の労働を総ての家々でやっている。

かくして現在の朝鮮の婦人は総てを蔵されたるまま、柔和《やさ》しい外貌を成して、所謂ピッグス・ハウスなる美しい油紙を貼られた暖かい石の床の小さい部屋の内に、日々の生活を営んで居るのである。（『朝鮮部落調査特別報告』朝鮮総督府、一九二四年、三〜四頁）

「下流の人達の家、ないし一般民衆の家」とは喜田が「陋屋」などと呼んだ民家を指すものだろうが、今和次郎はそれを「驚くべく単純」ではあるが「よく綺麗に片付いていて、美しいと感じた」と言う。これは次項に紹介する民芸運動家たちの印象記に類似したもので、今和次郎自身も九月中旬に浅川兄弟（浅川伯教《あさかわのりたか》・浅川巧《あさかわたくみ》）や柳宗悦《やなぎむねよし》らの窯跡調査に参加していたから、その影響を受けていた可能性があるのかもしれない。今和次郎はこの文で朝鮮人が不潔であるという日本人のステレオタイプを払拭すべく「住」の清潔さを語り、次いで「衣」の清潔さにも触れ、過重な洗濯労働を課せられている朝鮮の婦人たちに共感の姿勢を示す。過重な労働が基本的には常民や奴卑たちに課されたものであることには気がついていない風であるが、それでもこれは総督府報告書の多様性を教えてくれるモノグラフであり、作品には都市の山腹から頂上にかけて住む貧民たちが水利的、景観的アドバンテージを有するのだという斬新な記述もある。

特に貧民窟において私は見た。意外にそれらは美しい事を私は見た。小さい女の子供達が靴下作りの内職をしている絵（略）でも解る通り、それらはただ余りに不思議だから外来者たる私に美しく感じられたのかも知れないが、しかし、私は貧民窟に就いては、内部がよく片付いて掃除が届いているという外に、次の二つの理由を挙げて、その美しい否、日本内地のそれに見る様なそんな汚いものでない事をいっておくことが出来る。その一は一番大きい根底の理由で、朝鮮の社会はまだ工業化した複雑な世相をなしておらず、粗朴《そぼく》な時代に近い生活相をなしているが故に貧乏人の生活も案外気楽そうに見えるから家に就《つ》いてもそう感じられるのかと思う。――私は精確な朝鮮の事情は知らないが、私の推定から云って置く。――その二はもっと特殊な事情で、しかしてもっと専門上からの事実に属する事件である。それは旧来からの朝鮮の大都市ないし都邑《とゆう》は、天然の景勝の地に卜《ぼく》されたのであるが、町の周囲に城壁を築かなければならなかった事から、山に囲われた凹状の地が喜ばれた事にその遠因を発している。

京城の敷域は、北漢山と漢江の大山水に接近しているが、漢江をも北漢山をも離れた、それらの周囲の山々や小流からの盆地に選ばれている。(略)これは本当の近代都市としての通有な特徴から離れた一種の特質であるが、それでこれらの都邑には次の如き事が起こって来る。摺鉢《すりばち》状の底の部分は、街の中枢区域を形成し、旧き宮殿は一方の山を背負うて、麓から底地を望む様に建てられ、計画した街割りはそれらを中心として延び、段々場末の山の中腹から頂上へかけて拡げられる事となる。所で、場末というもの即ち落伍者達即ち貧乏人達の巣の出来る個所は、中腹から頂上へかけての地点に、その設定地域を見出さなければならなくなる。この事実は、普通の近代都市に就いての常識では一寸考えられない事であるが、朝鮮の都市の多数に於いては見られている事実である。普通貧民窟は工場或いは都市の活動地に接した低湿地に出来、従って極めて汚い環境の中に置かれるのが物質文明の世界に許されたる事実であり、都市生活者達総ての残屑《ざんせつ》をそこで蒙って、徹底的に不快、不健康な状態に置かれるのが殆ど通則とされている所である。然るにわが朝鮮のそれは貧民達の下水が中枢区の人達の屋敷の方へと注がれる関係の上に立っている。しかして皆、別荘の敷地にでも建てられたような、いい見晴らしを持っている。かかる実質的な健康美と、しかして愉快な構想へと導かるる所の風景美とを持っているが為に、ここに述べた様に、朝鮮の一般の都市に於ける貧民窟はさほど不安の感を起こさせない状態になっているのだと、断片的な解明として掲げて置くことが出来るようである。私はたった一人で言葉の通じない土地の貧民窟で数時間を過ごし、ゆっくりした気持ちでスケッチしたりする事が出来たのであった。そこの

人達も笑って私に挨拶してくれたりしたのであった。（同書、四〜六頁）

多くの国で「貧民窟」は都市の活動地に接した低湿地にあり、「不快、不健康な状態」に置かれているが、朝鮮の「貧民窟」はそれとは違い、「別荘の敷地」のような見晴らしのいい場所にあるのだと言う。この報告書を読んだのは韓国で暮らしていた八〇年代のころだが、その記述に感心し、都市部の山の上にある「タルトンネ」（月の町）を訪ねるときにはいつもその文を思い出したものだ。ただしこの報告書の末尾にある言葉は真に興ざめである。

それは某地でであった。群の役所の朝鮮の通訳の人に案内をしてもらって歩いていたとき、私は道々写真機を持って、途上の家々を撮って歩いていたら、案内をしてくれていたその本人は私の行為に反感を持っててしまった。私は仕事にこっていたのでそれに気が付かずにいた。とうとう彼は堪えられなくなった叫び声を挙げて、私をにらみ付けながらこう言ったのである。「どうして、汚い家ばかり写真に撮るんですか」と、真赤になって、而して怒った口吻《こうふん》で私に訊問したのである。私は仕事から離れた心で静かに彼を見上げた。彼は若くてハイカラな身態をしていた。私はそこで率直に「私は貧乏人が好きだから」と言う事を差し控えた。「研究の為だ」なんて無論言う気になれなかった。静かに私は反省の、ある部分を更に真実に私の心の上に刻印する機会を与えられたまま黙した。釜山へ上陸して以来決して離すまいとしている反省のそれを更に堅めることが出来たのである。これまで日本内地のある部落に於ても私はかかる反省を与えらるる機会を持っていた。

ここに私は、私に調べものの対象を与えて呉れた多くの朝鮮の人達に大きい感謝の意を表して置く。（同書、六〜七頁）

今和次郎は「反省」の沈黙を実践したのだと言いたげである。が、そんな沈黙に意味があるのかと言いたい。朝鮮人に対する日本人インテリたちによるこの種の沈黙は戦後にも継承され、その種の現場に居合わせたこともあるが、それは日本人インテリたちの奇妙な自惚れの風景であって、相手側には不可解の印象を与えるだけのことであろう。

市河三喜の済州島紀行

もう少し野生的な事例を紹介したい。一九〇五年、統監府による大韓帝国への保護政治が始まった頃、小動物採集のため済州島を訪ねていた旧制高校生がいる。市河三喜《いちかわさんき》（一八八六〜一九七〇）がその人で、東京帝国大学英文科の教授となった最初の日本人であり、日本の英語学の基礎を築いた人である。

このときの旅は、ロンドン動物学協会と大英博物館から派遣されて「日本、支那、朝鮮、南洋」地域での標本作製に従事していたマルコム・アンダーソン（Malcolm P. Anderson）のアシスタント兼通弁（通訳）という役割のものであったが、ここでは朝鮮本土の木浦から小舟に乗って済州島に到着した日の記述から始めたい。七月三〇日、対馬の厳原から釜山に到着した二人は八月四日、木浦に向かう船が出るまでの間に新聞広告を出して金龍水という青年を朝鮮語・日本語の通弁として雇う。従って済州島への旅は三人の旅で、文中にある「ア氏」はアンダーソンを、「金」は金龍水を指す。

八月八日。（略）済州島には港という港が無い。海岸は水浅くして、大船を停泊する事が出来ず、我々の船でさえ、岸を距《へだ》てる遠くの沖合に停るのである。浪が高いので、陸から艀《はしけ》舟《ぶね》が来ない。やむを得ず船に付いていた小船を下して、三人それに乗って上陸した。海岸は一帯に磊々《らいらい》たる岩石より成っておる。上陸すると間もなく船の酔いも去った。それと同時に空腹が襲うて来たので、早速パンとジャムを出して、海岸の石塊の上に座って、やり始めた。洋人の存在それ自身でさえ、すでに多数の観客を引き寄するに充分であるのに、それが食事をしているのだからたまらない。忽ちの中に老若男女、百を以て数うる程の群衆がやって来た。払えば来るで、どうも仕方が無い。我々はここに好箇の見世物となり了ったのである。パンとジャム、彼らの眼には如何に映じたであろう。兎角《とかく》する中に、船から我々の荷物もやって来たので、これを数人の支機《チギ》［チゲ］に持たし、済州城内に入る。これ昔時《せきじ》耽羅《たんら》国《こく》の王都、今の済州島の首都であって、繞《めぐ》らすに高さ二丈五尺ばかりの石壁を以てし、東南西に各楼門あり、東の門より入る道路は幅一間半ばかり、これが済州島首府の一等道路、両側には例の豚小屋然たる家屋が軒を並べておる。行く事一町にして、右に我々の泊るべき旅館がある。済州島唯一の旅館である、といえば大そうだが、実は豚小屋同然の韓屋で、中に二畳敷ばかりの広さの一室がある。ここへ旅客を泊めるので、大塚という雑貨商がやっているのである。序《ついで》に記しておくが、この島には日本造りの家は一軒もない。在留の日本人は、全島で僅かに三十戸ばかりだけれども、皆韓屋を借りて住んでいる。郵便局も警察署もみな朝鮮家屋である。（略）

十日。（晴天）六時半起床。早々顔を洗うて、人夫の賃金を定むるべく警察署へ往った。集まり来たれる十数人の人夫、いずれも獰悪《どうあく》なる面相の者ばかり。初め彼らは一人八百文（壹円六拾銭）を請求したが、種々談判の末、域内を距てる三里半ばかりの処にある菱花洞《ヌハドン》という村迄、五百文（壹円）で行くことにし三人を傭《やと》うた。無論我々の荷物は多くして、到底三人の人夫を以て、運び切る訳には行かないけれど、法外なる価を払うて、多くを傭う事の不得策なるを思い、差し当たり極めて必要な物だけを持ち行き、その他は追って自身取りに来る事にした。金は釜山にて求めたるメリケン粉一俵を擔《にな》い、余は余の寝具たる毛布数枚を、ア氏は自分と金と二人分の毛布を背負い、三人の人夫を先に立てて、愈々《いよいよ》漢羅山［漢拏山］に向けて出発したのは午前十時頃。南門に至る数町の間、幾多の韓人はこの珍しき光景を眺めんが為に、四方より集い来ったのである。道は幅広く平坦であるけれども、岩石多くして頗《すこぶ》る歩き憎い。余は足袋跣足《たびはだし》で、手には嘗て富士登山の折《おり》用いたる金剛杖をついていったのである。（『昆虫・言葉・国民性』研究社出版、一九三九年、三四七〜三五〇頁）

この後三人は「韓人」の勧めで居所を移すが、雨が降り続き、朝鮮語通訳の金龍水が体調を壊してしまう。

十四日。（曇）時々雨、時々晴。濡物《ぬれもの》を干す。ほど近き所にある深き谷に下りて薪《まき》を拾うた。この渓は平時はいと清らかなる細流が流れておるが、一度雨降る時は濁水滔々《とうとう》と漲《みなぎ》り、雨歇《や》めばまた直《じき》に旧に復するのである。金今日少し発熱し気分宜《よろ》しからず。（同書、三五五頁）

十八日。（晴）（略）金、病勢益々悪く眼色変わり大いに下痢し呼吸迫《せわ》しく、一時は殆ど人事不省に陥った。熱も高く時々譫語《うわごと》を言う。何の病か知らぬけれど、兎に角雨に打たれ、湿潤の地に寝た等の事が、慥《たし》かに原因であるに違いない。余は甚だ心細く感じた。幾那塩《きなえん》を飲ませ、また彼の為にビーフのエックスでスープを作ってやった。午後三人の韓人が数人の従者を連れて我等を訪問に来た。金は病気で通弁が出来ぬので筆談をやった。所が偶然にもその一人が医者であったので、直に金の病気を見て貰った。彼らは我等のかかる僻処《へきしよ》に不自由の生活を送れるに同情して、鶏二首と卵二十箇とを贈られた。仲々親切なものである。余は彼らの成熟せる漢文に較べて、自己の漢字の素養に乏しきを愧《は》じた。

十九日。（雨）今朝金に代わって米を磨ぎ飯を焚《た》いた。過《あやま》って釜を転覆する事二度、大分飯を減らした。昨日貰った卵をあげ、鶏を料理して食す。昨日の医師、使いの者に二包の漢薬を持て来さした。例の草根木皮《そうこんぼくひ》で、何時《いつ》調整したのか知らぬが、黴《かび》が生えておる。これを煎じて金に飲ませた。雨の為《ため》屋内所々洩《も》り、薪《まき》を悉皆《しっかい》濡らしてしもうた。

二十日。（雲）近家の者、金が病気なるを知って、親切にも薪《まき》を持て来て呉れた。（同書、三五七〜三五八頁）

採集活動は続いている。アンダーソンは鼠を捕るために山上にワナをかけ、毎朝確かめに出掛けるが、鼠がかかっていても、他の鼠に傷つけられていたりすると、完全な標本にはならないから、試行錯誤を続けるしかない。市河も朽木《くちき》でムカデ類の採集をする。金は健康を回復するが、今度は強靭な肉体の持ち主と思われていたアンダーソンが体調を崩す。済州島到着以来、降り続く雨にも負けず戸外で仕事を続けたのが災いしたらしい。このころ島民たちの間には「洋鬼山に入りしが為に、山霊怒って風雨を起こし給う」の流言が広がる。体力に自信のない自分が恙《つつが》なきを得たのは不思議な気持ちがすると市河は記している。しかしやがてアンダーソンも健康を回復。山嶺に棲息する鹿を打つためにライフルと食糧を持参、某所にテントを張る。市河の方はというと、ロビンソン・クルーソーを読んだり、金から朝鮮語を学んだりするが、済州島に来て一ヶ月も経つのに、漢拏山に登頂していないことを遺憾に思う。済州島とは漢拏山を主人公とする休火山の島であって、この島にやってきて漢拏山に登らない手はない。そう考えた市河三喜は登頂の案内人を探すが、応じてくれる村民がいないので、やむなく金との登頂を決意する。

九月十三日。（晴）渡島してより早や一月余になるが、我々は未だ一度も漢羅山頂を極むるの機会を獲なかった。これは一は天候の続いて不順なりし事と、一は頂上に達する道路の不明なる故であるが、しかし折角済州島へ来て漢羅山山頂を極めずとあっては話にならぬと思い、菱花洞村民の中より案内を雇わんとて、金をしてその交渉に当たらしめたところ、彼らはみな懶惰怠慢《らんだたいまん》にして、一人の起《た》ってこれに応ずる者がない。彼らは曰《いわ》く「この寒いのに御山の頂上へ行きゃ、凍え死んで仕舞う」と。嗚呼《ああ》遊惰の民よ、非活動的の民よ。彼らは起《た》って働かんよりも、寧ろ汚穢《おあい》なる陋屋《ろうおく》に蟄居《ちっきょ》して、喫煙賭博に貴重の光陰を消費し、惰眠惰食《だみんだしょく》豚の如き生涯を送るを以て、人生最上の幸福なりと考えておる。案内者既に得るに由なきゆえ、余はやむなく金と二人で登山を果さんと決し、晴天の到るを待った。幸い今日はこの目的を果たすにはこの上もなき好天気、早々支度を終えて八時出発。（略）我々は山頂を望みつつ、尺余《しゃくよ》の笹を踏み分けて進んだ。この原は七合目の辺より、八合五勺程のところまで拡がり、中に一本の樹もない。茫々たる笹原で、麓からもこの部分はよく見える。（略）この原が盡《つ》きると、少し降路になって谷に下りる。ここにア氏のテントが張ってあったが、氏は不在。傍を流れる渓流に渇きを医《い》す。冷き事宛《さなが》ら氷のよう。ここより牛馬の拵《こしら》えた道が数条あるが、余等は渓に沿って上る。間もなくア氏に遇《あ》った。氏は今朝三時、月入らぬ先に起きて山頂へ鹿狩りに出懸けたのであるが、ただ林中に足跡と糞とを見たるのみで、得る所なく引き返したのである。ア氏に別れて我等はその途を渓の尽《つ》くる所まで往き、ここで左に上り、更に右に向うた。（略）道は全く絶えて枝は地上一尺位より密に茂り、容易に潜って行く事も叶わぬ様に見えた。けれど絶頂へ行くには、是非これを潜って通らねばならぬ。余は携帯品を残らずとある岩陰に置いて、身を軽くし、四つ這いになって金に随《したが》って森の中へ入った。こんな所でも牛馬が往復すると見えて、糞が落ちている。その糞について行くと、幾らか楽だ。時々木の疎《まば》らな処で、踵《かかと》を伸ばして息《やす》む。何の事は無い。鍾乳洞へ這入った時のようだ。一時間ばかりで眼前俄《にわ》かに開けたかと思うと、早《はや》頂上に出た。時に十一時。足下には火山湖［白鹿潭］が千古の碧《あお》を湛《たた》え、火口壁には数頭の牛馬が静かに草を喰うている。この光景を見ては、覚えず快哉《かいさい》を叫ぶを禁じ得なかった。噴火口は径四丁余、その東北隅に池あり。龍池と称《たた》え、周囲一町半、鬼神《きしん》棲むと言い伝えられておる。余と金とはここで泳いだ。「寒くて凍え死んでしまう」という頂上の、而《しか》も鬼の棲むという池の中で泳いだのである。この池ではガムシの一種を捕まえる。偖岸《しゃがん》に上って、草の上に坐って麵包《パン》を食うた。（略）

一時下山の途に就いた。例の林洞を通り抜けて、二時十五分ア氏のキャンプに着し、ここで清流を掬《きく》しつつ握り飯を平らげ、二時半出発四時テントに帰る。斯くて愉快なる一日は終わった。城内より山頂迄は凡《おおよ》そ六里もあろう。一日で登降するのはチト六《むつ》ヶしい。今宵は十五夜、余は日中の疲労も忘れて、金と共に遅く迄林間に月を賞し、遠く故郷の事など思い出で、ホーム・スイートホームを吟じて、金にその意味を説明してやった。彼は二十一歳の青年で、朝鮮人にしては中々わかった人間である。彼は地球の円い事を知って居る。彼はまた日本、支那、ロシア以外に、インド、シャム、イギリス、ドイツ、フランス、アメリカ等の諸国の存在する事を知っておる。またどこから聞きかじったか知らないが、米国に南北戦争のある事をも知っておった。しかしながらフランクリン、ワシントンなどはその名すらも知っておらない。彼の如きは朝鮮人にしては物知りの方で、済州島民などは無智蒙昧驚くばかりで、嘗てある日本人がこの島の中流社会の人に「日本にも月はありますか」と聞かれて、答うる術を知らなかったという話がある。(同書、三六七〜三七〇頁)

「済州島紀行」は二十世紀初頭の済州島の地誌としても、日本人旧制高校生の異文化体験記としても注目に値するが、人間との交流について記された部分もあって、そのハイライトは金玉均を殺害した洪鍾宇に次いでこの島の牧使となった趙鐘桓との面談である。

九月二十二日。(晴) 余は今朝郵便局長加藤氏、警部吉武氏と共に一人の通弁を連れて牧使を訪問した。牧使は済州全島を統轄し、行政司法の全権を握り、その威勢の堂々たる、わが国往時の大名にも劣らない。牧使の俸給は一ヶ年二千円で、この官を購《あがな》うには数万円を政府に納めなければならない。しかしながら彼は他の地方官と同じく、任地の富豪より金を搾《しぼ》り挙ぐるの術を知っておるが故に、かくの如き大金を出してその職を買うも、期年ならずしてその元金を収得する事が出来る。韓人の諺に「府使の職に在ること三年ならば、子孫三代寝て暮らす事を得」とあるが、以て暴歛《ぼうれん》の状、察すべしである。現任の牧使は趙鐘桓といって去年三月頃この地に来た。大の日本好きで日本人にとっては甚だ都合が宜しい。彼の前に牧使だったのは、かの金玉均を上海に殺したる洪鍾宇で、彼の時には日本人も余り勢力を振う事が出来なかった。牧使の邸宅は殆ど市の中央に位置しておる。三個の門を通って行くと、左手に大きな建物があって、これが応接室、広大ではあるが少しも飾りなく、正面には「延曦閣」という額が掲げてある。牧使は知命に近き半白の老人で、鼈甲縁《べっこうぶち》の黒眼鏡を掛けておった。彼は先ず余の年齢学校等を尋ね、「山上の生活は嘸《さぞ》苦痛なりしならん。年少の身をもって、四十余日かかる苦痛に堪えたるは、意気真に壮とすべし」など言うた。会談一時間半、ビールと柑橘の茶とを饗応され、十一時半別れを告げて帰る。門内に裁判所あり。その中庭で二人の罪人が四肢を板に縛り付けられ、牧使の下人《げにん》に笞《むち》もて臀部をひっぱたかれ、臀《しり》を動かしつつ悲鳴の声を挙げているのを見た。その状、真に残酷である。

それより加藤氏の許にて、氏が余の為に一里隔たりたる別刀浦［禾北浦］よりわざわざ取寄せたる甘藷を御馳走になった。甘藷は四、五年前飛揚島在留の本邦人が、長崎県より多数の種を購入し来って、島民にその栽培法を教えたのに始まり、今日では殆ど全島に伝播して、常食として用うる者も多きに至った。午後近所に散歩して、洪辰亭、泳恩亭（牧使が年に一回水を浴びるという所）等を見物す。（略）晩、大塚と共に牧使の邸内にある監獄を見に行った。カンテラの光薄暗き四坪ばかりの部屋に、四、五人の囚徒が首枷《くびかせ》を嵌《は》めて蹲《うずくま》っておる。今朝笞で打たれた二人もこの中におるのだ。（同書、三七二〜三七三頁）

「その威勢の堂々たる、わが国往時の大名にも劣らない」と記しているが、市河は彼が「任地の富豪より金を搾り挙ぐる」男であることも知っている。つまり旧制高校生の市河は牧使にたいして敬意を抱いているわけではない。ただし牧使が親日的であることにたいしては都合が宜しいと考えている。翌日、一行は島を離れる。

> 二十三日。(晴曇)今朝四時、汽船吉祥号は一聲の汽笛と共に入港した。我等は直に出発の支度をし、知人に別れを告げ、四人の支機に荷物を持たして、海浜に向かう。午後二時半出帆。海面鏡の如く些《いささ》かの動揺も無い。(略)余は再びこの島を訪うの機なかろうなど考えると、何となく名残惜しくも感じられる。やがて晩飯が出た。稗だらけの飯に骨ばかりの魚。余は殆ど手をつけることも出来ぬ。船首に海豚の出没するのを見た。(同書、三七四頁)

採集旅行は学界にいくつかの未発見の新種を提供したようである。アンダーソンはスタンフォード大学出身の鳥獣標本採集家であったが、一九一九年二月二十一日、オークランドのムーア造船所(Moore's Shipyard)での作業中に足場から落下して死去する。欧州大戦中、造船所での労働作業にボランティアとして参加していたときの事故であったらしい。

市河三喜著『昆虫・言葉・国民性』

採集旅行の翌年、市河は「済州島紀行」の原稿を旧制中学の友人たちと刊行した『博物之友』に掲載し、その三十余年後には著書『昆虫・言葉・国民性』に「付録」として収録する。その末尾で市河はアンダーソンについて「真面目で熱心な、正義を愛し意志の強い地味な性格の持主であったのに惜しい事をした。スタンフォードへ招かれた時も又その後スタンフォードから学者が来た時も、いつも彼の噂をしてはその夭折を惜しんだ」と記している。

黒い海に金剛山のあけぼの

もう一つ、やはり野生的な朝鮮での体験と発見の例である。東京神田の商家に生まれた内田《うちだ》恵《けい》太《た》郎《ろう》（一八九六〜一九八二）は家の事情や健康のために小学校時代の大部分を神奈川県三浦三崎の城ヶ島で過ごし、海に親しんでいたおかげで、魚の種類が季節によってどのように変化し、種類によって習性がどのように違うのかについて自然に学んでいたと言う（『稚魚を求めて――ある研究自叙伝』岩波新書、一九六四年、二頁）。

内田はその後、東京帝国大学農学部水産学科を卒業、同講師を経て、一九二七年一二月、朝鮮総督府水産試験場（釜山）に技師として赴任する。それからの一五年間、朝鮮の海と川をフィールドに調査研究に従事するが、赴任して間もない一二月の末、試験船オオトリ丸に乗って朝鮮の海とメンタイ（明太・スケトウダラ）漁を経験する機会が訪れる。オオトリ丸は朝鮮半島東岸中部の元山（咸鏡南道）を基地に、メンタイの漁業試験にとり組む試験船である。メンタイは冬の産卵期に陸岸に近づき、百メートル以内の浅海に集まるが、朝鮮半島の東岸は地形の傾斜が急で、良い漁場が多いとはいえない。幸い、元山湾付近には浅海が広く拡がっていて、産卵メンタイの大群が押し寄せるが、大陸の奥からの北西の季節風が吹き荒れることが多いため出漁できる日は多くない。一二月末の夕方、陸路、元山に着いた内田は翌日の夕方、オオトリ丸に無事乗船。メンタイ漁に出掛けることになる。粘液のむっとする悪臭が漂う船内に入った内田は狭いベッドに辛うじて身を入れ、漁場に到着するのを待つが、甲板の物音を聞いているうちにうつらうつらし始める。

何時間かたったのであろう、「網があがりますようっ」とボースン（水夫長）が狭いハッチ（艙口）から怒鳴った。私はオーッと叫んでベッドをはいおりた。防寒服をつけて急な階段からハッチのドアをあけると、外は真暗《まつくら》である。鋼鉄のような空気が顔を刺す。ゴム長の足を踏みしめて、低い船橋にのぼった。海も空もただ黒く、波頭さえ見えない。四〇トンの試験船は縦横無尽に揺れあがり揺れさがる。風はやや凪《な》いでいるが、波は舷側《げんそく》に盛りあがって、ぼんやりした船橋の灯に飛沫が氷片《ひょうへん》のように散る。零下二〇度に近い十二月末の元山沖の真夜中である。空はよく晴れているのに、はげしい寒さに星も消え消えである。夏の夜、秋の宵の星空は、気象状態によるのか、見る人ののびのびした心理のためか、さんらんと輝いて見えるが、極寒の海の星空はただ黒々としているばかりである。

船員たちは甲板を右往左往して、引綱をたぐり込む。気がつくと右舷前方の海面に、一団の星雲のような、おぼろな何ものかが見える。底びき網の嚢網《ふくろあみ》が浮かんだのである。船員は喚声をあげて嚢をウィンチで巻きあげる。なかば開いた網口からどっとメンタイが甲板になだれた。夜目にも銀色のくなくなした魚体で甲板はたちまち埋まり、ゴム長で歩きまわる船員たちの膝の辺まで魚に没している。船上にあがったメンタイは、数十分でかちかちに凍る。海中は冷いといっても一～二度だが、ひきあげられれば零下二〇度近い空気にさらされるので、そのまますぐ冷凍されてしまうのである。

産卵のために陸岸に近づいたメンタイだから、メスの腹には成熟に近い卵で充満した卵巣がある。それを取り出して塩漬けにしたのがメンタイ子である。タラ子またはモミジ子と呼ぶこともあるが、タラ（マダラ）の子は卵粒がもぞもぞするので使わない。（略）

私は揺れる甲板の冷え切った夜気の中で、あがったばかりのメンタイの腹を絞る採卵作業をしていたが、ふと頭をあげたとたんに、息のつまるような壮麗なものを発見した。黒々とした海と空との間を画して、西の水平線のあたりに、巨大なバラ色の壁のようなものが見えたのである。私は自分の目を疑った。海を見まわし空を仰いだ。海も空もただ黒い。その中にバラ色の壁がほのぼのと夢のように遠く連なっている。金剛山のあけぼのであった。朝鮮半島中部の東海岸に沿って南北に走る金剛山の峰々が、海も空もまだ暗黒の中で、あけぼのの装いにひとり目覚めていたのであった。（同書、六二～六四頁）

黒い海の向こうに目にした「息のつまるような壮麗なもの」とは海金剛《ヘグムガン》である。着任して間もない朝鮮の海に海金剛のあけぼのを見るとは、この人の朝鮮での調査研究は祝福されていたかのようである。魚類学者の内田恵太郎は、朝鮮の海とともに川の魚類の生活史研究調査にも業績を残したが、川にまつわる興味深い逸話も記している。コウライケツギョ（高麗鱖魚）は朝鮮半島の漢江や大同江流域と中国の東北部や東部の流域に分布する肉食の魚で、朝鮮では「ソガリ」と呼ばれる（ただし内田は「ソカリ」と記している）。コウライケツギョは中国で古くから珍重され、詩文や絵画、陶磁器その他の紋様にもしばしば描かれているから、内田もこの魚には憧れに似た関心を抱いていたという。内田がその生活史調査を始めたのは一九三一年からのことで、大同江の上流地にある平安南道東南部に位置する成川という部落がその調査地であった。成川は平壌から小さい乗合自動車に乗って四時間ほど入った奥地にある。

成川は、大同江の支流佛流江という清流に臨んだ部落で、郡庁の所在地であったから、日本人経営の小さい旅館が一軒あった。ほかに床屋、雑貨屋、朝鮮そば屋、朝鮮居酒屋がある程度だった。私は助手の長谷川勇八君と、客室三室という旅館に泊まった。六月に来たのは、産卵期のだいたいの見当をつけたからである。（略）

このあたりの佛流江は川幅三〇～五〇メートルもあろうか。河底は砂利や大石で、水は澄み、部落の対岸には十二峯という断崖の丘が連なっていた。部落の側の川岸には、東明館という額のかかった旧い建物があった。李朝時代に地方行政の政庁だったのだそうで、美しい書体の額や聯などが残っていた。特別保護建造物として一般の出入りは禁じられていたが、案内されて階上にのぼり、初夏のさわやかな青嵐のうちに山川の風致を賞していると、高楼に置酒した悠々たる俤《おもかげ》が偲《しの》ばれた。（略）

黄昏《たそが》れるころ、十二峯の丘に立って遠く望むと、幾重にも重なった山の間から、白い煙が静かに立ちのぼった。火田の民が、監視の及ばぬ山奥で、ひそかに山を焼いているのだとのことだった。成川まで来る途中にも、山焼の跡が見られた。断崖の下は流れが青く淀んで、深い淵になっている。大きなソカリはこういうところに潜んでいるのである。

ソカリは小魚やエビなどを餌として、これを襲うときは猛獣のような勢いを見せるが、いつもは岩の割れ目や大石の重なった下などに身を潜めて、よほど驚かさなければ体を動かさない。それで、馴れたものは水中に潜って、かくれている魚を突いてとる。

私は郡庁の世話で、ソカリとりの漁夫に魚の習性などをきいた。そのとき、成川に盲目のケツギョとりの名人がいることをきいた。その盲人は、ひとりで川筋を数里にわたって歩きまわり、ソカリの住む場所をよく知って、水に潜って魚を摑《つか》んで来るという。平生は朝鮮そば屋の手伝いをしているが、暖かい季節にはケツギョとりで相当の収入を得るのだそうだ。私は、盲目の漁夫のわざと、盲人に手摑みにされるソカリの徹底した泰然自若ぶりにすくなからず興味を覚えて、是非それを実見したいと郡庁の人に話した。盲人は、私の泊まっていた旅館の数軒さきのそば屋にいたので、私たちはそこへ行って頼んだ。盲人は韓という五十近い小男で、頭をくりくりにし、両眼は全くつぶれている。子どものときに失明したのだという。

郡庁の人が話すのをきいて、盲人はにやにやしながら何かいっていた。通訳してもらうと、この辺にはもうあまりいないから、とれるかどうかわからぬとのことだった。それを、たって頼んだので行くことになり、盲人は一メートルぐらいの細竹を触覚のように動かして、先にたった。私たち目明きはあとについて行く。対岸の十二峯に渡るのに、私たちは小舟に乗ったが、盲人は乗らない。歩いて渡るほうが見当を誤らなくてよいというのだ。浅瀬をさぐって、さっさと先に渡った。私たちは急いで舟から降りて、遅れないように細い山路を辿り、十二峯の裏に降りた。ここも断崖で、とろりとした水が暗く淀んでいた。

その日は薄曇りで、日は低く、淵の底からは黄昏の色が湧いて来ようとしていた。盲人は大石の上に着衣を脱ぎ捨て、全くの素裸になって、しばらく、じっと水に向ってしゃがんでいた。やがて、盲人特有の薄笑いを顔に浮かべて、爪先さぐりに淵の中へ降りて行った。盲人の体が膝から腰と、しだいに水にかくれていくにつれて、ねっとりした暗い淵の面に、静かな波紋が広がった。私はそのとき、ふとハウプトマンの戯曲『沈鐘』の、水の精ニッケルマンを思い出した。いまにこの盲人もぶきみな声で、ブレケケケッキスと呼び出しはしないかと思った。しかし盲人は黙々として、ついに首まで水に入って、足を浮かせて泳ぎ出した。そしてしばらく、やはり薄笑いを浮かべて考えているようだったが、すっと淵に潜った。暗い水を透して、おぼろげに体の動くのが見え、やがてそれも消えて、しんとした水面に黄昏の色が濃くなった。そのうち水底に動くものが見え、ぽっかりと水面に出た顔には、やはり要領を得ない薄笑いが浮んでいた。静かに岸に泳ぎつき、岩の上に立って半身を水上に現わした。右手には三〇センチほどのソカリのアゴをしっかり掴んでいた。それにしても、この盲人は、杖もない水中でどうして方向を知るのであろう。

このときは、成川を中心にして、毎日一五~二〇キロ半径ぐらいのところを歩きまわり、できるだけ多くの人から話をきき、できるだけ多くのソカリの腹を調べて、完全に熟した卵が得られれば人工授精をしたいと心掛けた。しかしその機会は得られなかった。ただ、一尾《いちび》の親魚の腹に、ほぼ完全に熟した卵を見ることはでき、それによって、ソカリの卵は、水より重くて沈むが、物には付着はせず、個々に分離している性質であることがわかった。

一週間余の滞在で知り得たことはこれだけであった。（同書、一〇三〜一〇六頁）

このときの滞在では人工授精の機会を得ることがなかったが、内田は翌年、成川を再訪、人口受精に成功する。しかしそれがそのまま大規模な稚魚生産を生み出したというわけではない。総督府はソガリを始め、鯉、鮎、ウナギなど淡水魚の飼育を奨励したが、ソガリの産卵期に当たる五月から六月までの時期を禁漁期に定め、それは解放後も続いた。大量生産可能な人口孵化が始まったのは一九九五年になってからのことであると周永河『食卓の上の韓国史』（丁田《まちだ》隆訳、慶應義塾大学出版会、二〇二一年、三〇二頁）には記されている。

内田がとり組んだ朝鮮産全魚六百五十種の生活史研究の成果の第一巻は一九三九年に『朝鮮魚類誌、第一冊、糸顎類内顎類《しがくるいないがくるい》』（朝鮮総督府水産試験場報告第六号）として刊行され、朝鮮文化功労賞が授与される。しかし内田はその年の十二月九州帝国大学農学部に創設された水産学科に職場を移す。移動後も、釜山の水産試験場での研究活動を兼任として続け、九大の学生の実習時に水産試験場の設備や船を使う心算であったが、やがて朝鮮との往来は困難となり、朝鮮統治も終焉する。釜山の水産試験場に遺された膨大な魚類生活史研究資料を再び目にすることはなかったのである。

洗濯する女たち

居住者たちによるエッセイが不足しているので、京城の良き散歩者である安倍能成による生活の発見的なエッセイを紹介したい。一九二八年に記されたものである。

京城へ来て三年近くになった。さすがにヴィヴィッドだった第一印象も漸く薄れようとする今日このごろ、それを思出してしるしておくことは少なくとも私自身にとって無意味なことでない。私はまず人間の事からかいて見よう。関西殊に中国九州には、今は多数の朝鮮人がはいっていて、私の書くことなどは一つも珍しくないであろう。しかし東京であまり純朝鮮の風俗をした朝鮮人を見なかった私には、色々なことが暫くは物珍しく感ぜられたのである。まず停車場に下りてすぐ目に留まるチゲである。（略）それはいわば椅子から座席と前の脚二本を取った様なものである。（略）私が特に面白く思ったのは、そのト形の枝が多くは付けた枝ではなくて生《は》えた枝であることである。私自身はこういうことの中に原始的な巧みさと、時には又美しさをも見出して喜びを感ずるのである。実際生えた、そうして枯れた枝は非常な重さに対しても屈しない勁《つよ》さを示している。このチゲの構造が簡単で負荷力の強いばかりでなく、その如何なるものをも載《の》せ得る、いわば包容力《キャパシチー》の豊富さもまた感心していい。実際あらゆるものは皆工夫してその上に載せられ、そうして担夫《たんぷ》の肩に背負われるのである。旅人の荷物、刈られた草や芝は固より、薪《まき》でも穀物でも、甕《かめ》でも壺でも膳でも、或る時は大きな箪笥《たんす》や机、或る時は一坪くらいの方形に巧みに連ねられた竹籠までものせられる。この横木の上に又堅木《かたぎ》にもたせて、扇形に小さな竹を縄で組合わせ、紅紫色の花や或いは緑の色鮮やかな野菜を積んでいる時には、そこに確かに掬《きく》すべき野趣がある。殊にそれがまた紅顔の少年によって荷われている時には、一種可憐な気持ちさえ起る。

女はチゲを負わないで大抵な物は頭にのせる。水甕を頭にのせて野道をゆくところなどは、内地では見られぬ牧歌的景物である。然し済州島の女は物を頭に載せぬ点において内地と共通だときいている。頭に物を載せる時、腰で調子を取ることはいうまでもない。一体に物を背負う時、内地人よりも重心の置所《おきどころ》というか、力の入れ所というかが、身体のより低い所にあることは著しい事実である。女が赤ン坊を負う時にも、背負うというよりもむしろ腰負うとでもいいたい位、赤ン坊は腰の上に幅広い帯で結びつけられ、その手がやっと肩に届く位であって、内地の如く子供が母親の肩に力を託するということがない。腰に赤ン坊を載せ頭に買った品物を載せた市場帰りの母親を、我々は所在に見ることができる。両端に荷物を付けて運ぶ場合にも、内地人がするように一方の肩に載せて縦に担がないで、背中に付けた簡単な装置によって、肩より一尺も下の処に棒を横に渡して担ぐのである。我々は汽車の窓から度々、夕暮の河辺にこういう人々を見ることが出来る。それは内地でも潮水を汲む男が波打際で取る姿勢であるが、朝鮮ではその棒の位置が遥かに低い。内地人が肩に力を入れるということは、内地人の力《りき》む所、あせる所を表現しているともいえる。朝鮮人が下の方に力を置く所は、朝鮮人の悠揚とした一面を示していないともいえない。然し朝鮮人の下腹に力がはいっているかどうかは輙《にわか》には断じ難い。（「京城雑記」『青丘雑記』八二〜八五頁）

この時期、日本には多くの朝鮮人労働者が流入し（一九二八年末の数字で約二四万人）、彼らによって持ち込まれたチゲが「チゲ」という名前で使われていた例もあれば（柳田國男『なぞとことわざ』講談社学術文庫、一九七六年、一三〇頁）、長野県の飯田・下伊那のように、「朝鮮セイタ」「朝鮮ショイゲタ」と呼ばれていた地方もあった（舘野皙編『韓国の歴史と文化を知るための70章』明石書店、二〇一二年、三四九頁）。柳田同書には日本における女の頭上運搬について「今となっては何だか気の毒な労働のように思われるけれども、近ごろまでこれの行われていた地方では、女の姿勢はすらりとし、足腰の筋肉もよく発達していて、今見る前かがみの内足などは、むしろ小風呂敷の盛んに用いられるようになってからのことだった」（一一七〜一一八頁）の記述があって興味深い。安倍能成は朝鮮のチゲに、「原始的な巧みさ」や「美しさ」を記しているが、こうした態度には後述する浅川巧の影響があるのかもしれない。しかし物の運搬を語って身体の重心の置き所へと関心を展開するという人類学的視点は安倍に特有のものであろう。老翁《ろうおう》と老媼《ろうおうな》の比較も面白い。

これは初めのころの印象であって、このごろは余り盛んでないが、第一印象が存外確かだということを考えれば、馬鹿に出来ぬかも知れない。というのは、私が京城の市中で見る朝

河川での洗濯風景。洗濯棒を振り上げる姿と川面に波紋が拡がる様子が見える。

鮮人の中で、比較的気持の好いのんびりした顔をしたのは先ず五十以上の老翁であり、彼等の中には軀幹《くかん》の長大な、顔の太った、如何にも朝鮮の透明な日光によって美しく焦がされた様な血色を有し、その表情には現代人の持たぬ一種の鷹揚《おうよう》さがある。そういう好い老翁と共に好い老媼の見られない不満足がそれである。私の見た老媼は大抵は嫁いびりでもしそうな、むしろ迫った、せせこましい表情をしたものばかりであった。私より二、三年も前からいる私の友人もこの私の印象に同意を表した。そうして私はその解釈として、朝鮮人の早婚、殊に妻が夫よりも年上であることを持って来て見た。朝鮮では妻は夫の父母の為に娶《めと》られる、そうして相手の夫は普通自分よりも年下の子供である。舅《しゅうと》姑《しゅうとめ》にはこき使われ、若い時には夫に甘えることが出来ず、年を取っては夫に疎《うと》まれるという不安に苦しむ女の表情は、当然険しくなる筈ではないか。こういう風に考えて、私は一時は如何にも解き得たという気がした。今もこの解釈を抛棄《ほうき》しようとは思わぬが、それが果して客観的事実であるか否かは、この印象だけでは断じ難い。殊に外に出る老婦人の多数が生活苦に悩む貧しい人々であることも、私の印象が生んだ重大な理由かも知れぬということを考えれば、私の解釈は今暫く一つの臆説として置かるべきものであろう。
しかし何《いず》れにしても朝鮮人の早婚が、朝鮮人の生活力を萎靡《いび》させたことは事実であろう。早婚は泰平の現象であって、それが生活の安易な時代に行われるのは自然のことであろうが、朝鮮の早婚は自然的早婚でなくて人為的早婚である。一種の家族主義的陋習から来た早婚である。個人の生命を尊重せず、それを蹂躙し涸渇せしめることを何とも思わない家族主義的弊害は、内地の過去におけるよりも一層甚だしいものがあるらしい。(同書、八五〜八七頁)

これは朝鮮人の早婚、とりわけ妻が夫よりも年上である早婚が女たちに与える不安や不満について記した短くも読み応えのあるエッセイである。この後に出てくるのは洗濯する女たちについての記述であるが、安倍によれば、朝鮮の家庭の内部に入る機会のない日本人にとって、洗濯は朝鮮婦人の生活を観察できるほとんど唯一の機会なのだと言う。

我々の如き散歩者または旅人が、即ち朝鮮の家庭の内部にはいっていない人間が見得る朝鮮婦人の生活の殆ど大部分は、実に彼等の洗濯である。京城の市中を歩くとその中を流れる川、溝は固より、井戸の端でも水道栓の側でも、そこに洗濯をしている女を見ぬことはない。京城のぐるりを囲む山々の方へ登って行けば、山から谷川にはまた点々として洗濯をする女の影を見、そうして白い砂の間に露出した花崗岩の上にも白妙《しろたえ》の衣の乾されているのを見ないことがない。ある友人を案内した時、その自動車の運転手の朝鮮人が、「内地では川へ洗濯にゆく、と申しますが、朝鮮では山へ洗濯にまいります」といったのが可笑しく且《かつ》面白かった。いくら朝鮮でも洗濯をするところは柴を刈る所と同じではなく、やっぱり水のある川であるが、こんな山の中の小さな谷川まで洗濯にゆくことは内地ではないであろう。恐らく朝鮮の婦人には、苟《いやしく》も水のある所ならすぐに洗濯の場所として映ずるのであろう。公園の池の側に「洗濯す可からず」とあるのは、世界で朝鮮だけかも知れない。冬河に張りつめた氷をまるくわってそこで洗濯をしているのを見ると、二十四孝の孝子を聯想するわけでもないが、痛々しくいじらしい様な気持ちもする。

私は近ごろ慶尚南道の旧都晋州へいった。この辺の気候は殆ど内地に変らない。そこに南江という砂の白い水の青い可なり大きな河がある。洛東江の支流である。江に臨んで矗石楼という堂々たる亭《あずまや》があり、その下にある妓岩と呼ばれる、碧潭《へきたん》から僅かに頭を出した石は、論介という愛国の歌妓が敵将毛谷《けや》村六介《むらろくすけ》を抱いて投じた跡だと伝えられている。対岸には山があり、そうして朝鮮に珍しい大竹藪があって、初冬にも南国らしい情致《じょうち》が豊かであった。この矗石楼下の清流に臨んで白衣の婦人の洗濯をするものが、実に百人を超えている。それはしかしぐるりの景色の美しさを損なわぬどころか、却ってその趣を添える所の点景であった。私はゆくりなく斎藤茂吉君と一緒に訪うたあのゴティックの伽藍を以て有名なパリに近いシャルトルの古い町を思い出した。そこには小さな黒いほどおどんだ川に沿ってじかに、古い古い二、三百年も立ったろうかと思う家が立ち、その下層が直に洗濯場になって、十数人の女が洗濯をしていた。私はその後春陽会かで、ある画家がこのシャルトルの洗濯場の光景を画いたタブローを見て、金があったら買いたいと思うほど懐かしさを覚えたのであった。私はこの回想の中にこの画面を呼び起こして、眼前の景色と比較せずにはいられなかった。一方は黒くおどんで古い家に囲まれて古い伽藍の町を流れる河、他方は監察吏（?）の詩酒を楽しんだ亭の下に青く流れて、明るい自然の中に置かれた河、前者には古びた人工がそのまま自然化した美しさがある、ここには美しい自然の中に残された建物に捨て難き美しさがある、一方には黒っぽい着物を着た西洋の女、他方には白い着物を着た朝鮮の女。何れも美しい、しかしその美しさは違う。

朝鮮の婦人がこんな風に生活の大部分を洗濯に費やすのは、朝鮮人が汚れめの見え易い白衣を着るからであることはいうまでもあるまい。私はこの春満洲から直隷山東辺を二十日ばかり旅行した間、洗濯をしている支那の女を見たのは、万里の長城を訪うた時、居庸関の近くの山川でのたった一度であった。もとより偶然の経験をもって全体を律するわけにも行かぬが、あの支那人の多くが着ている藍色の着物は、度々洗濯されたものとも見えないし、また彼等が度々洗濯を要求するとも思われない。思うに夫をして常に雪白の衣を纏《まと》わしめることは、心懸けのよい朝鮮婦人の可憐な理想であろう。

けれどもこの朝鮮婦人の懸命の努力も、中々汚れを白衣から駆逐し盡《つく》すには足りない。私が一番朝鮮人の衣服を綺麗だと思うのは、彼等が夏よく洗われた麻を着ている時である。実際木綿やキャラコの白衣は汚れていなくても美しくはない。殊にそれが薄汚れているのを見る時、一種荒涼な、たよりない様な気持ちをさえ誘う。この三月の始《はじめ》、奉天の停車場のプラットフォームを彷徨して汽車に乗ろうとする男女老幼一団の朝鮮人を見た時、私は思わず暗然とした。その当時満洲の朝鮮農民が支那の官民に迫害されていたという事情もあったが、しかし黄昏の光の下に薄汚れた白衣を見たことが、この感を強めなかったとはいわれない。それは砂が白くて木が少ない朝鮮の山野を見る時の気持と共通な何物かを持っている。そこに人の心を暖かにし豊かにする所の色彩の欠乏が著しく感ぜられる。実際緑のない藁家の立ち並んだ朝鮮の部落に白衣の人を集めた市場の光景を見ても、やはりそういう感じを禁ずることが出来ない。（同書、八七〜九一頁）

「京城の市中を歩くとその中を流れる川、溝は固より、井戸の端でも水道栓の側でも、そこに洗濯をしている女を見ぬことはない」と安倍は記しているが、この時代、日本に出稼ぎに行った朝鮮人婦人たちにも川や池を見ると、洗濯を始める習性があったらしい。右の文と同時期の『神戸又新日報』には姫路市飾磨町《しかまちょう》の船場川沿いの運河が朝鮮人女性たちの洗濯場に化しているという記事がある（一九二八年六月一四日付け）。

三　白磁の美の発見

白磁の美の発見

本章の冒頭で記したように、隣国に魅せられてその地に赴くというものはこの時代には稀であったが、その例がないわけではない。浅川伯教《あさかわのりたか》(一八八四〜一九六四)は一九一三年に小学校訓導として京城にやってきた人であるが、「憧憬と興味」を抱いて渡ったという。だがその「憧憬と興味」は朝鮮の現実に触れて打ち砕かれてしまうのだが、その辺の心境の変化を次のように記している。

私は未だ見ぬ朝鮮に異常な憧憬と興味を抱いて、行春《ゆくはる》の内地を後に海峡を渡ったのは大正二年であった。

しかし、渡鮮当座は、土饅頭[墓地の土葬墓]のみ無数に点綴《てんてい》する赤くただれた禿山、茸《きのこ》の様な小屋、砂原ばかりの水のない川、ごみごみした家並、異様な臭い、通ぜぬ言語等々に内地で想像した夢は破られ、やたら気が弱くなり、郷愁をかこったこともしばしばであった。がやがて、月日がたちだんだん土地に馴れるに従って、静かな落ち付きを見出し、内地と変わった言いしれぬ親しみを感じ出した。京城の四周の山が面白い。こわれた城壁、これにつけられた諸門、内地で見る事の出来ない美しさを感じた。城壁が白嶽の峯を縫《ぬ》い、駱駝山から東大門に下る。水口門、光熙門を通り、南山によじ昇り南大門をつけ、西小門、西大門を置き、仁王山の峯に上り、東に下って北門となる。この山を背景とした城壁と門、太陽の位

昌慶苑博物館本館。

置によりその明暗をかえて行く。大きな落日を背に黒く立つ西大門、春宵月下《しゅんしょうげつか》の東大門、石踁をよじ昇れば京城の街を見下ろす北門、これを出ずれば桃源の夢を思わせる平和な部落が点在し洗剣亭がある。これから北岳に連なる城壁が見える。東小門から桜の牛耳洞、東大門から尼寺のある清涼里、光熙門から纛島《とうとう》という様に郊外に散策地を見出すとともに諸門が一層なつかしきものとなった。

丘の上から京城を見ると、この小盆地が湖水の様で、瓦屋根の曲線の波が湛えた水の様にならんでいる。風水の説に従って構えられた古風の朝鮮建築は、わが古代の建築に通うものがあって美しい。自然の傾斜に従って築き上げた土壁、その上にのせられた古拙《こせつ》の瓦、大中小門の壁や母屋への連り、極めて自然に楽々としつくり地面にあうている。

民家を見ると、家の庭にならぶ甕《かめ》類の素朴さ、緑の被衣《かづき》をかぶり、先の上向きの靴をはいて道を行く婦人、広場で落日をあびて遊ぶ色とりどりの服を着た子供の群、美しき山相、家屋、人々の風俗習慣、色々の手細工をする所、古道具屋、なんだか気が落ち付くに従って今一度認識を新たにして、この古きものの中によき朝鮮を見出し、教えらるるものの多くある事に心付いた時に力強きものを感じた。（「朝鮮の美術工芸に就いての回顧」『朝鮮の回顧』近澤

書店、一九四五年、二六二〜二六四頁）

浅川伯教の朝鮮への「異常な憧憬と興味」は甲府のキリスト教会の仲間が朝鮮から持ち帰った陶磁器との出会いを契機にしているというが、その「憧憬と興味」がどのような性格のものであったのかについての具体的な記述はない。右の文が教えてくれるのは朝鮮での生活を始め、周囲を歩き回るうちに見出した「内地と変わった言いしれぬ親しみ」や「美しさ」であり、「古きものの中によき朝鮮」発見したと記している。ただし朝鮮陶磁器についての勉強は続けられていたようで、エッセイには高宗と伊藤博文との間の興味深い会話も記されている。

渡鮮早々五月の初め、春未だ去らぬ昌慶苑に遊び同苑博物本館［今日の国立古宮博物館］の高麗青磁を始めて見る。

今までわが国に伝わっておる高麗陶器といわるるものよりも全く別の感じのするものであった。ことに、鎌倉末から室町時代に渡った名器といわれるものよりも別のもので、それにも増して古い優雅なもので朝鮮らしく美しかった。段々調べて見ると、わが国に伝われるものよりも一時代古い事が判った。

支那のものに比べると、その青磁の色が秋霜の冷やかさに比して春の宵を思わせる、少しなよなよとした、線の確実性のないところに、柔らかな空気がただよい、寂しく美しい。膨らんだ肩の丸い酒瓶、搭の様に口が上に延びた浄瓶、鉄砲口という直線を握りに持つ瓶、喇叭の様に開いた瓶、丸い壺、蓮華型の鉢、優しい油壺や香合《こうごう》模様は青磁に象嵌が最も多く、牡丹、雲鶴、菊つなぎ、蒲柳水禽《ほりゆうすいきん》、これらが緑の釉薬の下から白く透いている様は静寂そのものであって鶴や鷺の遊ぶ南鮮の空そのものを思わせる。

丁度病床の人が久しぶりに窓から庭の草を始めて見る様に、つかれた眼に静かな慰めを感じた。その後聞いて見ると、これらは最近集められたもので、土中に埋まっておったものだという事だ。その散逸を惜しんで市井の商人から納めさせたという事である。

その事について当時の館長故末松熊彦氏は次の如く語られた。

「当時朝鮮の有識者の中に一人もこういうものに対して理解ある人がなく、矢鱈《やたら》高いものを持ち込むと誤解されました。

またある日、李太王様〔高宗〕が始めてご覧になって、この青磁はどこの産か、とお尋ねになった時、伊藤公は、これは朝鮮の高麗時代のものですとご説明申すと、殿下は、こういう物は朝鮮にはないと申されました。そこで伊藤公はお返事を申し上げる事が出来ず沈黙しておったのです。ご承知の通り、出土品であるというご説明はこの場合出来ないのですから。また伊藤公は帰りに、これだけ立派なものをよく集めたが、今迄に価は皆で何程払うたかと聞かれるので、会計の者が、拾萬円少し越しました、と云うと、そんな金でこれ丈集まったのかと云うで賞められました。それから後は購入にも都合よく楽に成りました。」

こんな話を末松氏から聞いた事があるが、この一挿話でその時の様子や末松氏の苦心が思いやられると思う。

ところで品物は沢山出て来るが、その焼いたところが判明しない。矢張り暗中模索の内に全羅南道康津郡大口面に大窯跡のある事が発見され、李王家博物館造品目録の序文に発表され、色々の方面の人たちの調査発表があり、続いて全鮮に渉って無数の窯跡が発見調査され、三十五年後の今日に至っては全鮮各地にこれが研究をなすものあり、半島の青年の内にも、この土地の工芸美術に理解を持ち、自ら進んで研究する人々が多く成りつつある。(同書、二六九〜二七一頁)

浅川伯教はなによりも李朝白磁に美を見出した人として記憶されるべきであるが、それにまつわるある晩の体験について記された文もある。

渡鮮早々李王家の博物館を見、郊外の風物にふれ、次第に朝鮮が好きになったが、しかしまだ、どことなくしっくりしないものがあった。それはわが国民性のもつ潔癖症と物を整確に処理する事を好む気質には、こちらの建築や工芸品に何処となく粗雑さとジジムサさ[むさくるしさ]を感じた。重箱の隅を楊子で掘るというが、こちらでは重箱の隅を丸く拭く。磨き上げた檜《ひのき》の柱をよいものとした眼には、王宮の丸柱の節の多いのさえ気になった。東照宮の柱は布を張った上に朱漆をかけそれを磨いて居るのに、こちらは荒削りの上に紅殻《べにがら》が塗ってある。こうした事が、ぞんざいで出鱈目《でたらめ》の様な気がしてしっくり来なかった。道具屋をのぞいてもがらくたが埃に埋もれて心持ちのよいものではなかった。

しかしある晩、明治町のある道具屋の電灯の下に、白い大きな壺がぼんやり据えられてあるのを見た。はっと立ち止まって内に這入って主人に聞くと、「これは李朝壺というて安いものです」。価を聞くと五円という。主人は得意になって、高麗青磁というのが開城から出て等々焼物の講義を始め、こんな白い壺は漬物でも入れるにはよいかも知れぬが骨董の仲間入りをするものではない。せいぜい高麗焼の勉強をなさいと教えてくれたが、自分は今買ったこの白い壺が、自分のものとなると尚美しく、生々と自分に話しかける様な気がして、主人の話はうわの空であった。私は悦んでその壺をかかえて家に戻り、座敷の隅に置いて拭いて見ると急にハイライトが輝き出して生物の眼の玉の様に私に迫って来る。私は幾度か私の心でこういった。「高麗の青磁は過去の冷たい美しさだが、この白磁は現在の私の血の通う生きた友である。これには間違いはない。私の眼が開けたのだ。よい物を見た。」

この印象を悦びに引きずられたのが李朝物を好きになる病みつきであった。それから古物屋の店頭をのぞく事に一つの確信を得た。重箱の隅を楊子で掘ることのせせこましさよりも、胡坐をかいてドッシリゆったりと自然の中にゆとりのある生活をして居る如き李朝のぼんやりふくらんだ白磁の壺に一つの世界がある事を認め、ある物はギリシャの彫刻のトルソウにも増して暖かき力と呼吸を感じた。従来私は焼物は絵画や彫刻に比べると釉《うわぐすり》のために何処《どこ》かぴったり来ないはがゆさを感じた時もあったが、この焼物こそ決してそんなものではない、と幾度か心でうなずいた。

それから染付がまたぼつぼつ店頭に出はじめた。淡い呉州《ごす》の色の筆ずくなに画かれた鶴、竹、野草、秋草、漢江の景色という様なものをよく見ると、何処までも朝鮮らしく素地や形にしっくり模様や発色が順応してかざり気のないむき出しの美しさが好きになった。（同書、二七一〜二七三頁）

浅川伯教は朝鮮に渡った翌年の一九一四年、李朝白磁を手土産に柳宗悦を訪ねているが、日本には侘茶《わびちゃ》の世界に李朝初期の「高麗茶碗」を「井戸茶碗」などと呼んで賞玩する態度はあっても、白磁を評価する態度はなかった。一方の朝鮮の側にも、李朝白磁を評価する態度がなかったことは道具屋の主人の態度に明瞭であるが、であればこそ、むき出しの美しさの魅力をいかにして発見したのかについてもう少し具体的に説明してほしいところだが、その参考になるのはある講演会で述べられた次のような発言であろうか。

今日申し上げますことは、私が今まで集めました結果、自分の頭に感じた二、三の点を申して見たいと思うのであります。これは数多く集めて見ますと、その結論と云うようなものが朧気ながら得られる。その中には我々の思って居る想像以外のことが随分あります。習慣が違って居り。民族が違い、陶器に対する理解が異なって居りますので、案外に思うことが沢山あります。例えて見ますれば、支那は政治によって陶器が発達変遷し、朝鮮は民族生活によって変遷し、日本は趣味によって発達したと、私は思うのであります。これを朝鮮に就いて具体的に申しますと、古くから朝鮮の思想上に於ける根底をなして居るものは何かと申しますと、それは巫女の教えでございます。これは宮中から農村に至るまで、深く朝鮮の人の頭に食い入って居るので、現在でもそうであります。巫女の教えが焼物にどう関係するかというと、焼物ばかりでありません。総ての周囲が、それから割り出されて居ると云っても差し支えないのでございます。即ち変わったことを嫌い、変わった形を嫌い、物の陰を好みません。これは魔がさすというのです。この巫女の占いと云うものが、もう抜くべからざるものになって居る。色々生活状態を注意して見ますと、「かげ」というものを嫌い、なるべく何もない「無」に一つの落ちつきを感じ、素白に帰りたいと云う気持ちがあるのでありま す。陰影や古い器からは魔がさすと申すのです。不思議にそう云う工合に行く。これは新羅時代からずっと深く入った考えで、服装などは幾度変えようと思っても変わりません。

焼物でも、何時でも、白に帰ろうとする傾向がある。これは段々手を抜いて行くのです。例えて見ますと、一番初めの高麗青磁に、象嵌を入れて雲鶴青磁となり、白に対する興味がずっと続いて、その雲の数を多くして、三島になり、又刷毛目《はけめ》になる。その三島が、更に白の部分を多くする。段々白の部分を多くして、遂に白磁になる。それからこの白磁の白の調子について申しますと、始めは灰色の白磁が焼けているのであります。これが今度は段々鼠色を帯びた白磁になると、日本のお茶人の所謂堅手《かたで》と云うものになる。それから今度は所謂李朝の白磁のような、青味を帯びた、朝鮮人の好きな白磁になっている。

その間に外の模様を捨ててしまって居るのであります。例えば龍の紋様でありますと、初

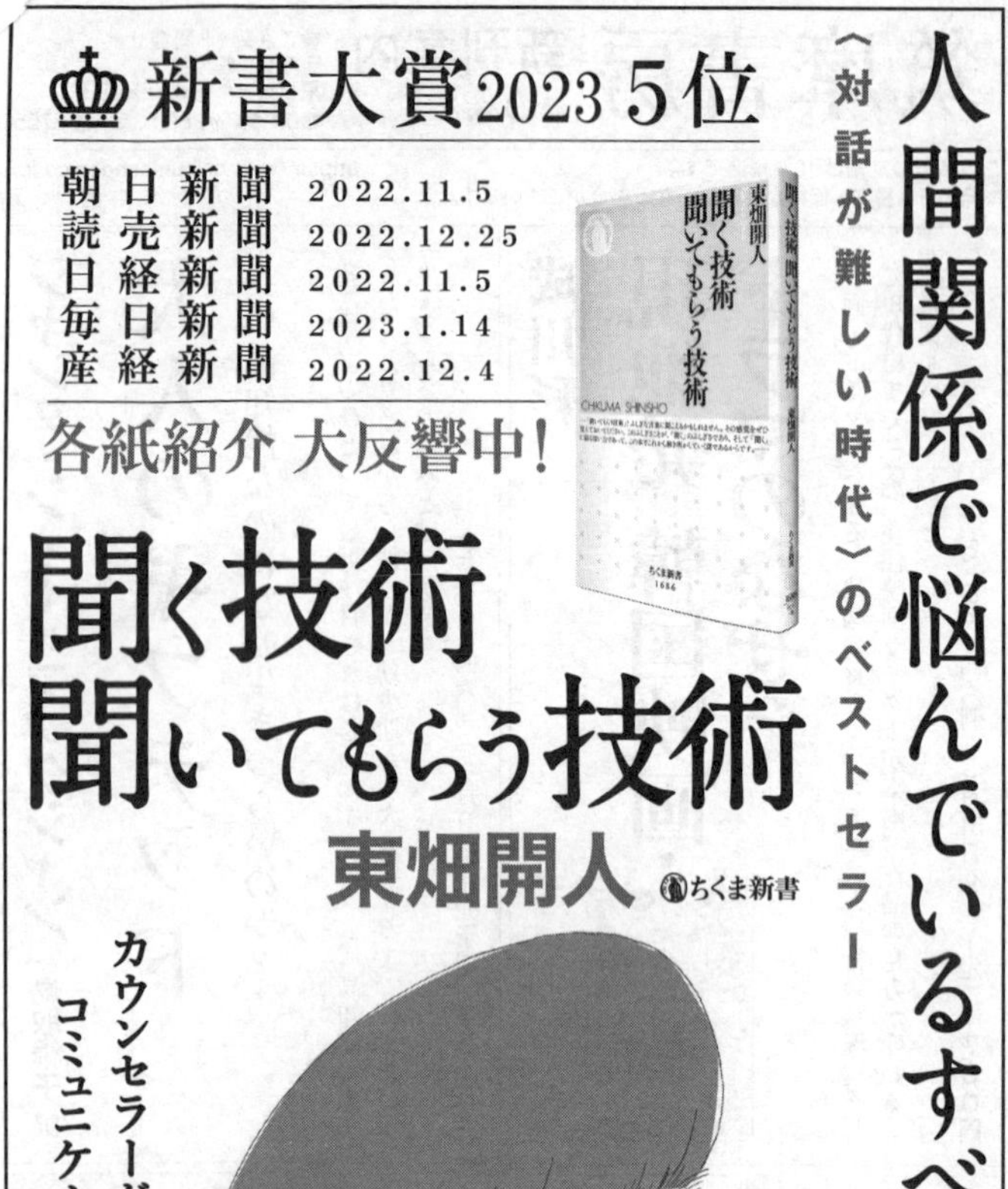
人間関係で悩んでいるすべての人に
〈対話が難しい時代〉のベストセラー
新書大賞2023 5位
朝日新聞 2022.11.5
読売新聞 2022.12.25
日経新聞 2022.11.5
毎日新聞 2023.1.14
産経新聞 2022.12.4
各紙紹介 大反響中!
聞く技術 聞いてもらう技術
東畑開人
ちくま新書
カウンセラーが教える、
コミュニケーション改善の奥義。
8万部突破!
イラスト=明ことき ISBN：978-4-480-07509-3 定価946円（10%税込）※電子書籍も配信中
筑摩書房 筑摩書房営業部 〒111-8755 東京都台東区蔵前2-5-3 ☎03-5687-2680
https://www.chikumashobo.co.jp/

★5月の新刊 ●11日発売

425
ナマケモノは、なぜ怠けるのか？
▼生き物の個性と進化のふしぎ

稲垣栄洋 静岡大学大学院教授

イモムシやタヌキに雑草……。いつも脇役のつまらない生き物たち。しかしその裏に冴え渡る生存戦略があった！ ふしぎでかけがえのない、個性と進化の話。

68450-9 858円

426
嫌な気持ちになったら、どうする？
▼ネガティブとの向き合い方

中村英代 日本大学教授

ちょっとした不安から激しい怒りまで、気持ちがゆれることは誰にもある。でも、それに振り回されるのではなく、性質や特徴を知ってこの気持ちに対処しよう。

68451-6 880円

好評の既刊 ＊印は4月の新刊

- **君は君の人生の主役になれ** 鳥羽和久 皆とは違う自分独特の生き方を見つけよう！ 68438-7 968円
- **「気の持ちよう」の脳科学** 毛内拡 あいまいな「心」のはたらきを捉えなおす 68440-0 880円
- **宗教を「信じる」とはどういうことか** 石川明人 「信じる」と「疑う」は本当に相容れない？ 68439-4 968円
- **君たちが生き延びるために**――高校生との22の対話 天童荒太 小説家から若い人へ渾身のメッセージ 68443-1 924円
- **「覚える」と「わかる」**――知の仕組みとその可能性 信原幸弘 人間の知能の基本からその可能性までを探る 68441-7 880円
- **「心のクセ」に気づくには**――社会心理学から考える 村山綾 型にはまりやすい私たちの心の謎を探る 68442-4 924円
- **小さなまちの奇跡の図書館** 猪谷千香 九州南端の小さな図書館の大奮闘の物語 68444-8 880円
- **宇宙最強物質決定戦** 高水裕一 前代未聞、空前絶後の宇宙論入門書 68445-5 858円
- **集団に流されず個人として生きるには** 森達也 一人ではしないことも仲間とならしてしまう 68448-6 924円
- **鬼と日本人の歴史** 小山聡子 日本人が何に恐れてきたのかを振り返る 68447-9 902円
- ＊**増えるものたちの進化生物学** 市橋伯一 増える能力が生命を悩める存在へと変えた 68446-2 880円
- ＊**偏差値45からの大学の選び方** 山内太地 受験で勝つために「第2志望」を真剣に選ぶ 68449-3 902円

6桁の数字はISBNコードです。頭に978-4-480をつけてご利用下さい。

●12日発売

ちくま文庫

台所から北京が見える

長澤信子

●36歳から始めた私の中国語

語学はいつ始めても遅くない

36歳で中国語を始め、40歳で通訳に！ 勉強に没頭する日々、学習のコツ、中国文化の面白さ……語学学習者、必読の名著。一章を増補。（**黒田龍之助**）

43880-5
924円

牧野植物図鑑の謎

俵浩三

●在野の天才と知られざる競争相手

朝ドラで注目！

最も有名な植物学者・牧野富太郎には「ライバル」がいた――？ 博士と同時に別の植物図鑑を出版したある男との関係を読む図鑑史。（**大場秀章**）

43885-0
880円

父の時代・私の時代

堀内誠一

●わがエディトリアル・デザイン史

「anan」「POPEYE」「BRUTUS」で日本の雑誌文化を牽引し、絵本の世界においても出版の文化を発展させた著者による自伝。（**林綾野**）

43884-3
1045円

マッカラーズ短篇集

カーソン・マッカラーズ　ハーン小路恭子 編訳／西田実 訳

再評価が進むマッカラーズの短篇集。奇妙な片思いが連鎖する「悲しき酒場の唄」をはじめ、異質な存在とクィアな欲望が響きあう触発の物語八編を収録。

43871-3
1100円

『おくのほそ道』謎解きの旅

安田登

●身体感覚で「芭蕉」を読みなおす

芭蕉が『おくのほそ道』に秘めた謎とは？「歌枕」の呪術性、地名に込められた意味。俳人の素養の謡曲を元に異界を幻視する。帯文・いとうせいこう

43879-9
946円

6桁の数字はISBNコードです。頭に978-4-480をつけてご利用下さい。
内容紹介の末尾のカッコ内は解説者です。

5月の新刊　●12日発売　ちくま学芸文庫

中国詩史

吉川幸次郎　高橋和巳 編

中国文学において常に主流・精髄と位置付けられてきた「詩文」。先秦から唐宋を経て近代まで、平明な文章で時代順にその流れが分かる。（川合康三）

51182-9
2090円

ブルゴーニュ公国の大公たち

ジョゼフ・カルメット　田辺保 訳

中世末期、ヨーロッパにおいて燦然たる文化的達成を遂げたブルゴーニュ公国。大公四人の生涯と事績を史料の博捜とともに描出した名著。（池上俊一）

51177-5
1980円

民藝図鑑　第二巻

柳宗悦 監修

朝鮮陶磁を中心に琉球の織物、日本の染物、民画、箪笥類を収録。解説執筆には柳の他、芹澤銈介、柳悦孝、田中豊太郎ら民藝同人も参加。（土田真紀）

51184-3
1870円

学ぶことは、とびこえること

■自由のためのフェミニズム教育

ベル・フックス　里見実 監訳　朴和美／堀田碧／吉原令子 訳

境界を越え出ていくこと、それこそが自由の実践としての教育だ。ブラック・フェミニストが自らの経験をもとに語る、新たな教育への提言。（坂下史子）

51170-6
1430円

三島由紀夫　薔薇のバロキスム

谷川渥

内と外、精神と肉体などの対比や作品を彩る植物的イメージ……三島の美意識がやがて自死へと収束される過程をスリリングにたどる画期的評論。書下ろし。

51180-5
1210円

6桁の数字はISBNコードです。頭に978-4-480をつけてご利用下さい。
内容紹介の末尾のカッコ内は解説者です。

5月の新刊 ●18日発売

筑摩選書

0255

日本人無宗教説 ▼その歴史から見えるもの

東京大学教授 藤原聖子 編著

「日本人は無宗教だ」とする言説の明治以来の系譜をたどり、各時代の日本人のアイデンティティ意識の変遷を解明する。宗教意識を裏側から見る日本近現代宗教史。

01773-4 1870円

0256

隣国の発見 ▼日韓併合期に日本人は何を見たか

東京都立大学名誉教授 鄭大均

日韓併合期に朝鮮半島に暮らした日本人は、その自然や文化に何を見たのか。安倍能成、浅川巧ら優れた観察者のエッセイを通じて、朝鮮統治期に新たな光を当てる。

01774-1 1870円

好評の既刊 ＊印は4月の新刊

- **人類精神史**——宗教・資本主義・Google　山田仁史　人類精神史を独自の視点で読みとく渾身の書　01761-1 1980円
- **公衆衛生の倫理学**——国家は健康にどこまで介入すべきか　玉手慎太郎　誰の生が肯定され誰の生が否定されているか　01762-8 1870円
- **平和憲法をつくった男 鈴木義男**　仁昌寺正一　憲法9条に平和の文言を加えた政治家の評伝　01765-9 1980円
- **ストーンヘンジ**——巨石文化の歴史と謎　山田英春　最新研究にもとづき謎を解説。カラー図版多数　01763-5 2200円
- **東京10大学の150年史**　小林和幸 編著　東早慶＋筑波＋GMARCHの歩みを辿る　01767-3 1870円
- **敗者としての東京**——巨大都市の隠れた地層を読む　吉見俊哉　「敗者」の視点から巨大都市を捉え返す！　01768-0 1980円
- **変容するシェイクスピア**——ラム姉弟から黒澤明まで　廣野由美子／桒山智成　翻案作品を詳細に分析し、多様な魅力に迫る　01766-6 1760円
- **丸山眞男と加藤周一**——知識人の自己形成　山辺春彦／鷲巣力　戦後を代表する知識人はいかに生まれたか　01771-0 1870円
- **戦後空間史**——都市・建築・人間　戦後空間研究会 編　戦後の都市・近郊空間と社会の変遷を考える　01769-7 1980円
- ＊**寅さんとイエス**【改訂新版】　米田彰男　反響を呼んだロングセラー、待望の改訂新版　01764-2 1980円
- ＊**悟りと葬式**——弔いはなぜ仏教になったか　大竹晋　悟りを目ざす仏教がなぜ葬祭を行なうのか　01770-3 1870円
- ＊**日本政教関係史**——宗教と政治の一五〇年　小川原正道　政教関係からみる激動の日本近現代史　01772-7 1870円

6桁の数字はISBNコードです。頭に978-4-480をつけてご利用下さい。

めは丹念に龍の紋様を描いて居る。その龍の紋様が段々消略《（ママ）》されて、顔を鱗だけを描いて見たり、雲と体のみを描いて見たり、足だけを描いて見たりして、しまいには雲のぐるぐる渦だけになると云う様な風に、段々略されて来るのです。（略）

染付は、支那の模倣でありながら、人物の画がありません。あっても仙人か何かです。又、朝鮮に赤絵がなぜ無いかと云う問いに対しても、前の白に帰りたいと云う底の流れで、お答え出来ると思います。高麗時代には、仏教が国教でありますから、殆ど蓮を主材とした。茶碗も蓮の形になる。水注ぎのような物にも、蓮がよく模様に使われているのであります。全体の形にも蓮の花の姿が用いられて居る。巫女の白に帰ると云う思想の上に、仏教の形式を用いた相《スガタ》であります。

今度は、李朝の初めになりますと、形の上に於て儒教の影響を受け、角張ったものになり、遂に削ったり、面を取ったものになり、紋様が略されて、又白になりたがる。ここに道教と云うものが入って来ると、寿福康寧と云う様な、この世の幸福と云うことが主材になる。儒教だけでは物足りないので、道教の思想から、寿とか福とか寧とか云う文字模様をつかう。又これを象徴した鶴、亀、竹、梅、太陽、雲、水と云うような、長生きをするものを模様として多く使って居る。併しこれも段々簡単になって来る。こう簡単になって一寸間の抜けた処が、日本人には又面白く感じられるのです。几帳面な日本人には、ゆとりのある、素朴さのあるものが作れない。又形の全面を模様で描き潰すと云うことは、日本の人にはどうも物足りない。模様の上に余韻を欲すると云う気持ちが一部分にあって、あとはぱっと抜けて居るような所に面白味を感ずる。文禄時代の唐津、織部などは、そう云う面白い所の暗示を受けたものと思います。これは朝鮮の人のやって居る所を見ると、その気持ちがよく分かる。古い形をなるべく変えないが、手数は次第にはぶいて行くのです。（略）手数を成るべく抜く。仕上げをやらない。そうすると、自然に趣味的に見て面白いものになるのです。つまりこの一息作りの、飾りの無い処に、日本人が魅せられたのであります。（「朝鮮陶器の鑑賞」彩壺会講演録、一九三五年、『朝鮮古陶磁論集1』一五三〜一五五頁）

浅川伯教によって見出された李朝白磁の美はやがて柳宗悦や濱田《はまだ》庄司《しょうじ》ら民芸運動家たちの活動によって世に広まり、日本人の美意識の奥行きを拡げるのに貢献するが、そんなことよりそれは朝鮮人の自文化認識を変えるに大きな貢献をしたのである。

陶器の破片探し

浅川巧《あさかわたくみ》（一八九一〜一九三一）は右に記した浅川伯教の弟である。一九一四年、朝鮮総督府農商工部山林課に雇員として就職した浅川巧は禿山の多い朝鮮の山の緑化のためにカラ松や五葉松の発芽・養苗研究に従事するとともに、朝鮮の陶磁器や木工芸品について優れたモノグラフを記すが、より重要なのは、この人が日本人には珍しく朝鮮人と交わる力を持っていたということであろう。浅川はまた本書に登場する安倍能成や柳宗悦に敬愛された人でもある。

ということで、記すべきことは少なくないが、ここではその日記からよく歩いた日の記述を紹介したい。浅川は妻のみつえが亡くなった翌年の一九二二年一月から一年半ほどの間、日記をつけているが、よく歩いた日とは古い窯跡の周辺で陶器の破片拾いをした日のことで、いずれも一九二二年の日記である。『浅川巧　日記と書簡』（高崎宗司編、草風館、二〇〇三年）からの再引用である。

四月二八日　晴れてむし暑い日だった。

朝五時半頃起きて宿のものを起した。（略）今日は樹物採集と砂防造林の実況視察の目的で北漢山へ行くのだ。人夫三人と高木君［高木五六。林業試験場の同僚、同居人］と僕と五人。月谷から加五里に出て山に入った。牛耳洞の桜も散った後だった。牛耳洞から数町の奥の沢に望んだ斜面に高麗焼の窯跡を見つけた。喜んで破片を集めていたら人夫が来て、そんなものならこの上の方に沢山あると教えて呉れた。行って見たらなるほど沢山あった。そこが真の窯跡で最初の処は仕事場らしかった。最初のところからは乳棒の様なものや変な格好の器物の破片が発見された。窯跡の隣に更に素焼の窯跡があった。焼いたものは青磁と簡単な象《ぞう》嵌《がん》もので、随分美しい色も出ていた。道詵寺で昼食をして白雲台に登った。往十里から来た五人の婦人が同じく登ったのを見て感心した。婦人の一行は四十五が一番若くて、老いたのは六十二になるという人達であるのにこの険を冒すとはただ呆れる外ない。この山は頂上に近い処が嶮しくて嶮しくて、絶嶮というよりも寧ろ危険の処だ。日本で僕の登った八ヶ岳、金峰山などの比でない。日本アルプスの山中に育った高木君すら驚いていた。峯の岩上には僅かの土層があってライラックやシモッケの種類が一面に生えていた。問題の岩レンギョウも掘った。今まで冠岳山のみで採った。白花のカラタエウツギも採ったし、野花も色々採った。

登山すると身も心も清々する。頂上で送った十数分は独《ひと》りでに祈りの心だった。また特に危険の道を通った二、三分の間は実に何物をも忘れて岩に唯しがみついて過ぎた。朝鮮の老婦人等の勇敢なのには感心する。寺詣《てらまい》りをして尊い仏像の前に跪《ひざまず》くよりは、この岩上を歩かせられた方が多くの人は真剣になるだろうと思ったりした。

帰途は山の上腹を一周して再び道詵寺に下りた。加五里に近い山麓で朝見た窯跡と同じ様の窯跡を発見した。五人連の婦人達は後になり先になりして清凉里の近くまで同じ道を来て別れた。家に着いたのは八時頃だった。随分つかれた。夜、点釗［親しかった朝鮮人の友人］が来たが話しもしたくなかった。何処に行ったか分からんというて心配していた宿の女将が夜晩く戻って来て今日の始末を物語った。それは僕の出発する時、宿の十五になる倅が親爺にせっかんされていた。そのせっかんが惨酷で実に未だかつて見たことのない乱暴さであった。原因は子供が親の言もきかず学校へ行くというて活動写真へ行ったり、金をごまかして酒屋へ遊びに行ったりしたそうな。小僧もよくない。この子供は僕の不在中に部屋を荒らして色々のものを持ち出したりしている。然し親爺の打ち方もひどい。長三尺ばかりの雑木の棒がこなごなに叩き折れてしまった。僕が止めたので漸く廃《や》めて口でゆっくり話すことになった。老婆や他人が止めてもどんどん突き飛ばして叩いた。静まったので僕は出発したのだが、そのうちにまた以前よりも一層はげしく叩いて耳や口から血を流した程だったそうな。この子は妾の子だが、本妻に子がないので実子同様育てて、去年妾が死んだから尚更本妻になついている。同じ家にいてさえ、僕今日迄本妻の子とばかり思っていた。本妻が子供に代わって極力詫びても親爺がなかなかきかない。それのみか本妻にくってかかるので、見てもいられず、止めも出来ずに家を逃げ出したものらしい。戻った時の女将はヒステリーがつのっていて弱っていた。僕疲れて慰める力もなかったが、話ししている間にやや元気づいて終わりには晴々した笑い方もした。（同書、六二～六四頁）

北漢山行は樹物採集と砂防造林の実況視察という公務の一環であったが、浅川にとっては陶器の破片探しの機会でもあった。文中、嶮しい山を登る高齢の婦人たちに「ただ呆れる外ない」の記述があるが、この時代の朝鮮女性の平均寿命は三十代前半であったのだから、六十二歳の女性がチマ・チョゴリ姿で山に登る姿に「呆れ」ておかしくない。朝鮮の女性たちがズボン姿で山に登るようになったのはモンペが普及した戦時期以後のことであろうか。

日記の後半には帰宅後、清涼里の下宿に待ち受けている宿の女将の家族問題が記されている。女将の夫は五十余の老人で普段は妾と暮らしているが、妾との間にできた子供の世話は女将に任せ、二十日に一遍ほど訪ねてくるだけだと言う。浅川の日記にはこの時代の朝鮮人エリートである作家や企業家やの名が出て来るかと思えば、名もなき朝鮮人の名も出て来る。この時代の日本人には珍しい文化・民族・身分的境界を越えた日常を体験した人の日記である。建築中の朝鮮神社や朝鮮総督府庁舎の話が出てくる日の日記も加えたい。

六月四日　朝小雨が降ったが八時頃から晴れて城壁廻り。

午前八時頃貞洞へ行った。三枝君等はまだ起きたばかりの処だった。支度をせかせて家兄［浅川伯教］と三枝君と僕と三人西大門跡から踏み出して京城の旧城郭廻《めぐ》りにかかった。はじめに仁旺山に登った。山にはやや険阻《けんそ》の処もあったが、岩の上には大概足を掛ける踏み板が切ってあった。山上から京城市街を見下ろすと、ごみごみしてきたなく見えた。大地の皮膚病の様だ。人間等も寄生虫としか見えない。大地を支配している者とは見えない。西方の平原となだらかな丘陵北方の巍々《ぎぎ》たる男性的の連山を眺めていると、教会で牧師の苦しい泣言を聞くより真の言葉が響いて来る気がした。

北門へ下りて一休し、夏蜜柑など食べて白岳山［北岳山］に登った。僅かの険もあったが小道は続いていた。山頂で休んでまた眺めた。朝鮮人の学生等も二、三人いた。城外の農家も美しく見えた。東大門に下って付近の氷屋でビールとサイダーを飲んで昼食をした。それから松の茂った淋しい道を城壁伝いに東大門に向った。東大門の近くは西洋人の土地になっていて鉄条網が張ってあって通れなかった。それから光熙門を過ぎて南山に登った。南山の薬水は美味だった。山頂にはケヤキやエンジュの大樹があって岱地《（ママ）》になっていた。氷屋も店を出していた。冷しビールの一本を分けて飲んだ。少し下ると朝鮮神社の工事をしていた。美しい城壁は壊され、壮麗な門は取り除けられて、似つきもしない崇敬を強制する様な神社など巨額の金を費やして建てたりする役人等の腹がわからない。山上から眺めると景福宮内の新築庁舎など実に馬鹿らしくて腹が立つ。白岳や勤政殿や慶会楼や光化門の間に無理強情に割り込んで坐り込んでいる処は如何にもずうずうしい。しかもそれ等の建物の調和を破っていかにも意地悪く見える。白岳の山のある間永久に日本人の恥をさらしている様にも見える。朝鮮神社も永久に日鮮両民族の融和を計る根本の力を有していないばかりか、これからまた問題の的にもなることであろう。山を下りて南大門に出て西大門跡から朝の発足点に戻って貞洞へ帰った。今日の遠足は愉快だった。道中は話しつづけた。芸術、宗教、教育、その他の諸問題は引き切りなしに出た。城壁廻りも今後何年かの後には出来なくなるだろう。今でさえ開かなくなったり、道が塞がれたりしたところが多い。それに城壁の完全に残っている部分は実に少ない。総督府は新らしく下らないものを造るより城壁破壊の取締りでも考えそうのものだ。石材は盗み放題になっている。李朝の遺跡の湮滅をはかっているのでもあるまい。都市計画などする者はよろしく城壁廻りでもして山の上から大都市を見下ろして施設を案ずる用があると思う。（同書、八三～八四頁）

景福宮内の新築庁舎に浅川は「馬鹿らしくて腹が立つ」とか「日本人の恥をさらしている様に見える」と言い、「朝鮮神社」の建築にも「美しい城壁は壊され、壮麗な門は取り除けられて、似つきもしない崇敬を強制する」と言う。浅川は総督府政治に批判的な目を向ける日本人であり、それが今日、日本のみならず、韓国でも評価される理由の一つになっているのだろう。

山道を案内してくれた男

浅川巧の朝鮮人と交わる力を教えてくれる文というなら、一九二三年の秋夕《チユソク》（中秋節）前日の北漢山一周を描いたエッセイがある。

九月二十三日金を連れ手作りのサンドウィッチを携《さ》げて七時半出発。

電車で清凉里から義州通まで出て自動車を待った。自動車屋二軒あって互いに客を取り合いしている。しかし今日は旧の八月十四日なので郊外に墓参する客が多くてなかなか自動車の順番が廻って来ない。歩いて行っても充分目的地に着けたと思う十一時半になって漸《よう》く乗れた。もしそれに乗れなかったら今日の企てを中止する覚悟をしてからであった。その覚悟をした時少し腹立ち気味になって自動車屋の主人に談判した。主人の顔がどうも見覚えのある男なので少し考えていると、先方も同じことを考えていたらしい。解って見ると去年分院に行く時自動車を雇った鍾路の店が移転したのだということで合点出来た。運転手までがその時の人だった。（略）

今日の旅程は北漢山を一周することであるが、主な目的は北麓に沙器里という地名の村があるので、その村について沙器里という名の依って来った源である窯跡を詮索しようというのだ。

いよいよ沙器里に着いたら村の入口に四、五人の男が立ち話をしていた。窯跡を教えてくれというと「共進会に出すのか」とか「博物館に売るのか」とかいうていて教えてくれようという人はいない。説明の仕様がないからただ笑っていたら金君が興奮して説明し出した。「朝鮮の美術工芸研究のためにするのでこの人は大の朝鮮人思いの人だ」と言うたら、一人の男が「何だ。今の世には朝鮮、日本という区別はないはずだ」と力みだした。理屈が面倒になるのでそのうちの話しの解りそうな男を指定して僕が相談した。「どうだ君、理屈は別にしてちょっと案内してくれまいか。充分のことは出来ないが酒代位は遣る。お忙しい処をご迷惑だろうがぜひ君に頼みたい」というと、田の水切りにでも行く支度らしくシャブルなどを持っていたが、それを持ったまま快く承諾して先に立った。

道々彼は語った。沢山の山と田を所有していることや今度の共進会〔副業品共進会。一九二三年九月に開かれた〕にも麦を出品したこと、東京の震災〔関東大震災〕にも十円寄附したことなど。

最初に見たのは彼の所有の畑であったが、そこは時代の若い白磁の窯跡だった。老姑山の東麓で水のある谷川もあり、窯場には適当の処であった。しかし時代が古くないので、沙器里の地名を生むためにはまだ他に立派な窯跡がありそうなものだと思って尋ねたら、この谷川の上流にあるという。先頭になってもらってその谷川をさかのぼることにした。

上り上ってとうとう千五百尺の老姑山の頂上に近づいてしまった。こんな上部にはあるまいとは思ったが、案内人が勇んで先に立つので従って見たのだ。それにもしこんなに高い処にもあるものなら、珍しい記録として参考にもなると思ったからである。有りそうな処を手分けして探したが、とうとう見つからなかった。案内の男は気の毒がって走り廻った。そして高い岩の上から草刈りの人を呼んで尋ねていた。

一人「この尾根の後《うしろ》にある」と教えた者があった。案内の男はそこへ行って見ようという。「もし行くのなら、見たというその草刈りの男にも行ってもらうのでなければ見つからない」と僕が主張したが、案内の男は今度こそ大丈夫だと自信のあるらしいことをいうので、またついて行って失敗してしまった。彼はますます気の毒がった。僕はかえって気の毒に思った。彼が少しもいとう色なく野獣の如くに勇ましく山道を走り廻ってくれるだけで嬉しかった。戻り道に山麓の栗畑と墓場のある附近に前《さき》に登りかけに見たのよりも大きい窯跡を見た。そこには白磁の無地の外に鉄沙《てつしや》の簡単な染付をしたものもあった。前きに見た窯の向い合いになっていた。村の附近の栗の木の下で休んで飴屋《あめや》から飴を買《こ》うて食べた。案内の男は栗を落としたり村の人に頼んで水を持って来てもらったりしてもてなしの意を示してくれた。彼は窯跡のことは忘れたように栗や棗《なつめ》を落とすことばかりに専念した。そして自分達に分けてくれた。金君も栗には興味を持っていた。「時間が迫っているから栗は欲しければ出来ているのを買うようにしたらいい」というと、金君曰く。「こんな山奥に来て栗を買ったら面白くない。勝手に採ると、この木が全部自分の所有のような気《ママ》がする」。また案内の男は「俺がこの辺の栗を採るのは誰も文句を言わない。皆自分の親戚のものだから」といいつつ石や棒切れを投げては落として分配した。

もし朝からゆっくり来て子供でも連れてこんなに呑気に終日遊んで見たら面白かろうとも

思った。

そのうちに村はずれの栗林の中に今度こそ古い窯跡が発見された。それは冠岳山の古い窯や道馬里などと同じ手の白磁であった。釉の色といい五徳跡の具合といい、同時代のものと推定される。

附近をも更に探したが急いでいるので、とうとう探せなかった。

案内の男に御礼をして別れ、暮れかかる山道を牛耳洞へ越えることにした。男は「山道は困難だから俺の家に寄って食事でもして朝来た道を帰った方がいい」と勧めてくれたが、道連れがあるので勇気を出した。

川を縫う小路を一里半ばかり上って行くと、薪を盗みに来た山男がいたが路は知らなかった。地図もあいにくそれから先の分がなかった。峠に上った時、水落山や仏岩山や倉洞の田圃《たんぼ》も見え出したので安心した。そしてそこには牛耳洞から盗伐に来た若者も二人いて家路につく処だった。それからの途は分かり易かった。山の麓、牛耳洞に近［づ］いてから金君は栗の枝を欲しがって明日の月見に供えるように二、三本折った。

牛耳洞から倉洞へ出る途中美しい月を見た。仏岩山の上に出た月を岡の上から見た。清い美しさは特に印象が深い。（「北漢山一周」高崎宗司編『朝鮮民芸論集』岩波文庫、二〇〇三年、二五四〜二五八頁）

祖先を祭る祭祀《チエサ》の行われる秋夕《チユソク》に人々は故郷に向かう。その前日に自動車屋が繁盛していたということは、この時代にその程度の出費を苦にしない朝鮮人が少なくなかったことを教えてくれる。しかしそんなことより、この文で注目すべきは、浅川と案内の男とのやりとりを記した部分で、「彼が少しもいとう色なく野獣の如くに勇ましく山道を走り廻ってくれるだけで嬉しかった」の文が断然面白い。朝鮮人への共感がかくも率直に表明された例がかつてあっただろうかと思う。そもそも日本人は偶然出遭った異文化の人間との間に即興的な人間関係を作るのが苦手である。浅川が朝鮮人に基本的信頼を抱くとともに、朝鮮人との付き合いに訓練された人間であり、また浅川自身にも「つるむ」こと「群れる」ことを好む性格があったことを教えてくれる文である。浅川巧にはたしかに日韓両国で評価されるに相応しい資質と実践があったのである。

民芸運動家たち、理想郷へ行く

一九三六年の春、民芸運動の中心人物である柳宗悦（一八八九～一九六一）、河井寛次郎《かわいかんじろう》（一八九〇～一九六六）、濱田庄司（一八九四～一九七八）の三人は蔵品蒐集のため朝鮮や満洲への旅に出掛け、体験を三人の連名で「朝鮮の旅」というエッセイに残しているが、慶尚北道の古都・慶州の地で目にしたことを次のように記している。＊註3

なだらかな弧線を描いて起伏する丘陵、赭《あか》い土の上に粗らに生えた春草、静かに流れる河、それから畦《あぜ》のない田畑。人々は自然の懐《ふところ》に抱かれつつ自然に文《あや》を与える。間近の水田に鷺《さぎ》の飛びかうと見れば、人の歩む姿である。静かに畦道《あぜみち》を行く白い人の姿。

人がいる人がいるとじっと見つめると屢々鷺《しばしば》が立っているのであった。

遥かの山裾《やますそ》を歩く白衣の人は澄み切った大気の層の遠方に千年も二千年もの遠方に浮き上がる。白い点としか見えない人の而《しか》も動くその手足をさえそれと見分けられるすき透ったこの空間に歩く人、これこそ新羅や高麗の人でなくて誰であろう。

河が流れる。流れている。ゆっくり流れている。

青空には白雲浮かび、鍋鶴《なべつる》は高く舞い上がる。かつての焼物に染め付けられた模様が、千年を経てここには未だにまき散らされたままである。

至る所にごつごつした山がある。しかし山はどこからともなくなだらかな裾を引いてやがては畑となり田となってゆく。その南受けの山裾《やますそ》のたまりに虫が卵を産み付けたように、群がる民家——竈《かまど》の煙で初めてそれと知らるる程な家々——丘も家もここではけじめのない一色に自然は撫でつけて置く。許されて生きている姿でなくて何であろう。

ここには人が家の中に呑まれているような場合はない。簑虫《みのむし》が相応な住居を有《も》つように、人々は家よりずっと大きく見えたりする。大きな家に小さく住まう人の誇りを笑っているようにさえ見える。

（略）

仏国寺の位置を卜《ぼく》した眼に今ぶつかる。昔この丘に立って、ここに幸福の礎を置いた人の眼を想わずにはいられない。人の視野に対して最も仕合せになる高さを定めた眼。こんな位置にある仏国寺旅館の夕方は忘れ難いものであった。それにこの旅館の簡素で行き届いた建て方と家族的の誠実な心配りとは一寸類がなく心惹かれた。京城ホテルの朝鮮室での数日間の滞在も同じ意味で感謝の心が湧く。

石窟庵の彫刻はいうまでもないが、直ぐ側にあるささやかな寺とも民家ともつかない建物も心に残る。朝鮮を離れてはこんな親しさの家には逢えない

内地の人々の眼には、朝鮮の農民の暮しは只見窄《みすぼ》らしく映ずるだけのようである。だがそれ等の民家の構造は其の内に営まれる暮しを仔細に観来《みき》たれば、吾々には悉《ことごと》く茶住居とさえ思える程だ。

要るだけの物しか有っていない生活、屢々《しばしば》それすら有《も》てない生活、無用の物を棄てた生活ではなく、棄てるものさえ始めから有たない生活。

朝鮮の生活はとりわけその市日《いちび》で甦ってくる。到る所の街々から内地人は純粋なものを逐いのけた。只市日には土地の生粋《きっすい》なものが煮詰まって、濃く鮮やかに繰り拡げられる。列《なら》べられる品物の多いことも嬉しいが、乱れた風俗の姿を現さないのも快い。平壌でもそうだったし、釜山ですらも市日には内地人の片影だに見掛けなかった。

集う人々の服装の清楚なことは固《もと》より、市場に出たお婆さんの冠《かぶ》り物などは、恰度《ちょうど》鎌倉時代の絵巻物にでも出て来る人のようだったのも忘れ難い。呼び売る声にも一種の韻律が流れ、不思議に美しい調子がある。

村の市日にも度々出会ったが、一層純粋で物淋しく、併し品物は益々つつましく活き活きしていた。私達はパカチだの箒だの自動車の席のなくなるまで積み込まないわけにゆかなか

った。

市場で売る品々の中でも、食物には殊に目を惹かれた。牛の目玉の丸茹でにしたもの、その足を蹄ごと茹でたもの、独特な形の鮪の干物、何やかや見る眼は心と共に忙しい。日本人の潔癖から来る狭隘な食欲に比べて、朝鮮の人々の開放せられた味覚の豊かさ、自由さを想う。

朝鮮の酒も又なく美味であった。殊に東萊で御馳走になった濁酒《まつかり》の味は忘れ難い。こういうものに出くわすと、今までに知らなかった自分の身体の中の眠っていた者が呼び覚まされる。こんな素晴らしい味を知っている者が、身体の中に巣喰っていたのかと驚かれる。こういう時には暗い部屋に電燈が付いたように身体中が明るくなるものだ。

この酒も、素晴らしい漬物と同様、どこの家でも作られると聞く。こういう民度を低い文化と呼んでよいのであろうか。(「朝鮮の旅」『柳宗悦全集(第六巻)』筑摩書房、一九八一年、四〇三～四〇六頁。初出『工藝』六十九号、一九三六年)

慶州の地を歩く三人はまるで理想郷を探訪しているかのようで、目にする民家は「虫が卵を産み付けたように群がる民家」と形容され、それは「許されて生きている姿」と映じる。三人の連名で記されているが、この文は主には河井寛次郎によって記されたもので、氏の「草や虫や獣はこの世へはただ生きに来た。人間もまた生きに来た」や「不幸はしばしばほんとの人間、美しい人間を作る道具」(「いのちの窓それ以後」『蝶が飛ぶ 葉っぱが飛ぶ』講談社文芸文庫、二〇〇六年、七二〜七三頁）の文を想起させる。ところで日本文化に「両極端のあいだを揺れ動く、驚くべき適応性」を指摘し、「反対のものを隣り合わせにすること」を好む性格があると記したのは人類学者のクロード・レヴィ゠ストロースで、「漆芸や陶芸に見られる洗練を極めた技と、自然のままの素材や民芸風の製品――一言で言えば、柳宗悦が「不完全の芸術」と呼んだもの――に対する嗜好とのあいだにも対立は感じられない」と言う（「世界における日本文化の位置」『月の裏側』川田順造訳、中央公論新社、二〇一四年、二七頁）。レヴィ゠ストロース流に言えば、日本人は洗練を極めようとする人々であると同時に、プリミティヴィズム（素朴主義）に美を見出す人々でもあった（同書、三五頁）。民芸運動の三人はそのプリミティヴィズム運動の先駆者たちであり、ここに記されているのは反近代主義的であると同時に東洋の土着文化を志向するものたちによる理想郷賛歌である。この後に記されている古都・開城での体験にも印象的な記述がある。

開城の明け方には薄い靄《もや》が懸っていた。城門の傍の飯店を起して肉粥を作って貰った。牛の頭を煮出した羹汁《スープ》の中に小量の飯と幾片かの炮肉《ほうにく》の這入ったものだ。それに真赤になるほど唐辛子の混った漬物――キミチイとかトンチミーとか呼ばれるその漬物をこの中に入れて、熱いのを吹きながら食べるのである。こういう食物は端的に来る食味の外に、色々な意味をも含んでいるものだ。土地の人を永く養って来た食物には、うまいとかまずいとかの外に何か犯し難いものがある。味の中心を形作るこれは力なのである。こんな食物の珍らしさにひかれるのではない。この力に打たれるのだ。

六月といっても開城の朝は未だ中々冷える。平壌を夜行で発ってここに着いたのが、これから明けようとする頃だったので、博物館のある丘へかかる頃漸く町は目覚めようとする所だった。開城はかつてその古い歴史と、それに裕福な町で、土着の人の勢力の昔から強い処だと聞いていた。そのため少なからず色々な事や物に心ひかれて居ったが、この期待には叛かれなかった。町の一部は次第に高台へ展びる。やがて花崗岩の丘の傾斜面に屯《たむろ》した聚落の大きな景観を見下した時、吾等は聲を挙げない訳には行かなかった。

何処かにこういう処がなくてはならないと思う処にぶっつかったからである。

丘には盛り上がり谷には溢れるほど美事な家が群がる景色。草葺《くさぶき》と瓦の屋根の、何と云うこれは配置だ。家と云う家は刃向ったり争ったり主張したりすることなく群がることが出来る景色。家と家とは狭いながらも相互の美事な間隔を守り、大屋も小家も大きさに就いての比例を破らず、恰もお互いが礼儀を盡《つく》し合ってでもいるかのようだ。

人は集れば相鬩《あいせめ》ぐのが常であるのに、ここでは相慕うためにのみ集まっているとしか見えない位だ。仮令《たとい》この中に荒々しいことが隠されて居るにしても、新開町のようにあらわな争闘や誇張の勢力が、家にまでむき出されていないことはどういう訳なのだろう。この聚落がただ過去の一つの形態だと見過ごされて好いのだろうか。貧しくとも美しい家が作られ、富めるともみにくくならない家が建つ――こんなことが可能だということはどういう訳か。

こんな丘の展望から谷の家竝《いえなみ》の中へ這入って行った。路次から路次へ網目のような路次が続く。この路次は何処を曲っても反《そむ》かれることはない。どの路次を選ぼうとも醜いものに出食わす心配はいらない。そうする内に思いがけない音が聞こえて来た。砧の音だ。――立ち留ってじっと耳を澄ますと、四方八方から聞こえて来る。遠く近く、かすかなもの、はっきりしたものが珠数のように各々一つ連鎖した音をつらねて、絡んだりほぐれたり重り合ったり追っかけたりする。丸味のある柔らかさを持ちながら、どこか冴え冴えとこの音は耳の底を叩いて来る。昔の砧は木の打盤の上で、横槌で打ったものだと聞いている。とっぽんとっぽんと夜寒の中から聞こえたものだという。嘗ては先祖はこの音に悲しみをかこつけたり侘しさを託したりした。ここでは打盤は石で二本の丸棒を使うのだという。それとこれとは趣は異なるが、砧と聞けば自らの心の中に湧くものがある。

或る家の細目に開けられた門扉の隙間を見るともなしにこの音にひかされて覗き見た。そこには中庭を隔てた遥かな内房に横向きに坐った一人の若い女性の砧打つ姿が浮き出して居った。

この女性は何を見ているのか。真正面を見つめたままその白い襦衣《チョゴリ》と緑の裳《チマ》の端麗な半跏像の白い手の二つの木の棒のみが巧みな調子を取りながら舞い踊っているのであった。――衣の皺を延ばすという現実の所作としては、何と云う動かない永遠な姿だ。

あれは衣を打っているのではない。祈っているのだ。そうだ、それに違いないのだ。――こんな夢を見ながら吾等は開けて行く六月の朝に立っているのであった。(『柳宗悦全集(第六巻)』四〇六~四〇八頁)

旅に出ると私たちはいつもそんな場所を探しているかもしれない。開城の花崗岩の丘の傾斜面に屯した聚落の景観に彼らは聲を挙げる。「何処かにこういう処がなくてはならないと思う処にぶっつかった」のである。隣国に魅せられる日本人は昔もいたし、今もいる。一九七六年、ソウルから慶尚北道に向かう車窓から見た農村風景を撮った写真の一枚に藤原新也は「こんなところで死にたいと思わせる風景が、一瞬目の前を過《よぎ》ることがある」と記している（『メメント・モリ』情報センター出版局、一九八三年）。

註

1　原象一郎に似通った印象を朝鮮人の側から記した例に金素雲の次の文がある。

〈森悟一氏はいいおじさんだった。朝鮮には三十年も住んでいて、何くれと好意ある眼で朝鮮人の生活を眺めた人であるが、亡くなられる少し前に私にこんなことを話されたことがある。

ある時、汽車の中で高普〔高等普通学校〕の一年か二年の生徒が熱心に賀川豊彦の『死線を越えて』を読んでいるので、ついした軽い気持から「きみにそれが分かりますか」と言葉をかけた。するとその返事が「いいえ分かりません」という。「分からないのによくそんなに熱心に読めるね」と今度は正直な返事に中ば感心して、重ねて聞くと、その少年は森さんの顔をまともに見上げながら「ここに書いてあることなら分かります。だけど、どこまでが小説で、どこまでが本当なのか、そこんとこがわからないんですよ」と答えたという。

森さんはこれには一本参って「ねえきみ、朝鮮の子供はどうして偉いもんだよ」と妙なほめ方をされたのであるが聞かされた私は冷や汗をかいた。

朝鮮の子供は大人びている、ということを聞く。実際普通学校などで話しをして、その足で府内の小学校へ出向いてそこの幼い人たちの前に立つと、同じ子供でありながらこうも違うものかと驚くことがある。

生い育つ環境が異なり、伝統が相違しているからにはもとより無理もないことではあるが、三人よればもうそこには憶測と陰口が首を擡げる民族性の病因も、ものごとを批判的に眺めるこの情感の乏しさから胚胎していると見れば見られぬことはない。〉(「児童朝鮮を直視して」『大阪朝日新聞』朝鮮版、一九三四年八月二三日)

原象一郎は「人を怖れぬ」朝鮮人の子供に感情の「冷ややか」さを指摘したが、金素雲の言う「情感の乏しさ」がそれに似通っているのが興味深い。

2　一九九五年十一月、APEC大阪会議出席のため来日した韓国の金泳三大統領は中学時代の恩師である渡辺巽氏の長男一家を市内のホテルに招待、朝食をともにしている。渡辺巽氏は韓国人と日本人を平等に扱う人で、幼き日の金泳三も渡辺氏の自宅に招かれたことがあると言う。それから三年後の一九九八年、日本を公式訪問した金大中大統領は迎賓館で高校恩師の椋本伊三郎氏に再会している。高齢になって目が遠くなった恩師に金大中は「先生、私です。豊田大中です」と日本語で声をかけている。朴正熙にも大邱での師範学校時代の日本人教官との関係を肯定的に回顧した文がある。大統領のみならずかつての日本人恩師を賞賛する声に筆者も八〇年代から九〇年代にかけて何度か接した。

3　『工藝』(第六十九号)の「後記」にはこの文が主には河井寛次郎によって記されたとあり、『火の誓い』(講談社文芸文庫、一九九六)にも収録されているが、筑摩書房刊『柳宗悦全集(第六巻)』にはこの文がそのままの形で収録されている。ということは主には河井寛次郎によって記されたものであるが、柳宗悦や濱田庄司によっても加筆・修正が加えられていることを意味するのだろう。

第三章

もう一つの眺め

1　非好感の眺め

前章で紹介した作品には朝鮮や朝鮮人への肯定的ないしは好感的な眺めが多く描かれていたが、当然のことながら、非好感の眺めや否定性の眺め、さらにはアンビバレント（両面感情的）な眺めや中立的な眺めもある。本章ではそうした作品のいくつかを紹介するが、まずは非好感や否定的眺めの例である。韓国に統監府が設置された年（一九〇五年）の夏と秋に朝鮮を視察した衆議院議員の荒川五郎（一八六五〜一九四四）は次のように記している。

一九〇五年、朝鮮の旅

朝鮮の人はどんな人かというて、別に異《かわ》ったことはない。同じ種類の東洋人、その色合いから背格好、髪や毛の黒いところまで、皆日本人によく似て居る。鉄道の改札係や学生など、髪を斬り洋服を着《つけ》て日本語を遣《つか》うて居るのは、日本人と少しも異《かわ》りはない。朝鮮人じゃと知って注意して見ないと日本人かと見間違える。その容貌骨格の大抵相同《あいおな》じようなのと、言語《ことば》の脈筋《みゃくすじ》や文法が全く同じようなのと、古代風俗の互いによく相似て居るなどなどは、日本人と朝鮮人と同じ一つの模型《かた》の人種であるということが思われる。

ただよく見れば、何処となくボンヤリしたところがあって、口を開け、眼がどんよりとして何か足らぬかのように見える。しかし何も足らぬことはない。日本語も早く覚える。一通りの事務もできる。ただ面倒な勘定事や何んどになると、どうも得堪《えこら》えられぬ有様であると、ある朝鮮人を使うておる人の話しであった。

朝鮮人は一体に男子は顔が長くて、気の長いのを表わして居る。しかし女の顔は短いのが多いようじゃ。口元や顔の按排式《あんばいしき》はどことなく無頓着の性《たち》が見えて、実に衛生じゃの病気じゃの無頓着千万。そこになると、悪くいうようじゃが、人間よりか獣類《けだもの》に近いというても宜《よ》いようである。

道を歩くにもノソリノソリ牛が歩むように、また訳もなく道側《みちばた》の名も知れぬ草の芽など取って食っている。大きな棒でなぐられてもシイて痛そうにもせず、あちらに行け邪魔になると追いまくられてもブラリブラリ禺図《ぐず》ついておる有様などは、牛に近いと言うてよい。

雨の降る日には仕事はしないほうで、また寒い日など、終日《ひねもす》家の中で、遊惰に耽り、雑談して、人の責務とか、勤労とか、時間の大事な事などさらに観念はないらしい。

尤《もっと》も雨天に仕事をしないのは(略)、雨が降ると田や野も道路もみな水になるのであるから、仕事をしようと思うても出来ない有様で、自然雨の日には仕事はしないことに習慣がなったものであろうか。

随《したが》って朝鮮には雨具の用意が極めて少ない。殆どないというてもよい。笠とか傘《からかさ》とかいうものもない。ただどちらともつかないごく小さい小児《こども》の玩物《おもちゃ》みたような油紙で拵《こしら》えたのであって、これはただ笠すなわち冠《かんむ》り帽子を覆うだけで、その外に身体を覆い、雨や雪を防ぐものはさらにない。下駄のごときでもただ木を剞《けず》ったばかりで、実に不細工《ぶざいく》千万《せんばん》の物である。

もっとも今頃は漸々《だんだん》日本の傘や蝙蝠傘《こうもりがさ》の類が輸入されて、これを買うてもっておる者は自慢げに持ち歩いて居る。

であるから（略）朝鮮人を雨の日にも働かそうと思えば、雨の関係を究めねばなるまい。即ち雨が降っても田野や道路が水にならないように、仕事をしようと思えば出来るように、治水即ち河川の修理をしてやらねばならぬと思う。今日の有様ではまず雨の日には仕事しようと思うても出来ない所が多い。尤もどこもどこもそうという訳ではないから、その元は彼らの柔惰無気力によるのはいうまでもない。雨水の氾《はび》こるのを打ち捨ておくのも実にその懶惰からである。

また五、六人以上朝鮮人がおるうちには必ず一、二人は痘痕《あばた》のものがある。これは衛生の思想のない明らかな証拠で、天然痘が流行しても種痘をしてこれを予防するなどの考えもなければ、またその道も開けていない。だから今どき日本の内地には痘面《あばたづら》の人はメッタに見られないけれども、朝鮮では到る所にこれを見ることができる。しかし今では種痘も漸次広まりつつあるそうである。

朝鮮は概して飲料水《のみみず》がよくない上に、朝鮮人の無頓着なることは、雨が降って河水《かわ》が赤濁りに濁って居っても、これを濾《こ》して用いるなどの考えは、更に無い。そこで赤痢じゃの、腸《ちょう》窒扶斯《ちぶす》などの病気が兎角《とにかく》発生し易い。

以上は朝鮮人の一体に無頓着で、不精なたちである一端《ひとはし》を説いたのである。（『最近朝鮮事情』清水書店、一九〇六年、八六～八九頁）

この時代の朝鮮人の立居《たちい》振舞《ふるまい》や挙措動作を荒川五郎は「ボンヤリ」とか「どんより」などと表現する。この時代の近代人であり、近代的ハビトゥスの持ち主である荒川が戸外にあっても放心状態や夢想のなかに佇立することのできる人々に接して抱いた印象であろうが、ここに見られる日本人との異質性や差異を語りながら相手方の劣等性を語るという態度は日韓併合後の書き言葉の世界には少なくなる。とはいえ、消えてなくなったというわけではない。右の例から十年後の一九一五年に「満、鮮、支那」を視察した杉本正幸（東京府農工銀行取締役）は次のように記している。

朝鮮の地勢は、三面海に臨み、一面大陸に連なって、交通が甚だ便利であった為に自然各方面の人種が多く入り込み、血液の混合が甚だしかったので、これを一種族と見ることは出来ないが、大体の上から概括的にいえば、鮮人は惰弱、狡獪《こうかい》、破廉恥である。自発自営の意気なく、千里独往の気象に至っては薬にしたくも一寸もない。ただ一時の姑息苟安《こそくこうあん》をむさぼって、瞬時の淫楽に耽溺することをのみ欲求している。彼らの日常の生活を見るに、米でも、麦でも、粟でも、何でもあれば食切《くいき》るまでは何事もせず、金があれば亡くなるまでは働かない。青年は明日の生計に困っても、瀟洒な絹布と纏うて、巻煙草を吹かしながら自転車を飛ばし度いのである。かかる虚栄を趁《お》う風習は独り鮮人に限らず、内地人にも在って困るのであるが、彼等の厚顔無恥なるに至っては及び能わざる所である。両班も賤民も一皮剝けば何れも同じ浅間しい根性である。

その昔の暴政を回顧すれば成る程そうなるのも無理はあるまい。金銀財寶は官吏に巻き上げられる。暴徒に掠奪される。うつかりすると生命までも危ない。却って無一物の貧乏人の方が余程安楽であつた。彼等にはその日その日の、刹那刹那の快楽より外に頼むべき永遠の何物もなかった。儒仏その他の宗教はあっても虐政の下に呻吟する彼等を救い出すことは出来なかった。これでは大概自暴自棄にならざるを得ない。彼等の国は小さかった。断えず他の強国に侵犯されて居た。その爲めに、国家生活の権威というものを自覚しなかった。国民は政府に圧迫せられ政府は亦他国に迫害せられて、遂に独立自尊ということが亡くなった。国家も人も面従腹非ただ一時を胡魔化すことが最善の存立策であった。国にも人にも信義がない、公徳が無い。かかる思想が伝來的に国民性となったのではあるまいか。果して然らば鮮人思想もなかなか源遠しといわざるを得ない。(『最近の支那と満鮮』如山居、一九一五年、二八三~二八五頁)

蘇生し難いまでに枯れた風景

一方には、蔑視とは性格を異にする否定的眺めもある。朝鮮の風景に狩野派の趣を見出したという難波専太郎は一九二三年、初めて朝鮮の地を訪ねているが、朝鮮の風景に触れて「人間世界から蹴落とされた気がした」と言う。

二十七の四月、初めて釜山に上陸して奉天行の列車に乗ったが、勿論三等で、内地人二分、朝鮮人八分の割に車中はごたごたとして、むっとニンニクの匂が鼻を押しつけ、それは何とも言えない不快であった。激越で、哀調で、泣くような聲音の中に飛び上がるような高い調子の混じった鮮人の会話は、なれぬ者、言葉の解せぬ者にはすこぶる異様で、列車が釜山を離れて荒びきった窓外の山野を眺めやった時、思わず涙がこぼれた。人間世界から蹴落とされた気がしたのである。山は赤禿げて、野に点々ある柳は青く盛上がっていたが、野から山へとつづいている白い道に、鮮人は笠を冠り、白い着物で、草履でゆたりゆたり歩いて行く。遠く郷里をはなれて来たことが今更のように感ぜられて、父や弟がひしひし恋しかった。寒瘦枯淡落莫粛條たる中に、白衣をつけた朝鮮の人が長いきせるをくわえてあるく鷹揚な風采はさながら仙人をおもわせた。剰《あまつさ》えそうした白衣の人の頭上を鶴が飛んだりするのである。いよいよ古の世をいとうた聖賢を思わせた。この悠揚せまらざるおもむきは、廃頽した朝鮮の風光にふさわしい図である。アメリカのグリフィスは、朝鮮を『仙人国』と呼んだそうだが、洋服を着て、肉を食って、奇想天外的進取の活動に見馴れているアメリカ人にとっては無理もない。(『朝鮮風土記　上巻』、建設社、一九四二年、一八〜一九頁)

より絶望的な気分を記した文もある。

朝鮮に来てまず私の胸に強い印象を与えたものは、狐色に禿げた山であった。幾千年風雨に洗い削られて、頭骨を黒々と露出した剣山の連峰であった。上には澄み切った紺青の空が横たわっていて、広漠たる荒野が展開している果てに、クラゲあるいはキノコのような家屋が点々としている。原野を横ぎり、山をめぐる無感覚な白い路には、白い着物を着た、仙客そのままの鮮人が悠長に歩いている。全く夢だ。廃頽しきった中に、鷹揚で、閑々たる夢幻的な趣があたりに漲っている。

殊に、こうした舞台を背景に、鮮人の白い着物と、あの人間臭味の抜けた歩調——飄々《ひようひよう》乎《こ》とした風趣は、神話的興味、清楚趣味、恬淡たる脱俗的興味を抱かせると同時に、切実な哀愁を聯想させる。しかしまた、島流し者ででもあるようにも思われて、人知れず同情の涙を催さすものがある。鮮人自身は、かかる荒蕪の山野に対して、あるいは小禽《しようきん》の囀《さえず》るにつけ、常に思郷の念に悲痛なるものがあるであろうように思われ、何とはなしに「家書抵萬金。白頭搔更短。渾欲不勝簪」の杜甫が詩句を思わせられて胸が痛む。（略）

兎に角、朝鮮では——何処に行っても年若い処女に見るようなウルオヒがない。つつましさも無ければ、「笑い」も無い。また青年男子が持つ活気も元気も光明も軽快も憧憬もない。蘇生し難いまでに枯れている。医し難いまでに老衰しきっている（同書下巻、一九四三年、七八〜七九頁）

難波専太郎によれば、朝鮮の地には「つつましさ」もなければ、「笑い」もない。それは「蘇生し難い」までに枯れた風景であり、「医し難いまでに老衰」しきった風景である。これはかなり絶望的な印象と言わねばならないが、難波に特有の眺めというわけではない。この種の絶望的な印象をより完成した形でエッセイに残しているのは一九〇六年十一月、車に乗って全州（全羅南道）の野を過ぎた新渡戸稲造《にとべいなぞう》（一八六二〜一九三三）の文で、学生雑誌に掲載された原文・英文のエッセイである。

朝鮮衰亡の責任者は、気候にあらず、土地にあらず。西班牙《スペイン》人慣用の格言は、移してここにも適用するを得ん。曰わく「天地共に善し。悪しきはこの二者の間に存す。」と。然り「ただ人のみ罪に汚る。」凡《すべ》ての罪悪は彼によりて生ず。

予は車に乗りて全州の野を過ぐ。この地は韓半島中、最大平原の一つなり。秋天高く澄み、風強くして爽やかなり。無数の雁は群を成して、南方の故郷に帰るの途、暫くこの地に泊まれるか。聞けや、かれは雁聲にあらず。見よ、仙鶴堂々して翼を伸べて、近く頭上に舞う。早稲《わせ》は刈られ、野路は刈稲を干して堆し。田夫は白衣を着て晩稲《おくて》を刈り、鎌を取りて歌い、また田家の庭上、楽しき唄に和して、木片以て稲を叩き、また籾《もみ》を扱《こ》く。茅葺《かやぶき》の掘立小屋は、村里を成し、破垣の間、おりおり杵《きね》とりて木臼に米搗《つ》く女の忙がしげなるも見ゆ、赤衣白裳の小児は、日本人の旅客を覗き、目を張りて呆《あき》る。

その生活の簡易なるはアルカヂア的なり。予は千年の昔、神代《かみよ》の古に復りて生活するかの感あり。ただ見る。住民の容貌は、神姿と見まがうまでに、恬淡《てんたん》にして、荘重なり、端正なり。されど甚だエキスペレッションを欠く。人民の相貌といい、その生活の状態といい、頗《すこぶ》るしとやかにしてうぶなり。また原始的なるは、彼等が二十世紀若しくは、十世紀の人間にもあらず、否《いな》、初世紀の民にだもあらざるの観あり。彼等は実に有史以前に属するものなり。

予は信ず。かの国における如く、生者の死者と相交りて起居労作する所なしと。墳墓は山野に、恰も撒き散らされたるの状なり。我過ぐる路には、塚と埋葬を待てる藁の柩《ひつぎ》との列を成せるあり。柩既に腐れて、死骸露出せるもの少なからず。されどここを過ぎりて、ヨリックの髑髏に沈思する一のハムレットあらず。恰もパンテオンの回廊を行くの感あり。荒村のハムレン、黙々として名なきミルトン、国の血を流すの罪なきクロムウェルも、厳かにここに眠れるなるべし。されどこの塚に座して、哀歌を書くのグレーあらず。

粗朴なる農夫は、絶えず死と過去との記念を徘徊《はいかい》し、労作し、また休息し、馴《な》れては心も留めず、その使命をも感ぜず。彼等は塚上［土饅頭型の墳墓を指すものであろう］に踞《うずくま》りて、弁当を食い、児童は牛を墓に牧してその側に戯る。名も無き祖先の髑髏《しやれこうべ》は、路上に棄てられて、人の蹴り転がすところとなる。

愛を以て死を聖め、敬を以て過去を崇め、平凡なる現在を壮烈なる伝説に結び、生者の弱き心に、過ぎし時代の高邁なる記憶を充たすは、死者の与うるインスピレーションの業なり。然るに祖先の遺骸が汚《けが》され、日常これと接するに狎《な》れ、腐れたる屍体が嗅覚を犯し、犬が人骨に戯るるを見るに至りては、死はあまりに現実にして、またあまりに物質的なる事実となりて、その精神史感化を行う能わず。死は却りて霊性の重荷となりて働き、これを向上せしめずして、鎖沈《しょうちん》せしめ、これを鼓舞せずして、失望せしむ。かくの如く死と密接に関係せる国民は、自ら半ば以上死せるものなり。

この人民のアルカヂア的簡撲は、何等原始的精力の約束をも与えず。その習慣は吾人をして、ホーメル［ホメロス］が歌、タシタス［タキトゥス］が上代独逸人記、若しくは古事記の生気ある記録に見ゆるが如き野生的気魄《きはく》を想起せしめず。

朝鮮人の生活習慣は、死の習慣なり。彼等は民族的生活の期限を終わりつつあり。彼等が国民的存在の進路は殆ど行き詰りたり。死はこの半島を統治す。（「朝鮮の原始的生活と枯死的現状」『随想録』丁未出版社、一九一八年、二五三～二五七頁）

全州の野を見て新渡戸稲造は「神代の古に復りて生活するかの感あり」と言う。このエッセイが記された一九〇六年は新渡戸が一高校長に任命された年であり、その少し前には台湾での糖業事業の仕事に従事した経験があり、またこの人にはアメリカやドイツに留学した経験がある。この人ほど朝鮮を相対化して語るにふさわしい人はいないと思われるのだが、ここに見てとれるのは朝鮮に対する死亡宣言の文であり、朝鮮はその西洋古典的な教養に融合して神話化した風景として描かれている。新渡戸が朝鮮の風景に強い否定的な印象を受けたというのは理解できることだが、それでもなにかしらの好奇心や探求心を発揮してくれなかったのは残念である。

とはいえこの文は難波のいう「蘇生し難いまでに枯れている」の印象を否定するものではない。そしてそれは日本統治期に朝鮮の地を訪れた日本人の少数派の印象であったというわけでもない。ここでは『日韓キリスト教関係史資料　１８７６―１９２２』（新教出版社、一九八四年）に収録されている日本のキリスト教関係者の証言を二つだけ紹介しておきたい。いずれも新渡戸稲造より少し前に朝鮮の地を訪ねたものの証言である。

京城には電気鉄道を始め、電話、電車その他あらゆる文明の利器が整頓し、十分の設備が行届いて居るが、これ等は皆外国人の経営にかかるもので、一も韓人の手に成ったものは無い、実に意気地なしと言おうか、気の毒と言おうか親しくその状態を見た者は、実に一種の感に打たれざるを得ないのである。然して彼等韓人が未開の野蛮人ならば、将来まだ幾分の希望はあれど、我輩の眼に映ずる所彼は北海道の「アイヌ」同様、最早老朽の国民である、我輩は彼等を隠居国民と名ける。然し乍《なが》ら彼等は甚だ「バニチー」虚栄を好む者で、殊に世辞には尤も巧であって、非常に狡猾なる性質を持って居るから、只隠居と言うばかりで無く仕末に終えぬ人民である、故に彼等の教育は、頗る難事と言はねば成らぬ。（宮川〔経輝〕氏の入韓談『基督教世界』一九〇三年一二月一〇日号）

韓人の目は半ば死んで居る。朝鮮に在って誰にでも直ぐ気の付くのは、豚小屋の様な憐れな家と、神武天皇様時代の様な風装をして（白衣を着、冠りをつけ、口に二尺余の長煙管を咬えつつ）、優々閑々と歩み居る韓人の妙な姿であろう、怠惰と云うは実に彼等の特徴である、而るに宮川経輝氏は更に一特徴を見付け出して曰く、韓人の目は半ば死んで居ると、成程《なるほど》その顔面青くして眼に生色なくドロンとして居る所、その元気希望なく少しも自任の志なきを

示して居る（貴山南海生「朝鮮見聞録」『福音新報』一九〇三年一二月一七日号）

芸術と音楽の必要性

似通った印象はその後にもある。一九二〇年代半ば、満洲への途上、朝鮮の地でその生活の一端に触れようとした穂積重遠《ほづみしげとお》（法学者、東京帝国大学教授。一八八三～一九五一）によれば朝鮮に欠けているのは芸術と音楽である。

斯くして僕は古朝鮮の歴史と芸術と音楽とに接して、朝鮮と朝鮮民族とを尊敬すべきことを教えられた。而して朝鮮を尊敬することが結局朝鮮問題解決の根本ではないかと考えさせられる。我々内地人は今まで朝鮮を尊敬する所以を知らなかったのではあるまいか。（略）朝鮮通過の汽車中これ又朝鮮素通り中のスウェーデンの一博士と同車した。僕は博士に古朝鮮の芸術と音楽とを語った。千年前に硝子が用いられたことを語った。活字の発明がドイツのグーテンベルヒよりも何百年前であることを語った。併し博士は車窓から沿道の村落を指さし、あの人々の先祖にそんな芸術と音楽と発明とがあろうかと笑って受付けなかった。僕は大いに憤慨したが、ついに博士を感服せしめ得なかった。（略）

とは云うものの、現在の朝鮮はまた如何にも非芸術的であり非音楽的である。朝鮮の生活の一端に触れたいと思って貧家をも訪《おとな》い、富家の客ともなったが、貧富を問わず室内装飾のための画と花との趣味が内地の貧家富家よりも乏しいのを発見する。而して市街地と云わず農村と云わず、これはと云う民衆娯楽、民衆音楽がない様だ。豊年踊りと云う様なものはあるらしいが、それは平生のものではなく、また大した娯楽にはなりそうもない。殊にひどいのは子供のおもちゃと云うものが殆どないことだ。内地の様におもちゃがあり過ぎるのも困るかも知れぬが、おもちゃを知らずに大人になる民族——そう考えることが僕を悲しませる。朝鮮の生活には、色がなく、音がなく、「つや」がなく、「うるおい」がない。乾燥して居る。如何にも淋しい。

それに引きかえ、鴨緑江の橋一つ渡った支那の生活の賑やかなことよ。勿論商売繁昌のための賑やかさもあるが、元米支那人が色と音とに豊かなのだ。苦力《クリーロ》の家にも彩色画が貼ってある、月琴が置いてある。殊に我国の「大正琴」が殊の外支那人の嗜好に合し、日貨排斥の折柄これだけはドシドシ売れるそうな。（略）僕は朝鮮の生活にそう云う余裕のないことを悲しむ。

朝鮮の生活に余裕のないのは、先以《まず》て物質上の欠乏のために相違ない。朝鮮を救うには差当りその物質生活を豊かにせねばならぬこと、これはもとより云うまでもない。（略）而してそれが段々と効果を挙げて来つつあること、それは疑いのない事実であるが、現在の状態がまだまだ多くの望むべきものを残して居ることも、それまた争えない所である。朝鮮総督府の手柄話の一つは、かの朝鮮名物の禿山に樹をはやしたことである。成程これは総督府の手柄であり、朝鮮の幸福であるに相違ない。併しそれだけでは朝鮮は救われない。禿山に樹をはやした様に、枯れ切って居る現在の朝鮮の人心を潤《うるお》し培《つちか》うことが考えられねばならぬ。

僕は朝鮮の川と朝鮮の人心とがある意味で似通って居ると思う。平生の朝鮮の川を見ると、殆ど水も枯れがれで、これが大水を出して家を流し、人を殺す川かと不思議に思われるのと同じく、平生《へいぜい》の朝鮮人は静粛、従順、「騒擾事件」や「万歳騒ぎ」を想像するに苦しむ。川に水が出るのは畢竟土地に水をしみ込ます余裕がないためであろうが、人心の激発するのも或は心の底にシンミリとした潤いのないためではあるまいか。而して単に人心の激発を防ぐと云う様な意味だけでなく、朝鮮そのものの幸福のために、朝鮮人心がモットモット「美化」され「詩化」され「音楽化」されればならぬと思う。（略）僕は、朝鮮を救うものは政治と法律と経済とだけではない。結局芸術と音楽とでなくてはならぬと云う。而して朝鮮は前記の通り芸術と音楽とについて立派な過去をもつて居る。僕は非芸術的非音楽的な朝鮮の現在に遺憾を深くすると共に、再び芸術的音楽的たり得べき朝鮮の将来に対して望みを絶たない。朝鮮を富ましめよとは誰しも云う。僕は更に進んで朝鮮を美しくせよ、楽しくせよと云いたい。云うなかれ、それは一朝一夕の話でないと。我々は一朝一夕の計《はかりごと》を立てるのではない。然かもその計は今朝より、また今夕より直ちに実行にかからねばならぬ緊要事である。（『日本の過去現在及び将来』岩波書店、一九二五年、二五〇～二五四頁）

ここにも「色がなく、音がなく、「つや」がなく、「うるおい」がない」の文がある。穂積重遠は「民衆娯楽」や「民衆音楽」の状況を「内地」と比較するとともに「支那」と比較し、また子供の「おもちゃ」の貧困についても記している。やや語り口は違うが、労働問題の専門家である石原義治が朝鮮農村の子供たちについて記した文にも似通った印象が記されている。

初夏から秋のはじめ頃は朝鮮の農村に出張すると、その頃朝鮮の子供達は四、五歳位の男の子、女の子と素裸のままで遊んでいる者が少なくない。女の子は下着だけは身にまとっているが、男の子は何にも身にまとっていないものを多く見受ける。そして遊ぶのを見ても平凡である。学校に行けない子供がいる点もあろうし、都会と違っている点があるのであるが、バスなどが来るとただそれをポカンとして眺めているものが多い。これは内地の農村でも同じことではあるが、遊んでいるのを見ても男の子は石投げをやり、女の子はおはじきをする程度のものである。風呂に入らないのと髪をからないのでよごれている者が多い。はだしでかけずり廻っているのである。

釜山附近では学校に行っているものが多いし文化的な点が向上しているから風呂にも入るし、調髪などもしているから、少しも東京辺りの子供と変らないし、遊び事にしても男の子なら野球位はやっているが、農村の子供になると、余り恵まれていないようである。父母が野良に出て行く。その後を十歳位の子供が赤児を背負って道端に佇んでいる。そうした女の子が多い。恐らく男の子は学校に行くか又は野良に出るのであろう。女の子に対しては学校に上げるのは今迄割合から云って男よりも非常に少ないためであろう。

いずれにしても今日の朝鮮の農村の子供達には延び延びとした明るさが失われているような気がする。もっと延びるために、もっとよい遊び場や運動場があったり、そうした指導者がいてもいいのじゃないかと思う。農繁期の季節保育所や託児所なども、もっとそうした点に力が、そそがれていいのではないかと思う。

それから考えさせられることは内地の農家では畑の廻りに柿や、桃や梨などの木が植えてあり、色々の樹々や草花が季節の変りごとに咲きみだれて自然の美しさや、豊かさを我々の目前に見せてくれるから子供の気持ちまでもそうした麗しい気持ちで満たされるような気がしてならないが、そこへ行くと朝鮮の農村にはそうした自然的な麗しさが欠けている。それがために朝鮮の農村を歩いて余計殺風景に感じられてならない。このことなども青少年や子供まで延び延びしていない様な感じを起させるもとになっていやしないかと思う。内地でも都市の子供が時々公園や郊外に出るとはね上がって喜ぶようであるが、もっと自然色を豊かにしてもよいのではないかと思う。（略）

朝鮮では女子の教育程度が著しく低い。元来女子に教育は無用であるということから来ているのもその原因の一つであろうが、他面生活の低位がそうさせているのであろう。併し本当の文化を建設して行くのにはどうしても母親の教養が高められなければならないと思う。そしてこそ次代を背負って立つ子供達の健全な進展が期せられるのではないかと思う。

某重工業の見習工の中にはよく同僚のものを盗むくせのあるものがあるといわれているが、これは盗んだら返せばよいという考えから問題を極めて簡単に扱っている。母親の考え方もその通りである。だから子供達もその習慣から抜け切らないためだという者があるが、これなどは確かに母親の教養の低さが原因しているのだと思う。平気で人のものを盗む不良少年になるのは母親がしっかりしていないせいだと思う。現在ではこうしたことは少ないであろうが、教養の低い階級には少なくないようである。（略）

朝鮮の子供といってもこれは下層階級の子供のことをいうのであるが、非常にませているものが多い。若い男女が通ればやたらに冷やかす。又朝鮮家屋の狭隘さがそうさせているのであろうか。大人じみた遊びを平気でやる。人のいうことはきかない。これらは確かに母親の教養の不十分さを物語るものだと思う。

子供などを叱るのにもすごい。たとえばたたいたり、けったりする。これなどは本当に子供可愛さからの本能から来ているのであろうが、知らない内地人が見ると驚く。

要するにこれらの諸問題は生活に追われ教養を高める機会のないことから起こってくるものであろうが、今後の朝鮮自体の労働力の給源を考えその質を思うとき、もっと母親の教養が社会的に高められなければと思う。（石原義治「朝鮮の生活と文化に就て——朝鮮社会事業への課題」『厚生事業』第二六巻第一号、一九四二年一月号）

ここにも「延び延びとした明るさが失われている」の文があり、自然の美しさや、豊かさが不足しているのではという文がある。渡辺京二は十九世紀中葉以後に遠い異国である日本にやって来た欧米人の印象記に触れ、「日本の地を初めて踏んだ欧米人が最初に抱いたのは、他の点はどうあろうと、この国民はたしかに満足しており幸福であるという印象だった」と言う（『逝きし世の面影』（平凡社ライブラリー、二〇〇五年、七四頁）。そのことが日本という異国での生活を始めた欧米人たちにとってなにかしらの「幸運」を意味するものであったとしたら、朝鮮の地に「不幸」の風景を発見したということは日本人たちの朝鮮での生き心地にどのような影響を与えていたのだろうか。浅川伯教や後述する挾間文一の体験からすると、それは「不運」の体験というよりは「試練」の体験になるのだが、しかしこの時代の並みの日本人たちに「試練」を期待するのは妥当なことだろうか。

朝鮮人は破廉恥である

朝鮮に「蘇生し難いまでに枯れた風景」を見出したものが通常選択するのはその人や文化を蔑視の眼で眺めるという態度であろう。

私の宅は朝鮮部落の中にあるのと周囲に畑がある為に蠅が非常に多い。書斎には網戸を張っているが、それでも戸の隙から這入って来てはブンブンとうるさく飛回わる、殊にあの醜い姿を網戸にくっつけて居るのを見ると、真にいやになり、筆を置いては蠅叩きをやる。かくて半日もたつと蠅の醜い死体が数十匹打死をして居るのを見る。飯時には扇風器をかけたり、除虫線香をくゆらし置いても、それでもブンブンとやって来て、糞便や塵箱の汚物を食器や食物にくっつけて美味佳香と交換して行く。その横着さとずるさには全く虫けらだと思いながらも、癪に障って蠅打ちを手から離せない。全く蠅は蚊よりも一層うるさくまた汚ならしい。

それからこの蠅と共にも一つうるさいのは鮮童である。私の庭内に初夏の頃から桑の実や、ゆすら、杏等が実る。それを窃《ぬす》まんがために付近の鮮童が鉄条網を潜っては邸内に侵入する。また堂々と正門から潜入して来ては落ちて腐れかかったのを拾うたり、人の気配がしないと木に攀《よ》じてもぎ取るという始末だ。人の気配を窺う窃盗のような態度や狡獪な眼ざしは猿よりも下等な動物のように思われる。果実のある間は殆ど日課のようにこれを繰り返す。幾度追っ払ってもやって来る。それは丁度蠅のようである。もし当方からその果実をもぎ取ってでもやるものなら、吾も吾もと集まって来て却って毎日門前市を成してわいわい強請すると いう始末だ。巡査に突き出すのも大人気ないし、放任して置くと邸内は悪童に蹂躙される。捕えて擲《なぐ》りでもすると、あいごうあいごうと泣き叫んで鮮人が群がり集まって問題となる。逆にリンチなんかと騒ぎ出して被害者の方が悪者になるという始末で、よく各地にリンチ問題が起こるのもそれがためである。彼らは耻《はじ》というものを全く知らないようだ。然してその親や兄や姉はそれを戒めない計りか、寧ろそれを当然の事のように打ちやって置くので、朝鮮人の向上は先ず家庭の改造、児童の訓育という根本問題から取りかからねばならぬということを痛感させられる。この点からも鮮人児童の学校収容の急務を切に感ぜしめられる。

（「蠅と悪童」『朝鮮之研究』朝鮮及満洲社、一九三〇年、五五五〜五五六頁）

右の文が掲載されている『朝鮮之研究』発行人の釈尾東邦《ときおとうほう》（春仍・旭邦）は哲学館（現・東洋大学）卒業後、井上円了の勧めで朝鮮に渡ったというが、総督府政治にも朝鮮人にも歯に衣着せぬ発言をする人で、次のような文もある。

鮮人を救うの道は彼等の生産力を増し財力を増殖せしめ、生活を向上せしめ、彼等に新教育を授け新知識、新技術を授けることが急務であると同時に、彼等の久しい悪習を除去せしめ、彼等の性情を陶冶改造することが急務であると思う。彼等は外は有史以来強国より圧迫され、内は階級制度や貴族や官吏に圧迫迫害されて、ひねくれ根性を養われた結果、概して陰険である、偏狭である、軽薄狡猾である、怠惰である、不潔である、破廉耻不正直である。これを根本的に陶冶し、即ち彼等をして明るい人間、勤勉力行の人間、清潔正直な人間、寛大優秀な人間に造り変えることが急務である。彼等は民族的に独立する前に先ず人間として世界の優等民族と伍して耻じざる民族となることが先である。それには今日の鮮人教育家は今少し真剣味を帯びねばならぬ。鮮人学生に対し腫れ物に触るるような臆病者では真に鮮人教育者たる資格はない。真に彼等の師友となり、彼等の欠点短所を指摘して、彼等の自己反省を促して止どまらぬだけの勇気と慈愛とを持たねばならぬ。今日の如く鮮人生徒の御機嫌を損なわぬことのみに腐心しているような教員では鮮人の造り変えは到底望めない。同時に鮮人の不幸である。また一般鮮人の教化にはどうしても宗教の復興を図らねばならぬ。殊に朝鮮婦人の陰気と殺気を除いて、優しさと仁愛なる婦人と化するにはどうしても宗教の力に待たねばならぬ。宗教は耶蘇教と仏教とを問わぬが、同じことなら仏教の復興を希望する。しかも今日ではそれも容易に望めないことだ。内地篤志家の一考を煩わしたいが、総督府も今少し宗教の新興と鮮人の精神感化に意を注いで貰いたいものだ。「民は法制を以て臨めば免れて耻無し、徳を以て化せば治めずして治まる」というのは古人の寝言ではない。今の役人は法治のみに偏して徳化ということを忘れているから駄目だ。然して同時に情操涵養策として、美術奨励や音楽や文学の奨励等も大いに必要であろうと思う。

朝鮮人は日本に同化されつつある。しかも又一方には反日思想、民族独立熱が非常な強い力で潜行的に進みつつあるのである。又一方には内鮮人は接近融和しつつあるが、同化よりは民族感情の方が強く、融和よりは反目の方が力強いのではあるまいかと思わるる。それはここにいちいち例を挙げる迄もないことである。鮮人学校の内鮮人教師は何れもそれに悩まされているのである。道や府や面の協議会でも、時々その実例を実演しているのである。それよりは日々発行の鮮字新聞を一瞥すれば何より明らかである。彼等は同化へ同化へというよりは反同化へ反同化へと強調しつつあるのである。総督府の諸君はこの力強い潜在的反日思想が、将来如何なる形となって現れるかということには、多くの注意を払っていないようであるが、鮮人の実情を知る吾人は実に憂慮に堪えないのである。真に朝鮮の将来を考うる識者は深くこの潜在的勢力の発展に対し、如何にこれを緩和して行くかを研究して貰いたい。又朝鮮の諸般の施設においても凡てこの鮮人の民族熱ということを度外にして考えたら、大なる錯誤に陥り、永久的禍根となるということを考えて貰いたい。(「朝鮮を語る」『朝鮮之研究』、五七二～五七四頁)

釈尾東邦によれば朝鮮人を救う道の一つは「新教育」にある。しかし教師たちには朝鮮人生徒の御機嫌を損なわぬことのみに腐心しているようなものがいるが、それでは朝鮮人の「造り変え」は到底望めまいと言う。釈尾の言葉には並みの学校教師などより傲慢という印象を与えるものがあるが、しかし彼自身にも朝鮮人の日本人化がうまく行ってはいないという認識があったことからすると、その傲慢は不安の現れでもあったのかもしれない。

日本統治期の日本人は朝鮮の支配的マイノリティ（dominant minority）であったが、総督府高官であれ学校教師であれ、多くのものは自信なき支配者で、朝鮮人にたいする性急な日本人化の試みも実は不安の現れであったのかもしれない。日本人の朝鮮統治は西洋帝国主義者のそれに比べると、いかにも自信なきものたちの統治という印象を与える。にもかかわらず、それはこの国に多くの遺産を残し、変革をもたらしていたのである。

釈尾が朝鮮人の教化には宗教の復興が必要であり、それは特に婦人に必要であると記している部分も興味深い。釈尾は耶蘇教（キリスト教）よりも仏教にそれを期待するというが、それはしかし「容易に望めないことだ」とも言う。その理由については記していないが、朝鮮王朝時代、この国の仏教は弾圧され、僧侶は賤民として扱われていたということを想起されたい。釈尾の作品をもう一つ加えたい。「東京と京城・内地と朝鮮」には京城と東京の物価比較などが出て来て興味深いが、ここにもときに朝鮮や朝鮮人への意地の悪い発言が出てくる。

東京に比較すべく京城と朝鮮生活の事を記して見よう。京城は併合前迄は糞の都と言われた不潔の王都であったが、併合後、市区改正が大規模に行われ、南大門通から長谷川町・黄金町の大通りは東京の銀座通よりも立派な道路となった。内地人町というべき本町通りは家がぎっしり詰まって市区改正が行き悩んでいるので甚だ狭いが、それでも道路はアスハルトで固め、雨が降ると泥濘《でいねい》脚を没するという懸念は無い。下水も大通りだけは出来上がったから、どぶは見当たらない。朝鮮人町の裏町に行くと、まだ随分不潔であるが、垂れ流しの鮮人の家々に便所を設けさせたので、大分人間の住み場らしくなった。併し何を言うても不潔を厭《いと》わぬ鮮人の事であるから、鮮人の裏町に行くと今尚《いまなお》糞の都たる遺物を止めて居るのは已むを得ない。公園に行っても所々に不潔物が散在して人の感興を傷つけることが多い。放糞放尿の習慣の抜けない鮮人と雑居して居る以上は止むを得ないと諦める外は無いと思うが、これは京城生活における不快の大なるものである。

電車は東京ほどには込み合わない。併し蒜《にんにく》臭い上に風呂に入らず垢が汗臭い鮮人や支那人と同車であるから可なり苦痛である。殊ににんにく臭い息でも吹きかけられたら夏なぞは嘔吐を催すような気がする。電車も走り、自動車も走り、自転車も、人力車も走っているが、東京のように交通機関が繁激でないので、あの悠長な田舎の鮮人すら悠々と歩いていられるような有様であるから、路を行くにも東京のように脅威を感じない。神経衰弱にかかる気遣いはない。（略）

日用品は本町筋に行くと何でも弁じ得るから、手間はかからぬ。東京のように少しく気の利いた品物を買うには、電車で往復二時間もかかって、銀座や神田に行くのに比べると全く便利だ。本町一帯十町計《ばか》り軒を並べた店舗は一大高品陳列館内《(ママ)》を歩いている趣きがある。これだけは内地の何所にも見られぬ便利な市街である。但し市街が狭いので未だに本町通りは電車も自動車も通わないのが不便利だ。(略)京城の戸数は約六万七千余りで、人口は二十余万である。その中内地人の戸数は二万、人口約八万である。余は朝鮮人である。尤もその中支那人の戸数八百四十、人口四千以上で、西洋人の戸数百三十余、人口四百余りある。

こういう風に京城の六割は鮮人市街区域で、内地人の市街はその四割の区域で、本町通りから南部は内地人町で固まっているが、南大門通りから北部は内鮮人雑居の所が多い。本町通りは内地人町で気持ちは善いが、一本筋で興味が無い。銀ブラは厭《あ》かないが、本町ブラはどうも感心しない。南大門通りは広いが興味索然だ。鍾路通りは鮮人気分を味わうには善いが、何だか陰気で悲調を帯びている。殊に京城市内には河川らしい河川というものが一つも無い。これは都市としての一大欠陥であると同時に、人間生活の感興に変化を与えないから自ずと単調化される。

電車で一走りして龍山に行くと漢江という大河川がある。藍を解かしたような紺碧の長江であるが、余りに大きいので観賞には適しない。それに江畔に散歩道が無いのが何よりの欠点である。観賞的には何等の意味を為さない。京城に漢江の水を引いて数条の運河が出来たら、それこそ京城は立派な都市と化するが、まだそんな計画も無い。又京城には昌慶苑とか、パコタ公園とか、南山公園とか漢陽公園等はあるが、内地人町に接近した所に小公園というものが無いのと、町に出たが最後無料では腰を下す所も無いのには閉口する。

日本人と云う民族はどうも凡ての計画が小さくて困る。道路を拡げたり役所を建てたり、神社を建立したりする位の事はやるが、大規模の土工計画と云うものは考えない。漢江の水を引いて、京城に大運河位は開鑿《かいさく》しても善いのだが、そんな事は考えた事も無いという顔をしている。南山や北漢山には渓流が淙々《そうそう》と流れている。併し鮮人の洗濯場となって折角の浄地清流を汚穢《おわい》極まるものにして仕舞う。（略）

米も、肉も、魚も、野菜も、果物も、菓子も、東京よりは安い。その代り東京の品より味はまずい。但し東京のが如何に味が善くとも米櫃《こめびつ》の底が終始からんからんと音がしたり、牛肉のきれや魚のきれが一週間に何度かしか口に入らぬと云うような事では余り有難くない。それに味が悪いと云うても、米と肉の味は東京のに比して別に変りは無い。少なくとも東京の中米中肉よりは京城の米や肉の方がうまい。果物は内地のよりは朝鮮の方が慥かにうまい。ただ魚の味と野菜の香りは京城否朝鮮のは内地のそれに比し遥かに劣る。東京や内地に居って常食としているものにはそれに気付かぬが、久しぶりに朝鮮から内地に行って見ると、内地の魚と野菜類には舌鼓を鳴らさずにいられない。（略）

東京に比し馬鹿に高いと思われるのは電気と瓦斯である。それは二割位は高い。併し近来それが問題となって喧しいので、漸次引き下げの大勢に向かうている。（略）近頃女中が払底して家庭では困っているようだが、下層階級の朝鮮婦人で近来内地人の家庭に女中奉公の志願者が追々殖えて来たから、女中の払底を大分緩和されて来た。これを内地人はオモニーと称している。不潔で盗癖があって困るとは言うが、内地人女中は払底の上に大分悪化して来て居るから、このオモニーが大繁昌であるし、幾らでも職業紹介所から供給されるので便利だ。（「東京と京城・内地と朝鮮」前掲書、五二三～五二六頁）

右の引用文で興味を引くのは米や野菜、果物の価格比較や味の比較をした部分で、この時代に朝鮮に住む日本人が何をどんな気分で食べていたかが想像できるような文には滅多にお目にかかれない。釈尾によると、果物は朝鮮の方が良いが、魚の味と野菜の香は「内地」の方が良いのだと言う。漢江が「余りに大きいので鑑賞には適しない」と評価されている点も興味を引く。意地悪い発言や蔑視的発言はあっても、往時を偲ぶに参考になる文である。

二　朝鮮人とはだれか

「朝鮮人の誇り」

一方には、より客観的、中立的に記された朝鮮人論がある。序で触れた村山智順（一八九一～一九六八）は少年期を日蓮宗法布山妙広寺（新潟県柏崎市）で過ごし、小学校に通わぬまま中学校に編入、一高を経て東大に入学し、社会学を専攻する（朝倉敏夫「村山智順師の謎」『民博通信』七九巻、一九九七年）。卒業後、朝鮮総督府官房文書課に嘱託として勤務した村上は、『朝鮮の鬼神』（一九二九年）、『朝鮮の風水』（一九三一年）、『朝鮮の巫覡《ふげき》』（一九三二年）等の労作を残すが、その比較的初期の著書に『朝鮮人の思想と性格』（一九二七年）と題する作品がある。「概観」「性情」「社会傾向」「信仰思想」「文化思想」等の章から構成される同書の記述の多くは朝鮮や日本、アメリカ、ロシアといった国々の文献からの引用であるが、冒頭の「朝鮮人の誇り」の項には当時の朝鮮語雑誌『開闢』（一九二五年七月号）の記事が紹介されていて興味深い。朝鮮人自身に自己を語らせるという方法で、八人が登場する。

（イ）淳良性が第一の誇り

われ等朝鮮人の第一の誇りは人民の淳良なることである。朝鮮人はまこと淳良なる人民であって他人が打つも打つにまかせ、辱しむるも甘受し、甚だしきは他人に何か奪われてもそのまま奪われている。これを単純に見れば、朝鮮人ほど愚妹、劣等、鄙怯、且つ柔弱なる者はないかのように思われるが、事実はこれに反する。所謂柔よく強を制し、弱よく強を制しであって、その弱きと見え、柔と見える中にも無限の強力があるのである。それは何であるか。それは即ち道徳である。将来はわれ等朝鮮人が最も福を多く受け、第一優越の待遇を受けるであろう。現今は他民族は皆財力も多く勢力もあって、弱肉強食を敢えてしているが、将来世界が平和に向かい純然たる道徳を以て世界を建設せし後最後の審判を下す時には、多分朝鮮人が罪悪なきものの第一として優待せられ福も享くることであろう。（朝鮮日報社長・李商在）

（ロ）残忍性なきが誇り

侵略主義の時代では或いは劣敗民族と云われるかも知れぬが、兎に角朝鮮人に残忍性のないことは西洋は知らず、東洋三国（日支鮮）中、第一に位するようである。だから例の人の生を無視した引掻き、毟《むし》り、屠《ほふ》り、略奪するが如き性質を持たない。卑近な例で云えば、支那には馬賊と云うような残忍無道の輩があるではないか。日本人の性質は殊に強暴の気味がある。かの東京震災の虐殺事件の如きも、もし朝鮮人と立場を異にしていたならば、あのような怪事は起こさなかっただろう。吾人の理想とする平和の世界では朝鮮人が最も優待を受けるに違いない。（東亜日報［記者］・韓偉健）

（ハ）朝鮮民族は将来世界の模範となろう

現今の世界は強者の世界であり、権力者の世界であるから、弱者であり、無権力の地位にあるわれ等朝鮮に何の誇りがあるか。又あるにしても誰が認定するであろうか。然しながらこの世界に何等の変遷もなく、強者共のみが今の如くよく旨いことをやっているならば何等の問題も起こらないが、全世界の一般人類が希望する世界平和が実現し、遠からざる将来に理想的新世界が建設されるようになれば、今日賤待を受けている朝鮮人は却って世界民族の模範となるであろう。朝鮮民族は実に平和の民族である。人を害せず争闘もなさず、ただ道徳と礼譲を崇尚している。今日の強き民族は将来の世界から見れば罪悪の民族であり、今日の文明民族は将来の世界では等しく野蛮の民族に他ならない。然るに吾朝鮮人は他のように強からず文明ならず（所謂現代文明）、随って罪悪もなく野蛮的行事もない。その純潔なること実に清風明月の如く、人類中神仙の気風を有する人類である。未来に理想的平和の世界が出現せざれば即ち止む。出現するとすれば、どうして朝鮮人を模範としないでいられようか。（弁護士・金瓚泳）

（ニ）倫理道徳を誇りの最とする

各国人を悉く知った訳ではないが、私の見た数国人に比較すれば朝鮮人が一番人を傷つけ、物を害する悪心なく従順にして淳良である。それこそ平和泰平国の人民である。これは朝鮮人の倫理道徳が古《いにしえ》から発達せる為である。この外天然の景色も他に誇るべきものが少なくない。又朝鮮の家屋も多少誇示するに足るものがある。勿論朝鮮人の家屋が外国人の家屋より普通矮小で狭窄《せまくる》しいが、その代り堅固で長持ちをし、気温を好く調和して冬寒すぎず、夏熱すぎず、太陽の光線をよく受け入れるという衛生的に取るべき点が多い。実際に使用しては西洋人の煉瓦建てや日本人の木造屋よりも便利な点が多いのである。（中央基督教青年会総務・具滋玉）

（ホ）健康上から見た朝鮮人の優越点

吾々朝鮮人は眼力が良く、又歯牙が健強であって、伝染病（特に下痢病）に対する抵抗力が強い。日本人とか西洋人は如何に身体が健康であり体力が壮大であるといっても、大概眼力が不足して近視眼とか遠視眼が多く、又歯牙が弱くて虫歯が多く、伝染病にもよく罹り、一度罹ると全治するのが難しい。朝鮮人にはそんなことはない。

ある一部の人々は未開の民族程眼力と歯牙が丈夫で、腸胃が健全であるから朝鮮人の眼力が強く、歯牙の丈夫にして伝染病に対する抵抗力強きは、つまり朝鮮人が未開な為であると云う。が決してそうではない。(略)文明となる程人類の体質が弱くなり、病も多くなることは事実であるが、元来健康な体質ならば文明になったと云うので不自然に弱くなる訳もない。文明となれば医学が発達し体育が発達して、却って一層健康となる筈である。要するにわれ等朝鮮人は上記三ヶ条が他の国民よりも優秀なることを知るのである。(医師・金容埰)

(へ)私の見る処では

何事に依らず、他のものを見て初めて自分のものに気が付くものである。私が朝鮮にいた時には別に朝鮮の良いものを注意しなかったが、先年日本、米国、印度、南洋群島、中国及び露領に往って見て初めて朝鮮の良い処を気付いたのである。第一、朝鮮の人心は淳厚にして善良である。朝鮮人は米国人とか露西亜人のように陰凶でもなく、日本人の如く軽悍《けいかん》でもなく、印度、南洋人の如き卑怯でなく、中国人の如く遅鈍でなくて、大陸性、海洋性及び島性を兼有し、義気に富めども而も平和的であり、淳古であっても野味的《やまいてき》でない。これは地理的影響も多少あるではあろうが、過去長遠なる文明の歴史を有すると同時に道徳礼儀を尚《たっと》ぶより来たものである。而して山水の秀麗なことや、空気の新鮮なる事も朝鮮程の処は別にない。

朝鮮の特産物中に天安の胡桃《くるみ》が上海その他中国各地や米国まで輸出されるのは驚くべきことであり、又朝鮮雉《きじ》は特にその色の美麗なことが世人の賞讃を受け、米国カリフォルニア州には近来朝鮮雉を養殖するので、山野や公園に朝鮮雉が飛んで鳴いているのを見たが実に懐かしかった。而して植物中赤松の多いことも朝鮮が第一だと思われる。かく種々の事柄が皆朝鮮の誇るべきものである。（普成高等普通学校・張錫哲）

（ト）女子の貞操は世人にその比なし

わが朝鮮女子は何よりも、その貞操が世界において実に比すべき処がないようです。勿論近来男女平等と云って過去の道徳が頽敗し、風紀が漸次紊乱する傾向はありますが、これは過度期の一時的現象であるから、それはさて置き、過去の朝鮮女子に就いて云えば、まことに純潔であり、高尚でありました。青山白玉、秋水芙蓉とてもどうしても比べられるものですか。自分の貞操は財産よりも、生命よりも、一層貴いものと思っていました。ただ今でも、何処の地方へ参りましても烈女の旌門《せいもん》とか碑閣とかを見ますがわが社会や国家が如何に女子の貞操に重きを置いたか、又女子も如何に貞操観念の深きものを有っていたかが知れましょう。私は中国とか米国に居ります時、そこの人々に常に朝鮮女子の貞操を誇りましたが、人々もいつも賞讃していました。然るに近来女子の風紀が解弛し傾いたことは実に痛心に耐えないことです。どうか誇りを永久に保存して他国人に対して羞恥とならないようにしなけ

ればなりません。（槿花学院長・金美理士女史）

（チ）わが誇るべきものは正音文字

現在吾々は誇るべきものを語る場合ではない。吾々の誇るべきものを問う人あらば「帰って土中でも掘りさがせ」と云いたい処だ。永い歴史をもつ偉い民族だから誇るべきものがない訳はないが、その誇りが吾々には、はずかしいものであり、人々に笑いものとされる境遇であるから、寧ろ云わない方が増しだ。元暁を置いて親鸞を噂し、李舜臣を忘れてネルソンを話す世に、吾々が如何なる誇りを云う価値があるか。今は吾々の誇りを語るべき時じゃない。その場合はさて置いて一つでもよいから無理にでも云えと云うならば、正音文字でも挙げて置くか。（時代日報社［長］・洪命憙）（『朝鮮人の思想と性格』調査資料第二十輯。朝鮮総督府、一九二七年、一～六頁）

「朝鮮人の誇り」について語るのだから、それがある程度自己肯定的なものになるのはやむを得ないだろう。が、それにしても、この時代の朝鮮人エリートたちが自己の倫理道徳的優越性を語る姿にはあきれる。これは自己批判の精神とは無縁のナルシシズムであり、「今ある自分の現実」を直視しようとはしない態度である。ただし最後に「現在吾々は誇るべきものを語る場合ではない」の発言が置かれてバランスの良い紹介になっている。『朝鮮人の思想と性格』のテーマを語るにあたっての見事なイントロになっている。

朝鮮人の民間信仰

村山智順自身の朝鮮人論も紹介したい。本書の序で「原初的欲望」と「合理的欲望」との間に引き裂かれる韓国人が日本統治期に誕生したのだということを記したが、日本統治期の日本人のなかに朝鮮人の原初性に知的関心を抱いている人がいたとしたら、それはだれよりも村山智順であっただろう。内地人に朝鮮人の「長所美点」を教えることを趣旨に刊行された本のある章で、村山智順は朝鮮人の民間信仰について次のように記している。

朝鮮では貧富貴賤の如何を問わず、墓を大切にするということは、一つの大きな美点として数えられております。この墓を大切にするということは、一は生気信仰という民間信仰の結果からでありますが、一は血族中心の社会生活を継続し来った為に、孝を重んずることが尊ばれた所から来ておるのでもあります。処がこの生気信仰も、また、父母を尊重するという孝の観念も、その基本をなすものは、例の原始宗教的な精霊観念からであります。ですから墓を重んじ、父母の追福を尊ぶ事柄が、朝鮮の人々の美点といわれますれば、これはまた同時に、信仰的表現の美点ともいうことが出来るように考えられます。

この生気信仰というのは、父母の遺骸を生気の充分に流れ集るような所に埋めますれば、即ち立派な墓地に、父母の死体を埋葬しますれば、父母の骨骸が生気に充分浴することが出来まして、従ってその子孫たる者も、その影響によって、富貴の生活をなすことが出来るというのであります。故にこの生気信仰は、墓を通して自己の栄進を求めるという、極めて功利的な考えのようにも見えますけれども、父母の遺骸を生気に浴せしめて、その遺骸の末葉である自己の栄達を図ると云うことは、同時に父母の生命の延長を復活発展せしむることになりますので、親の志を継ぐのが子孫の任務であるという点からいいますれば、これが直ちに親に対する孝行であるといわなければなりません。

この父母の骨骸を立派な墓地に埋めるということは、結局人の体は、血や、肉や、骨や、それぞれに霊力のあるものである。就中《なかんづく》骨は全体の精として最も力のあるものであり、父母の精は凝《こ》って子孫となるのでありますから、即ち子孫は父母の精でありますので、この骨たる精と子孫たるものとは、全く同一なものであり、従って父母の精たるものが、生気に浴すれば、その延長たる子孫、即ち父母の精たる子孫も亦《また》、発展することが出来るという。精霊信仰の一表現に外ならないのであります。

こうした精霊的観念を基礎として、父母と子孫との間に於ける骨肉的結合という事柄が、墓を通して行われておるのでありますから、墓を大切にすると同時に、墓詣《はかまい》りをすることも朝鮮の人々にとりましては、極めて重大なる事項であって、また最も広く行われておる行事でもあります。一般に墓詣りは二月の寒食の日と、八月の秋夕《しゅうせき》の二回に行われるのでありますが、この時は御馳走を拵えて行きまして、墓前にぬかづき大部分は涙を流し、哀哭の聲をはりあげて泣き哀しむのでありますが、その状況は誠に飾りなき骨肉の真情を露わして居るのでありまして、この点などは朝鮮の人の最も麗しい点であると云うことが出来ましょう。

朝鮮の民間信仰界に、最も強き勢力を有っております者は、シャーマニズム系統を引いておる巫覡《ふげき》の信仰であります。この巫は最も古き伝統を有っておるものでありまして、現在に於ても、如何なる田舎にもこれあらざるなき普及を見るの有様で、何か事ある場合には招かれて、民衆と最も密接な交渉を操返して居るのであります。その人数は約二、三万にも上るといわれておりますが、大部分は女でありまして、祈禱、禁厭、占いなどを主として行い、医療機関の普及少なき山間僻地などに於ては、信仰的な医療機関として、民衆の間に少からず信頼を得ておるのであります。この巫の神事は、非常に古い形をそのまま行っておるのでありますから、嘗てはこの種類のものが、栄えておった日本内地の上代に於ける文化及び生活を、現在に於ける朝鮮の巫の信仰によって、推察することの出来るものが少からずあるように思われます。というのは昔の記録等にあります日本内地の、この種の神事なるものが現在朝鮮に行われておる巫の神事に符合するものが、決して少なくないのでありますから、朝鮮の現在の巫の神事を通して上代に於ける日本の神事、日本の生活というものを再認することが不可能ではないと思われるのであります。

ある意味からみて、朝鮮の現在に於ける巫の神事は、決してこれを簡単に排斥し、圧迫し去るべきものではなくて、文化の研究上、相当価値あるものといわねばなりません。なお朝鮮は大陸と日本との中間に位しておる所であり、この巫の神事は、支那・満洲・シベリヤ・朝鮮日本内地を通じての広い範囲に亘った一文化園を形作っておるものであり、而してその数に於ても、或いはその古き姿をそのまま保持しておる点からみましても、朝鮮の巫がその中心となっておるように考えられますので、東方の文化考究をなす上に於ては、決して看過すべからざるものであります。(「朝鮮の民間信仰とお祭り」『朝鮮同胞の光』熊平商店、一九三四年、七五〜七九頁)

村山智順には朝鮮人の民間信仰について記した『朝鮮の鬼神』(朝鮮総督府、一九二九年)の著書があるが、この文はそれを一般読者向けに記したものである。ただし日本人読者に朝鮮人の「美点」を紹介するという趣旨で編集された本への寄稿であるためやや肯定性が強調されているきらいがある。ここに記されている「生気信仰」や「巫覡信仰」は今日の韓国人にもある程度は生き続けているものであろう。

交番前の群集

村山は著書『朝鮮の群衆』のはしがきで、群衆について以下のように言う。従来その集団関係が無秩序であり一時的であるため、さほど重視されなかったが、無組織であるゆえ集団化が容易であり、無責任であるゆえ、責任感が稀薄であるから意外の行動を敢えてすることが少なくない。また永続性に欠けるためそれに平生不注意となり、不測の事態を生み出す場合がある。さらには秩序があり永続的な集団であっても、その運動が熾烈になってくると、ほとんど決まって群衆状態となる。だから群衆の観察は群衆それ自体を了解するだけではなく、集団現象としての行動を理解することが重要である。「交番前の群衆」の全文は次の通りである。

何等かの事故で人が交番（駐在所派出所）に連行又は検束された場合、そこには直ちに黒山のような群衆があらわれる。これ等の群衆は変わったこと見たさ知りたさの好奇心から集まった者達であり、何か事件が勃発し、展開して行くのを待つ人達であるから、警官の制止や解散命令だけでは寸散尺集遂には如何に解散させようとしても、後ろは十重、二十重の人垣が築かれたために身動きもならない事になってしまう。被検束者の仲間はこの群衆を背景にして被検束者を脱還《だっかん》せむと試むる、そして警官と小競合いを始める場合があるが、この時誰かが警官の横暴又は暴行を加えた等の言葉を揚言するや群衆はこれを盲信して遂に一個の集団となり、交番を包囲し、悪罵《あくば》喧囂《けんごう》を極め、投石、破壊、闖入《ちんにゅう》、反抗を敢えてし、遂に制止すべからざる危険団と化《な》ってしまうこともある。

京城黄金町四丁目派出所に於ける内鮮人警官はこもごも語る「この辺では数百の群衆がすぐ現われますが、その原因はそれ等の人々が皆好奇心の所有者で、何か事あれば逸早くこれを見物したいと云う人々であることと、鮮人の得意とする針小棒大的吹聴法とである。何か一寸とした事故で交番に拘引せられる者でもあれば「それ強盗がつかまった」「ピストルを持った奴だ」「逮捕する時巡査と格闘して血だらけになっていた」「交番内で巡査が替り替り殴打している」「日本人巡査が殴っているんだ」などありもしないことを大きく大きく吹聴するので、群衆は集まる一方、中にはわざわざ自分の家に帰って付近の者達を誘って来るものもある位である。

群衆は好奇心からであるから、見たい、知りたい一念、後ろの者は前へ前へと詰めかける、伸びあがる、押し合う、押すな踏むなの状態で幾百もの人が密集する、大部分のものには知りたい、見たいものが見えない。そこで群衆中に不良の輩が交じって居る時には、あられもない事を言い振らす。事件の真相がわからず、只知りたい知りたいと専念になって居る群衆は、その言い振らしを真か偽りかの識別することなしに全く真実なこととして信受してしまう。この流言の爲に群衆が一種の危険集団と化する傾向のある時が最も警戒すべき点である。

これ等の不良輩は平素警察官に睨まれて、勝手な行動が出来ないところから、かかる際に警官を非難しようと、直ちに警官が人権蹂躙を敢てして居ると云うような事を揚言する。殊に彼等の最も好んで言う言葉は「日本人巡査が、（又は日本政府に使われて居る巡査が）わが親愛なる同胞を殴打し将に死に致さんとして居る、誰か之を救う者はない」という風な言い方である。この内地人が鮮人をどうかしたと云う言葉は最も鮮人の心を惹くものらしく、この言葉を耳にした群衆は直ちに昂奮し、奮激して烏合の衆が一つの固まった群衆となってしまう。これを知って居る彼等は、よくこの手を施すのである。

黄金町四丁目付近は昔から両班が少なく、多くは下賤な者のみであったので、何か事の生じた時には何の思慮もなく直ちにかけつけ、又この附近は近年続いて内地人の勢力が伸び鮮人の戸数は段々内地人の戸数に依って置きかえられて居るから、事たまたま内鮮人問題とならんか、群衆はいやが上にその数を増し、喧喧囂囂手の下すようもない有様となるのである。

これに解散を命じても容易にきかず警官の手の少ない時には如何ともすることが出来ない。嘗て一寸とした傷害事件があって当事者を交番に拘引した時、群集は交番の周囲に十重、二十重に集まり、五、六百名の人山を作り、電車も通れない有様となり、どんなに制しても解散しないので詮方なく本署から応援を求め、水を撒き散らして漸く解散させたことがある。無頼の徒の中には巡査は警部補、警部等の上役に対しては服従すべきものである事を知って居て、これを利用して巡査の非行を揚言し、群衆にこれを信じさせ、さて誰かをして本署に駈け付け、巡査が民衆を殴打し虐待して居ると急報せしめる。警部か警部補でも急を聞いて来る場合には、群衆は口々にあの巡査がこの巡査が暴行を加えたとか殿打したとか云い、そしてその巡査が免職でなくても上役から叱責され、懲戒せられるを見て腹癒せしたものと心得て居る。（略）」（「第五章第二節　交番前の群衆」『調査資料第拾六輯　朝鮮の群衆』朝鮮総督府、一九二六年、二一二〜二一四頁）

村山智順は京城府黄金町派出所を主要な事例に「群衆」の態様を記しているが、「人権蹂躙」のテーマが「揚言」されると、それが群衆を刺激し、「昂奮」「奮激」をもたらし、危険集団化してゆくと記している部分が注意を引く。「人権蹂躙」のテーマは衆知のように、戦後の韓国においては「民主化闘争」においても、反日キャンペーンにおいてもよく活用されるテーマであった。

第四章

京城の歩く人

一　安倍能成の朝鮮エッセイ

林達夫の書評

一八八三年松山に生まれた安倍能成は第一高等学校を卒業後、東京帝国大学に入学し、ラファエル・フォン・ケーベルに哲学を学ぶ。卒業後、新聞、雑誌に文芸批評を書いたり、叢書や訳書を刊行するというやや長いフリーランスの時期を経て、一九二六年、四二歳のとき京城帝国大学教授に赴任した安倍は、それから母校の一高校長に迎えられる一九四〇年までの一五年間、京城と東京の間を季節的に往還しながら多くの朝鮮エッセイを記し、それは本書が関心を寄せる朝鮮の変化を追体験するに最良のテキストであると思われるが、それはひょっとしたら筆者の思い違いであるのかもしれない。戦後の安倍能成評には批判的なものが少なくないからである。＊註1

安倍批判の例を一つだけとり上げたい。朝鮮研究者の梶村秀樹（一九三五〜八九）が記した短い文である。梶村秀樹は戦後の日本の朝鮮研究界に加害・被害者史観を注入するに貢献したアクティビスト型研究者であるが、安倍の代表的朝鮮エッセイ集である『槿域抄』（斎藤書店、一九四七年）に次のような批判を加えている。

この本のなかで安倍が愛しているのは、朝鮮の風物であり、自然であり、物見遊山《ものみゆさん》に出かけた名所旧跡にすぎない。二〇年も朝鮮に住んだ人なのに驚くほど生身の朝鮮人との直接の接触が少ない。出てくるのは、通学の途上でのゆきずりの見聞、旅行のさいに偶然ふれた場面、それ以上ではない。彼はいつも朝鮮人を遠い距離をおいて眺めているだけで、実際それ以上知ることはなかったにちがいない。（略）このように典型的な都市生活者であり、生身の朝鮮人の苦しみにあえてふれようとせぬインテリの「愛」は、抽象的な風物に注がれるしかなく、センチメンタルにならざるをえなかった。あえていえば、遊び半分であり、「愛」しうる自分を愛しているにすぎなかった。当然、その忠告も、必ずしも当っていないわけではないのに、的を射ることができなかった。（『梶村秀樹著作集　第一巻　朝鮮史と日本人』明石書店、一九九二年、二三六〜二三七頁。初出『地方文化の日本史　第九巻』文一総合出版、一九七八年）

この文で唯一同意できるのは、安倍が「生身の朝鮮人」との「直接の接触」に欠けていたという指摘の部分であるが、しかしだからといって「朝鮮人を遠い距離をおいて眺めているだけで、実際それ以上知ることはなかったにちがいない」の文は乱暴過ぎる＊註2。そもそも安倍が朝鮮人に無関心な人間であったなら、京城帝大法文学部における哲学や哲学史の講義が名講義として朝鮮人学生間にも人気を博すなどということがあり得ただろうか（李忠雨『京城帝國大學』多樂園、一九八〇年、一七二頁）。これは要するに落書き風の批判であって、それに比べると、林達夫（一八九六〜一九八四）が『草野集』（岩波書店、一九三六年）評として記した文は読み応えがある。

『草野集』を読みながら、私はわが国における哲学者の文筆的活動の特殊な性質というものを考えた。安倍能成氏は随筆を書くと頗る生彩があって滋味に富むが、哲学上の論文を書くと奇妙に乾燥的になって必ずしも生彩があるというわけには行かない。それればかりでなく、氏の随筆は哲学者の一種の不在証明《アリバイ》となっているところに、その著しい消極的特徴があるように思われる。これは氏が本質的には哲学者でないか、または氏の考えている哲学が氏の外にあって、氏の肉体となっていないか、そのどちらかを示すものであろう。(略)

安倍能成氏は哲学者にはめずらしい人間通である。この書に載っている漱石の『こゝろ』の分析や寺田寅彦論等にはそのような安倍氏が実によく表われていて、その点一寸真似手のない味な作家論をやっている。その常識人的な円熟した処世智はイギリス人ベーコンを思わせるが、しかしベーコンの随筆と安倍氏の随筆との違いは、前者には彼の哲学による裏打ちがあり、また対社会的な或る積極的な働きかけの意欲があるのに、後者にはそれが稀薄だという点である。

私が安倍氏のものを読み出したのは、もう二十年も前、一高の学生だった頃であるが、その時分私は何とはなしに、当時の指導的思想雑誌『思潮』のグループの中では、氏がいちばん思想家として対社会的活動に乗り出すのではないかと予期していた。氏のうちにはげしい社会的道義の潜在といったものを感じたように思っていたからである。だから、私は氏の今日の隠退的態度には、それだけに人一倍不満と幻滅とを感じているのは打ち消し難い実感なのである。（略）社会的思想家型だと思っていた安倍氏の自然逃避、書斎ごもりの生活ぶりは、何といっても妙な割り切れない矛盾のような心持を起させるのだ。

自然逃避と言ったが、つまり旅行――それは全く氏のあらゆる随筆集を通ずる太い一本の糸であり、氏の文筆的活動を促す最も恒常的な原動力の一つである。しかし旅行がこのように氏の文学的テーマの中心を占めていることは、生活上でも旅行が何か異常な中心的意義をもっていることの反映であろうか。（略）氏ほど日常を日常的に生きている経験哲学者もめずらしいが、旅行も氏においては日常茶飯事となり切っているところにその特色があるといえるだろう。（「『草野集』の不協和音」『思想の運命』中公文庫、一九七九年、三一七～三一九頁）

林達夫によると安倍能成の哲学上の論文はつまらないが、「随筆」には「生彩があって滋味に富む」と言う。哲学者にはめずらしい「人間通」であるとも言う。いずれも納得できるが、安倍の現在を「隠退的態度」であるとか「自然逃避、書斎ごもりの生活」とする部分には違和感がある。以下、安倍の朝鮮エッセイの魅力をいくつか紹介しながら、安倍が「隠退的」とか「書斎ごもり」的というよりははるかに「闘う人」であったことを記したい。

京城の春の息吹

安倍能成の朝鮮エッセイはなによりも朝鮮の風物や自然の魅力を伝えるに貢献したという点で評価に値すると思う。たとえば「京城風物記」（一九二九年記）の冒頭にある次のような文。

街路の両側の小溝から溢れたままに凍りついたどす黒い汚水が、ぢくぢくと解けて動き始めると共に、この朝鮮の都にも春の来たことが感ぜられる。冬の間、黒褐色に乾いて街頭の乞食僧のように塵《ちり》をあびて立っていた柏槙《びゃくしん》の葉も、どことなしに緑の沢《つや》を帯びて来る。やがて南山の樹の間、岩間を下る小さな谷川の氷も解けて来ると、柳の芽がほのかな青みを見せるか見せない内に、京城の女は待ちかねたようにはや洗濯に出かけるのである。彼女等はそこいらの石を寄せ集めて、その上に石油罐を載せ、その下に枯枝を燃やして、彼等の持ってきた洗濯物を煮、それを棒でたたき、まだ冷たい谷川の水でゆすぎ、そうしてそこいらの花崗岩の上に乾し、その間には女子供までも引具《ひきぐ》して来た一家の食事をし、やっと日暮近くになって、洗濯物を山盛りに積み上げた木の鉢や浅い籠のようなものを頭に載いて、めいめいの家路に急ぐのである。冬中狭苦しい温突の中におしこめられていた朝鮮の人々の活動は、まず彼女等のこの洗濯から始まるように思われる。

実際朝鮮の冬は乾いて殺風景である。私は幸いに健康であるし、部屋にはストーヴがあり、出る時は厚い外套を欠かないために、朝鮮の冬を別に苦しいとは思わないが、しかし概して暖かい国に育った内地人が、この冬を暮しあぐむのにも同情は出来る。温突やストーヴの煙が低く街頭に低迷して、空は鏡の如く晴れても窓硝子は曇り、緑は乏しく、大地は凍てついた京城の冬はわびしくなくはない。雪国の人が春が来て久しぶりに土を観るという歓喜は、雪の少ない京城には見難いが、しかし冬中霜解けもぬかるみも殆ど見ない京城では、久しくカンカンにしみていた道の土がゆるんで、しっとりと湿《うるお》いを帯びて来るのを見ると、今まで硬化していた感情が俄《にわか》になごんで来るような歓びは確かに感ぜられる。

旧正月の元日はほぼ紀元節ごろであるが、そのころはまだ冬の季節を脱し切っていない。年の末が迫ってからは殊に、近郊から薪《まき》や松葉を積んだ牛を曳いた男が沢山出て来るようである。頭に白布を纏って腰のあたりのいかにも暢気そうにだぶだぶしたズボンをつけたこれ等の野人たちは、日の暮れた鐘路の街頭に牛と共に、三三伍伍、売れ残った荷物を持てあましたような顔をして佇《たたず》んでいる。

けれども京城に春がおとずれ始めるのは、まず三月の半ば過ぎからであろう。そうして春を魁ける連翹《れんぎょう》や玄海躑躅《げんかいつつじ》が咲き始めるのはまず四月の上旬からであろう。この玄海躑躅は九州の一部や対馬などにはあるそうだけれども、私の見たのは朝鮮が初めてである。内地の多くの躑躅は葉が出て後、その絢爛《けんらん》な花色を初夏のまばゆい日光に輝かすが、これはまた葉の出ぬうち日の光のやっと暖かくなって来始めたころに、つつましいその紫をおびたやや薄い紅の花をつけるのである。今ここの大学の医学部のある所は昔の王宮の跡だと聞くが、その構内の回春園の躑躅は私の京城でも最も好む眺めの一つである。この殆ど人に忘れられたような廃園の、大きな黒い枝をした櫟《くぬぎ》がまだ茶色の若芽を出さず、去年の枯葉を堆《うずたか》く散らした下から、緑草が僅かに萌え出でようとし、松の葉はまだ黒ずんで冬のくすぶりから蘇り切らないような、春まだ浅いこの一囲いの庭へ、斜面に層々と重なって、ある所は密にある所は疎《まば》らに、それが日の光の受け方によってあるいは明るく白味をおび、あるいはくらく紫色にかげり、様々の濃淡と、いうにいわれぬニュアンスとを現わしているこの躑躅の花は、実際いつまで見ていても飽くということを知らない。（「京城風物記」『青丘雑記』岩波書店、一九三二年、一二四〜一二七頁）。

見事な京城の春の賛歌である。「街路の両側の小溝から溢れたままに凍りついたどす黒い汚水」の文は生々しくも京城の春の息吹を伝えてくれる文であり、待ちかねたように洗濯に出掛ける女たちがまずは登場し、やや遅れて「薪や松葉を積んだ牛を曳いた男」たちが登場するという順序は微笑ましい。安倍は吉村冬彦のペンネームでエッセイを書いていた寺田寅彦と並ぶこの時代の最も優れたエッセイストであり、いずれも夏目漱石を尊敬し師事していたことがある。この後に記されている京城での小さな発見の文も印象的である。

友達［浅川巧］の家で李朝の壺に投入れた初夏らしい芳烈な香のする白いリラ［ライラック］の花を見て、その四、五本をもらって帰って書斎に生けておいた。そのむせるような香は部屋に満ちて、一種の感情と感覚とを促さずにはおかなかった。私は数年前パリの街頭の花屋のあたりに漂っていたこの香を思い出して、ヨーロッパの春に対する回想を再び新たにした。ところがある夕方、寓居の近くを散歩して見ると、ある官舎の塀を越して一杯に白く咲いているのはやはりこの花であった。しかも山寄りの人家をずっと見渡すと、桜の散り過ぎた五月ごろの青葉の上に霰《あられ》を散らしたように白いのは、皆この花であった。そうしてその中には随分の大木さえある。

京城の春を迎えることはこれで四度であるが、京城にこの花があり、然《しか》もこんなに沢山、それも大木まであると明らかに気づいたのは今度が始めてだ、ということは、我ながら何という迂闊さであろう。けれども迂闊さはこれだけには止まらなかった。帰って書斎から俯瞰すると、紫丹色と鮮緑色との二種の楓《かえで》の若葉の間に白い花が見える。庭に下りて側によって見ると、それは実にリラの花であった。リラの名、リラの香には私にとって遠いヨーロッパ殊にパリの聯想があった。その花が今私の鼻先に咲いていたということが私にとって一つの驚きであった。それは喜しいが又少しは可笑しい驚きでもあった。

リラは昔から朝鮮にあったと聞いた、またこの白いリラは朝鮮のものではない、紫色の違った種類がそれだとも聞いた。私は知らない。

外国種の樹で京城に多いものにアカシヤがある。これは京城ばかりでなく朝鮮の到る処にポプラと同じように多い。田舎の街道に虐待を忍びつつ立っている並木のアカシヤはみじめだし、小川の傍などにむやみに密生している若木のやぶはうるさい感じがするが、しかし初夏の窓の辺に大きいアカシヤの枝が影を作って、このごろ咲くその花が一種の甘さを持った香を送ってくれるのは中々よい。

京城は美しい都である。少なくとも自然の形から見て美しい都である。この自然の形を大いに利用する都市計画者があって、折角の自然の美観を破壊しないで、それを補長したならば、それは将来に於て一層美しい都となるであろう。ただ然し我々が我々の国を見る度に感ずること、景色は美しい、然し人間が多過ぎるということ、美しい自然も多過ぎる人間の為に急速度をもって無思慮に無計画に破壊されて行くということを考えると、この京城が我々日本人の手によって果して美しくなるかどうかを危ぶまずに居られぬ。

京城は大体三方山に囲まれて一方は即ち漢江に臨んでいる。纏《まと》まりがあると同時に塞がれたという感じがない。北漢山の巍峨《ぎが》たる山容はいつ見ても立派であるが、西北の方義州街道に臨む仁王山も小さいながら魁偉な形を持ち、北漢山の前に控えた三角形の白岳も一寸峻峭な形を見せて、それが東の方の駱駝山あたりから平になって、東大門のある所からやがて南山に続いている。この三方の丘陵は斜面をなして大体漢江に向って傾いている。この斜面のために、又この斜面に割合に樹木の多いために、京城の町は趣を有している。私はこのごろ私の寓居から朝鮮神宮までの南山の下腹を縫った道を散歩して、内地よりも長い初夏の黄昏を楽しむことが多いが、この歩道から見た京城の、殊に夕暮の市街は、高低参差して所々に緑樹があり、殿閣があり、会堂があり、親しく歩いては乾いて殺風景な市街も、様々な美しい陰影をつけ、趣を添えて私の前に顕われる。もしこの道を、更に西南の方龍山の方へ拡げて、漢江の眺めを十分に取入れることが出来るようにしたならば、それは実に素晴らしい散歩道であろう。私はそういうことを考える時、緑樹の丘の間からアルノー河を眺める、イタリーなるフィレンツェのあのミケランゼロ広場へ導く散歩道を思い出さずにはいられない。また同時に東北の森の都仙台の広瀬河畔の景色を思い出さずにはいられない。（同書、一三四〜一三七頁）

安倍の朝鮮エッセイにはしばしば京城帝大に赴任する前に一年半滞在した欧州での見聞が織り込まれている。海外旅行が当たり前の今日、こんな体験は珍しくない。が、これはしかし人々が船に乗って外国に出掛けていた時代のエッセイであり、そんな時代に京城のリラの花を語るにパリの街頭の花屋を語り、西欧哲学を専門にする人間が隣国の街や自然を語るというのは、随分斬新な印象を与えたに違いない。この時代の日本には西欧の風景の魅力を語るものはいても、朝鮮の風景や風物の魅力を語るものはいなかったし、いたとしても安倍の文ほどそれに成功した例はない。安倍能成はたしかに隣国の風景や風物を記しているだけかもしれないが、それはしかし日本人の朝鮮や朝鮮人に対する偏見やステレオタイプと闘う文であり、それをして「隠退的態度」などと評するのは適切でない。

自文化に当惑する態度

だれも言及していないことばかりだが、安倍能成の朝鮮エッセイには異文化体験としての面白さもある。たとえば「秘苑の印象」(初出『瓶史』一九三六年四月号)にある次のような文。

朝鮮の名苑に就いて書けとの御命である。所が私が京城で見た庭園は、昌徳宮の後苑である秘苑、毎年天長節に園遊会のある景福宮の後園、それから大院君の別荘でその雅号にもなっている北門に近い石坡亭、狭いけれども纏まったものとしては大学の医学部の構内の旧苑回春園くらいなものである。（略）総じてこれ等の庭園に通じて、内地の庭園の如く細かな人工が加えられていない。大体は自然の地形をそのままにし、そこに池を穿《うが》ち道をつけ、亭《てい》榭《しゃ》宮殿等を配したに過ぎず、その樹木に至っても、殆ど盆栽的な剪裁が加えられていない。またそれを普通の西洋の宮苑に比べると、全体の組織が幾何学的設計の下に出来ているということが殆どない。西洋の庭園は全体の設計が人工的であって、その細部に至っては余り人工を加えず自然に任ずるという傾向を有し、日本の庭園は自然を模するという趣旨によって、狭き地域の中に自然を盛ろうとする為に、却って非常に自然を害して箱庭的繊巧に堕する弊がないとしない。朝鮮の庭は西洋の意味に於ても日本の意味に於ても人工的要素が少なく、自然的要素が多いといえるであろう。

更に一般的にいえば、朝鮮には宮苑の外に貴族とか富豪とかの邸内にも、殆ど庭園と称す可きものはないそうである。普通の家などでも前庭には李《すもも》、連翹、それから梨等を好んで植えるそうであるが、大抵小さな樹木の多く目を遮《さえぎ》らぬものに止まり、庭木を見て楽しむということはない。寺院なども渓流を溯った秀岳の麓の形勝の地を占めて、全体の景観はすぐれているが、その建物と建物との配置、その間に於ける林石の按配に至っては、ほとんど考慮する所がない。けれども旅客がたとえば平壌牡丹台付近の景色に於て見るが如く、その山に倚《よ》り、水に臨んだ数々の亭榭は、自然の景物の中にあって、それに画面的な賦彩《ふさい》を与え、それ等の建物が画中のものであると共に、そこからはまた画面的な景観が望まれるように出来ている。こういう点では、支那人と共に朝鮮人が内地人に優れているように思う。これは従来の内地人の自然に対する態度が、自然を自分の所へ請ずる傾きを有するのに対して、朝鮮人が自分を自然へ放つという傾のある所から来ているのではないかと思う。内地で裏店に住む人が盆栽を愛玩し、普通の民家も各自分の小庭を擁し、総ての庭園が座敷に落着いてわがものと眺めるように出来でいるのなども、その現れといってよかろう。それだけまた庭園に対する関心、一木一石を自分の好むように布置しようとする要求が内地人には強い。朝鮮人にはそれが殆どないように思う。この朝鮮人の生活の一面に於ける自然的な投げやりのよさが、焼物などにも現われている。そうしてその美点を発見したのは、繊細な感覚を有する内地人であったが、しかしこの自然的な器物をも、内地人がやかましい神経質な配合関係の中に取り入れることによって、これを賞玩したのは、やはり日本的趣味の現れといってよかろう。茶道が日本人の庭園趣味によきにつけあしきにつけ大きな影響を与えていることも、この点に関聯して誰しも考えることであろう。(「秘苑の印象」『草野集』三五六〜三五九頁)

この文で面白いのは朝鮮庭園、日本庭園、西洋庭園という三角測量の視点が自文化についての当惑の体験をもたらしているということ。安倍は日本庭園が、「狭き地域の中に自然を盛ろうとする為に、却って非常に自然を害して箱庭的繊巧に堕する弊がないとしない」ことに気がつくとともに、朝鮮庭園の魅力にも気がつくが、自文化についてのなにかしらの「弊」に気がつくというこの当惑の体験こそは異文化体験の醍醐味というものであるだろう。似通った体験は「京城雑記」(一九二八年記)にも記されている。

事の序《ついで》に服装のことを少しいおう。我々が朝鮮へ来て強く感ずることは、内地人が足を出すということである。朝鮮人が一般に貧しい人までも脚部を出さない為に、そのコントラストが殊に著しく感ぜられる。昔のギリシャ人は知らないが、世界の文明国人で脚部を平気で出すこと日本人のごときものはあるまい。京城で最も賑やかな通の本町を夏の夜歩いて、総《すべ》ての内地人の男女が浴衣をつけ、素足を出して歩いているのを見た時、自分は内地では何とも思わなかった現象を異常な現象の如くに感じた。脚の下まで包み隠した朝鮮人と並んで、九州男子の子弟らしい中学生が、初冬の頃にも足袋を穿かず、朴歯《ほおば》の下駄を鳴らして肩を怒らして歩くのにも、私は一種の苦笑を覚えた。正直の所、脚部を露出する風俗が上品な風俗だとはどんな国粋論者も考えまい。朝鮮人が内地人のそういう風を野蛮視するのも一概に無理とはいえない。少くともそれは屋内の生活と屋外の生活とが画然と区別せられる、即ちそういう意味に於て私生活と公生活との区画を必要とする近代の都市生活と両立する風俗ではあるまい。この我々の風俗が南洋の熱地から来たかどうかは知らないが、しかしそれが上品な風俗でなくても、我々がその中に安易とくつろぎとを見出していることは事実である。風呂にはいって浴衣がけで打ち開いた二階の欄干に寄るという気持ちは、我々が最もエレメントにいる時である。又内地人の風俗がこの方向にリファインメントを加えてそこに独特な美しさを出していることも事実である。兎に角同じ支那文化の影響を多分に受けた民族でありながら、内地人と朝鮮人との風俗の差異は、この点において実に著しく認められる。

私にはこういう気がする。内地人の服装は暖かい土地に生まれた人間の屋内生活の為に形造られている。屋外生活に適した服装を必要とすることが少かったことは、一面からいえば屋内と屋外との生活条件の隔離が甚だしくない、という温和な風土にもよるだろうし、又は我国の、殊に平和が続き一種の社会組織が固定した徳川時代の生活に、公的社交公的集会等の機会がなかったことに基づきもするであろう。何れにしても屋外と屋内との生活に矛盾の少い、或いは屋内に居るものを屋外にかり出す様な春夏のころの服装としてはどうにかやって行ける内地人の服装も、冬になって来ると明らかにその欠点を見せて来る。一体に下のすぼんだ感じのする着物の上に髷《まげ》の大きな頭を頂いた、マントを着た、紫色のカバーをつけて下駄をはいた日本婦人を京城の冬の街頭に見る時に、誰しもそういう感じを抱かぬものはあるまい。そこに日本現代の文化の含む複雑や混沌や矛盾が、明らかにしかも可なり醜く象徴せられていることを私は拒み得ない。

私は朝鮮の男子の服装をそう恰好がよいとも思わないが、婦人の服装は殊に戸外の服装として内地婦人の服装にまさっている様に思う。同じ釣鐘マントを着ても裳《も》のある朝鮮婦人の恰好は遥かに内地婦人よりよい。朝鮮婦人の髪も簡素で形がよい。殊に後ろに束ねられた髪にまとった赤いリボンは、色の少ない服装の中にあって極めて強いエフェクトを与える様に思う。朝鮮婦人が冬になって頭の上から首へかけてかぶる、ちょっと舞楽の鳥兜の様な形をした帽子もちょっと面白い。兎に角現代内地人の服装の基礎に纏まった趣味がなく、そこに可なり迷いが多く、有機的統一のないのを見慣れた眼には、朝鮮婦人の服装の単純ながらも

統一ある美しさに、一種の長所を認めざるを得ない。(『青丘雑記』、九一〜九四頁)

日本の風俗習慣には異文化という舞台の上に置かれたとき、なにかしら当惑を感じさせるものがある。この感覚は先の庭園論などに比べると、はるかに多くの日本人に体験済みのことではないかと思われるが、それでもそれが右のように見事にパラフレーズされた例は珍しい。安倍には異文化の目で自文化を眺めたときにそれがどのように映じるのかを直感する能力があるらしいが、次の文は、その直観力が朝鮮文化にたいして向けられたものである。

昔から日本人の持って居た、そうして今も尚我々の中に残って居る生活様式を、仮に日本的生活というならば、それは特殊的な美点も好所も持って居るが、そのままでは地方的であって、これを世界的国際的に発展させ得るような性質は少い。内地人自身も又決してこれを以て足れりとして居るのではない。彼等の生活の中には勿論多分の西洋的要素がはいって居る。然も、此等の西洋要素が一般的に日本人の生活を支配する勢が、益々増大する一方に、他方個々人の生活について見ると、そこに在来の日本的生活が意外に根強く巣を食って居る事実を発見せざるを得ないのである。しかも我々の有するものの内で、朝鮮人が我々から学び取ろうとするところのものは、その日本的なものではなくして西洋的なものである。又我々が事実に於て与えて居るものもそれである。

朝鮮の人々は「きもの」を着ようとせず、洋服を着ようとする。日本の古典を読もうとせず、日本訳のマルキシズムを読もうとする。朝鮮の国土には汽車が通じ、自動車が走りだした。毎晩ラジオで内地から中継する義太夫、常磐津、清元、長唄、新内、歌沢に興味を覚える朝鮮の青年は皆無であろうが、変に西洋のメロディを交えた何々小唄や何々行進曲は、彼等も又好んで口ずさむらしい。内地人を介しての西洋風は、かくして非常な勢で朝鮮を風靡して居る。そうして多くの朝鮮の青年は彼等のいわゆる近代風を迎えるに急であって、在来の朝鮮の朝鮮的なるものを顧みる暇はない様に見える。(「京城街頭所見」『青丘雑記』三三六〜三三八頁)

私たちは異文化との出会いを通して異文化について多くを学ぶが、それ以上に実は自文化について学ぶ。安倍の文はそのことを教えてくれるが、右の文でより重要なのは朝鮮文化の「日本化」を話題にして、その「日本化」が実は日本化した西洋文化の受容を意味するものであることを指摘している点で、これまた「隠退的」作家らしからぬ指摘である。

隣国とは何か

隣国との歴史・文化的関係をいかに描くかは今も昔も難題であるが、安倍能成はそれを包括的かつ逆説的に記した人としても記憶されてよい。

朝鮮が文化上日本に多大の影響を与えたことは、争う可からざる事実である。隋唐時代、支那と交通して直接にその文化を伝えたこともあるが、その以前は皆朝鮮を通じてであり、その以後とても朝鮮の文化的仲介は依然として存した。百済から応神天皇の朝に派遣された（二八五年）有名な王仁《わに》は、王氏であって、楽浪人即ち漢人であったといわれるが、推古天皇の朝には高句麗人によって文学が伝えられ、聖徳太子の師恵慈は高句麗人であった。奈良朝時代（七〇八―七八一）に於ける唐文化の輸入が高句麗、百済等の朝鮮人の手を待つことの多かったことも否定することは出来ない。徳川時代に至って藤原惺窩《せいか》に朱子学を伝えたのは、姜沆という朝鮮人であったといわれている。こういう風に昔から朝鮮は、日本へ中国文化を若しくは中国に伝わった文化を伝達し、仲介してくれたという点に於いて、日本文化の恩人であった。中国文化の為には日本がわるくなったばかりで、中国文化なんか一つも有難くないというような僻論を吐く人もあるが、日本文化が中国文化の影響なしに今日の水準に達し得なかったろうことは、万人の正直には認めざるを得ないことであり、我々はこの文化を伝えてくれた昔の朝鮮人に感謝してよい。

以上はただ歴史的事実の二、三の断片に過ぎないが、ここではそれを詳説しないで、日本人のこうした外国文化の受け容れかたに就いて一言したい。併しその前に一応考えて見たいのは、中国文化の受け容れかたに朝鮮の流儀があり、それが日本人の中国文化の受け容れかたに影響してはいぬかということである。この問題に就いて、我々の同僚で中国日本の美術に委しい田中豊蔵君が、こういう説を述べたことがある。李王職博物館にも総督府博物館にも、金銅の弥勒半跏像にすばらしい傑作のあるのは周知のことである。これは三国統一以前の作であろうといわれている。かかる弥勒の半跏像は、日本にも、木像ではあるが、奈良の俗に中宮寺観音と呼ばれるもの、太秦の広隆寺にあるものの如く、実にけだかさの中に無限の慈愛を湛えた神品がある。ところが中国にはこういう半跏像があまり残っていないそうである。（略）本国の中国に乏しくて、朝鮮と日本とにこういう像の傑作が割に多く残っているという事実、こういう事実を通じて、そこに中国芸術に対する朝鮮人の選択が加えられ、その選択された中国文化が日本に伝えられた、ということが考えられはしないかというのが、田中君の仮説である。用心深い田中君は固より定説としてそれを出したのではないが、これは朝鮮文化と日本文化との関係を考えるに当たって、示唆多き仮説であることは否定せられない。又田中君の説によると、室町時代に日本に伝えられた中国人（宋人）の画と称せられるものの中にも、段々調べて行けば朝鮮人の作が多いということである。こういう事実も亦、日本人の中国文化の受容に就いての朝鮮人の参加を語る一例に引かれ得るであろう。

一体中国の芸術は、規模が雄大で、内容が複雑で、随分意力的な感じを与えるのであるが、それはそのままで日本人に親しみ得るものにはなり難いと考えられる。そこで朝鮮人のそれに与えた選択や、それに加えたモディフィケーションが、日本人に中国芸術又は文化を親しみ多くしたということも、考え得られはしないかと思うのである。日本人は概して朝鮮料理よりは中国料理を好むようであり、これは前掲の傾向とは反対のようである。併しそれにしても朝鮮料理が日本料理と中国料理との中間的位置にあることは、やはり三国文化の関係を語るものといえるかも知れない。

中国文化の受け容れかたに就いては、近頃の碩学だった内藤湖南氏は、奈良朝時代に日本に輸入された漢籍の目録その他から、日本人の独自な選択をそこに認めて居られるが、そういうことに就いては、私は十分な批判をなし得ない。ここに日本文化と朝鮮文化との交渉に就いて、一つの面白い実例を挙げるに止めておこう。それは日本の茶の湯に受け容れられた李朝の焼物のことである。李朝の陶器で民間の飯茶碗のような下手物《げてもの》が、文禄慶長の役以後特に日本へ渡り、それが抹茶茶碗として愛用せられ、公卿大名等の手に伝えられる中に、様々の由緒が付いて来て、所謂名物となり、今尚富豪の所有欲の重要な対象となっているというような現象には、その中に随分苦々しきもの、馬鹿げたものもあるが、併しこうして朝鮮人自身が、しかもその賤《いやし》まれたる庶民が、無意識に自然な気持で作った下手物《げてもの》の中に美しさを発見して、これを茶道という一つの独自な生活若しくは社交の形式の中に採り容れ、そういう器の隠れた微妙な美しさを発揮させたということは、日本人の癖としてそこに煩細なこせこせした味が加わったという弊害は暫く措いて、兎にも角にも日本人の手柄といってよく、朝鮮の焼物は日本人の手に入って初めて、その本来の或いは本来以上の価値を発揮したといってよかろう。これは朝鮮文化に対する日本人の受け容れかたの一つの面白い実例として挙げた次第である。

（略）

朝鮮は李朝以来所謂ハーミット・ネーション（隠者的国民）として、中国以外の国々との交通を拒み、世界の文化に対して全然門戸を鎖《とざ》した。日本も徳川幕府の時代はやはり鎖国の国策をとったが、幕末の開国に次いだ明治の新政によって大いに西洋の文化を採用し、爾来七十年の間にこれを自分のものにするようになり、今や昔の文化関係を逆に、中国文化に代うるに西洋文化を以てして、これを朝鮮に伝えつつある。そうして朝鮮は日本の隣邦として、日本現代の文化とともに世界の文化を受容し、又世界の文化と交渉しているのである。一体西洋文化は東洋文化と性質を異にする中にも、日本従来の文化は、東洋文化中でも最も西洋文化と相異なるものであったが、而も東洋諸国民中率先して勇敢に坦懐に西洋文化を採り容れた為に、日本は世界文化の水準に達し、西洋文化をものにするようになった。七十余年の間苦労して世界の文化を我がものとした日本の努力を利用して、世界の文化に接し得るのが、朝鮮人にとっての利益であり幸福であることは、否定す可からざる所である。西洋の文化にじかに接触するよりも、日本人の消化し来ったものによってこれを摂取することは、朝鮮文化の現段階に於いて必要的にして又当然的なものである。これは何も朝鮮人中の特に優れたもの、又特別なる境遇におかれたものが、直接に西洋から学ぶのを拒むわけでなく、朝鮮文化の一般の必然的状勢は即ちこうだというのである。そうしてこれがやがては将来に於いて、朝鮮人が協力して世界の文化に貢献する端緒を開くものである。(「朝鮮文化門外観」『槿域抄』二七四〜二八一頁)

ここには少なくとも二つ斬新なことが記されている。第一に朝鮮の賤民が作った「下手物」に日本人が美しさを発見したことを「日本人の手柄」と記していること（ただし安倍は「賤民」という言葉を避けて「賤まれたる庶民」と言う。陶工は仏教僧侶、シャーマン、旅芸人、白丁などとともに賤民とカテゴライズされていた）。第二に、かつて中華文明圏の辺境に位置していた日本や朝鮮が西洋文明圏世界に組み入れられる過程で経験した文化的授受関係における逆転現象を記しながら、日本と隣国との間にある相互的愚かさの伝統というものを指摘している点である。

後者の件は李用熙著「韓日関係の精神史的問題――辺境文化意識の葛藤について」（『新東亜』一九七〇年八月号、李用熙著・盧在鳳編『韓國民族主義』瑞文堂、一九七七年所収）の講演論文を想起させてくれる。同論文で李用熙は上古から現代に至る日韓（日朝）の相手方に対する関心やイメージの変化を分析し、長く「小中華」を自任し、隣国を野蛮視していた韓国（朝鮮）が日本統治期に至るや、「先進近代国」「伝統的蔑視」「仇敵」といった分裂的なイメージで日本を眺めるようになったのだと指摘するとともに、近代以前の日本が隣国の先進文化を吸収する際にも、それを中国文化の模倣であるとして韓国を軽蔑するのを忘れなかったのだと言う。

李用熙論文は田中明の論考「ある韓国人学者の日韓関係史論」（財団法人　日韓文化交流基金、一九八六年）に紹介されているが、今こうして李と安倍のエッセイを読み比べると、李用熙論文は実は安倍の論考にインスピレーションを受けて記したのではなかったのかと思えて来る。二つの論考はいずれも日韓が今も昔もある種のエスノセントリズム（自民族中心主義）のなかに生きていることを教えてくれるが、それを指摘した李用熙論文や安倍能成のエッセイは今や忘れられた存在になっている。

京城とアテーネ

安倍能成がときおり見せてくれる巨視的作品の魅力にも触れたい。というとき思い出すのは、済州島とシチリア島の比較論である「耽羅漫筆」（一九三〇年記）と「京城とアテーネ」（一九二八年記）の二作品であるが、ここでは後者に触れたい。安倍が京城赴任前の一年半を欧州で過ごしたことは先に記したが、主にはフランスとドイツに滞在していた安倍は知人に借金をしてギリシヤ、イタリア、ノルウェー、スウェーデンへの旅を経験したと言う（『我が生ひ立ち』岩波書店、一九六六年、五四一頁）。その経験なしには生まれ得なかったような作品の一部である。

初めて京城へ来た時私はすぐ何処やら希臘《ギリシヤ》のアテーネに似ているな、と思った。それから考えて見ると先ず総督府のある所がアテーネの王宮の位置に似ていて、その上に三角形をした白岳は王宮の左の方に聳えたリュカベトスの山に非常に似ている。北漢山の巍峩《ぎが》として変化に富んだ山容に比べては、アテーネの東を限るヒュメトス山は平凡に過ぎる嫌いがあるが、花崗岩を骨とした前者と大理石を包んだ後者とは、美しい白味のある底光りを持つ点では似ている。アクロポリスのある所は京城でいえばほぼ朝鮮神宮のそれに当るが、アクロポリスの全丘は大きさ朝鮮神宮のある南山全体に及ぶべくはない。漢江の如き大河はアテーネにはないが、神宮の前から漢江を見おろした景色は、私にはアクロポリスの上からピレウス、ファレンあたりの海を望んだ記憶を呼び起こすだけの類縁はある。一体に京城の方が三方山に迫られて纏《まと》まった感じがアテーネよりも多い。が然し全く類は違っていても所々に大きな古い建物や廃墟が残っていて、それが比較的みじめな街家を見おろしている点、大通りは文明の都会らしくて裏通りなどの整わず乱雑でやりっぱなしであることなども、感じの上で両者に共通な点である。

けれども何よりも両者の共通を私に直感せしめたのは、実に澄み渡った濃青の空と乾いた白い地面とである。恐らくアテーネは京城よりも一層乾いた都会であろう。二、三月頃はアテーネの雨期だと聞いたが、然し街頭の砂塵は濛々《もうもう》として靴磨きの客を呼ぶ聲を埋めるような日が多かった。夏の盛りには市民は絶えず、水！　水！　と呼ばわる位に雨に乏しい。然し京城の雨期は夏毎に漢江の水を膨らませて、江畔の龍山の住民の心胆を寒からしめて居る。けれども我々の雨の多い都、東京に比べるならば、京城も又立派に乾いた都である。ニーチェは天才の生まれた都は皆乾燥して居るといって、フィレンツェ、パリなどと一緒にアテーネをも挙げて居る。若しニーチェが妹への手紙に漏らした願いを実現して、仮に日本へ来て東京に暫くでも住んだとしたら、彼が東京の湿気を呪ったであろうことは万に一も疑いないが、然し京城を天才の都といったかどうだかもまた分からない。が、天才は兎も角も凡人なる我々にとっても、乾燥した京城の空気は確かに身体と頭脳とには好適である。春なども東京の春に免れ難い、妙に憂鬱な、倦怠の気持ちがない。実にニーチェの尊敬したギリシャの哲人ヘラクレイトスが、乾いた魂でなければ万物の一体を悟り得ない、といった詞を想い起こさしめる程、京城の乾いた空気は心身に爽快である。

アテーネは熱帯に近いだけに、清爽な気持ちの点で京城に劣る様である。それは私のいって居た二月の始めに、既に何となく暑苦しい気分を感じたのだから、間違いはあるまい。岩骨の稜々と露《あらわ》れたアクロポリスの上り口には、万年青が沢山生えていたが、その外に私の記憶にあるアテーネの樹木は糸杉《サイプレス》と橄欖《かんらん》［オリーブ］位なものである。糸杉は杉に似ているが、杉の様に湿地でなければ出来ぬことはないと見える。京城には杉は見られぬ。朝鮮で杉の見られるのは南海岸の一部分だけで、それも移植だと聞いた。京城に多いのは松である。南山は一面松に掩《おお》われている。そうしてその間に交わる濶葉樹の新緑の色の目もさめる様なフレッシさは、頂に近い大きい欅《けやき》の木の秋の黄葉と共に私の眼を喜ばす。私の家の窓からはその中にも殊に大きいY字形の欅が見える。これからの日毎、私はその葉の色に季節の推移を読むであろう。朝鮮には柳の大樹が多い。その淡い緑を白い砂地と鏡の様な濃青の空とに配して見るのは美しい。夏の初めには盛んに柳絮《りゅうじょ》が町の中を飛ぶ。槐樹《えんじゅ》も古い建物の前などに所々あるが、その枝振りは如何にもクラシカルである。朝鮮の到る処と同じく、京城にもアカシヤとポプラとは非常に多い。しかし京城には幸に大樹が多くてこのやくざな樹もさすがに立派である。夏咲くアカシヤの花の香は確かに夏らしい一種の気分を誘う。京城の春を魁《さきが》ける花に、連翹《れんぎょう》と躑躅《つつじ》とがある。躑躅は若葉に先だって開く紫がかった一重のつつましい花である。内地にはないと思った所が、去年の春に仁和寺で見たのはそれと同じものらしかった。兎に角京城は朝鮮では樹の多い所である。満洲の広野を通って来た人には京城の緑は殊に懐かしいらしい。松の間から白い土の明るくほの光る趣は中国あたりと同じだが、東京近くの黒い土の山に木草がもやもやと茂っているのを見て、私は近頃一種の重くるしさ鬱陶しさを感ずる様になったのは、やはり京城の乾いた景色になじんだせいかも知れない。

砂地という点で共通な京城とアテーネとは、その砂を押し破って流れる河流の投げやりな姿に於てもまた相似ている。京城の市中を流れる河には皆石垣が出来たが、少し市外に出ると砂の上を横ざまに流れる川水は、あのソクラテスがファイドンとその河辺の木蔭に語ったというイリソス河を想起せしめる。この河はあのオリムピエイオンのコリント式の円柱の遺跡の側を無造作に流れて、そこに砂の断層面を形造っていた。アテーネの郊外は寧ろ京城の郊外よりも荒寥《こうりよう》の感がある。京城の町端《はず》れにまだ穴居の住民がいるが、アテーネの町端れにある放羊者の小屋は、家具を側の木の枝にぶらさげて置くという程の原始ぶりを発揮して居る。最後に町はずれ近くに粗末な文化住宅が建て増されることをも、京城とアテーネとの共通点の一に数えて、このよしなし言を結ぼう。(『青丘雑記』、七六〜八一頁)

一九二六年、京城帝大に赴任した安倍は一五年の間、学期中は京城で過ごし、春夏冬の長期休暇には東京の家族の元に舞い戻るという二拠点生活を続けた。今日のソウルの大学キャンパスには、北米に家族を置いたまま学期中を韓国の大学で過ごし、長期休暇には家族のいる北米に舞い戻るという二拠点生活者が少なからずいるが、安倍能成はその先駆者であり、彼によると、「乾燥した京城の空気は確かに身体と頭脳とには好適である」。

二　浅川巧への惜別の辞

浅川巧が今日、日韓いずれにおいても好意的に評価される例外的日本人であるということは先述したが、浅川巧が逝去して三週間ほどが経過した頃、安倍は地元紙である『京城日報』（一九三一年四月二八日〜五月六日）に長い追悼文の連載を始める。これは異例の追悼文で、安倍は京城の読者たちに、あなたたちの同時代人に浅川巧という尊い人がいたのだよということをまるで福音書の記者のように記しているのである。

「種蒔く人」

巧さんは動《やや》もすればペシミスティックになる私の朝鮮生活を賑《にぎ》やかにしてくれる、力づけてくれる、楽しくしてくれる、朗らかにしてくれる、尊い友人の一人であった。少くともそういう友人になってくれる、なってもらいたい人であった。この人が春の花の咲くのも待たずに死んでしまった。私は寂しい。街頭を歩きながらこの人の事を思うと涙が出て来る。私は東京に居て、思いかけず巧さんが急性肺炎で危篤だという電報を受取った。そうしてその翌日の夜には、もうその訃報を受取ってしまった。それは四月二日であったが、その翌々日の晩には又、同僚にして先輩なる島本教授の思いがけない訃報に接した。人間の生死は計り知られぬとはいえ、これは又余りにひどい。私は朝鮮に帰るのに力が抜けたような気がした。

よき夫である巧さんが奥さんに残された悲しみ、よき子を先だてられた母堂の嘆き、又よき弟と同時によき友達を持つという最大の幸福を、突如として奪われた兄君の伯教君の心を思う時、私は妻たり母たり兄たるこれ等の人々のためにも、巧さんの死を悲しまずにはいられない。けれども私は巧さんの死をただこれ等の人々の為にのみ悲しむのではない。巧さんのような正しい、義務を重んずる、人を畏《おそ》れずして神のみを畏れた、独立自由な、しかも頭脳の勝れて鑑賞力に富んだ人は、実に有難き人である。巧さんは官位にも学歴にも権勢にも富貴にもよることなく、その人間の力だけで露堂々《ろどうどう》と生きぬいて行った。こういう人はよい人というばかりでなくえらい人である。こういう人の存在は人類の生活を頼もしくする。殊に朝鮮の様な人間生活の稀薄な所では一層そうである。こういう人の喪失が朝鮮の大なる損失であることは無論であるが、私は更に大きくこれを人類の損失だというに躊躇しない。人類にとって人間の道を正しく勇敢に踏んだ人の損失ぐらい、本当の損失はないからである。

巧さんは確かに一種の風格を具えた人である。丈は高くなく風采も揚がらなかった。卒然としてこれに接すると、如何にもぶっきらぼうで無愛想らしく、わるくいえば一寸不逞鮮人らしい所もあった。しかし親しんでゆく中に、その天真な人のよさは直ちに感ぜられ、その無邪気なる笑とその巧まぬユーモアとは、求めずして一座を暖かにする所があった。

巧さんは生前よく人間は畏《おそろ》しくないといって居られたそうである。人間を畏れない巧さんは即ち自由に恵まれた人であった。そうしてこの自由の半面に、巧さんの類稀な誠実と強烈な義務心とがあった。巧さんは僅かに四十二の厄年でなくなられたが、この自由とかの精刻との調和を具現し得た点に於て、珍しく「出来た」人であったと思える。

巧さんの自由な風格は又その求める所貪る所のない所から来ている。巧さんは生前冗談の様に「俺は神様に金はためませんと誓った」といわれたそうである。しかしこの冗談の中にやはり巧さんの真骨頭《ママ》がある。巧さんの生涯がこの詞を裏書きしていた事実は、決してそれが単なる虚栄心や付景気《つけげいき》からなされたのでないことを思わせる。私の考える所では、巧さんは恐らくそこに一種の宗教的な安心を得て、よく現在に応接して執《しつ》する所なきを得たのであろう。

巧さんの行事を見ると、それはそれ自身の為になされてその他の目的の為に、報酬の為になされることを、極度に忌まれた様に思う。巧さんの朝鮮語に達者なのは周知のことである。総督府の役人は朝鮮語の試験に通過すると手当がもらえる。巧さんの力を以てしてこんな試験に通過する位は朝飯前のことであったろう。しかし人がそれをすすめた時、巧さんは冷然としてこれを一笑に付し去ったそうである。これは決して負け惜しみではあるまい。私はそこに巧さんの奪う可からざる本質を見るのである。

巧さんは又右の手のしたことも左の手に知らしめぬという所があった。平生奥さんを戒めて、人に物をやったことを決していってはならない、いったらばしたことは何にもならない、といわれたそうである。これも行為を行為そのもの以外の何物にも託すまいとする道徳的純潔から来たものであろう。

（略）

巧さんの朝鮮に渡って総督府山林部に勤められる様になったのは、大正三年五月、巧さん二十四歳の時であった。それから後十八年の歳月は、巧さんを深く深く朝鮮と結びつけて、永久に離れられぬものとしてしまった。しかもこの十八年の勤労を以てして、巧さんは死ぬる前、判任官の技手であり、月給は五級であった。五級といえば中等学校に初めて赴任する者のもらう俸給である。精励恪勤《せいれいかっきん》にして有能類少ない巧さんの様な人に対する待遇として、誰がこれを十分だといおう。併し我々からいえば、巧さんの如きは、如何に微禄でも卑官でも、その人によってその職を尊くする力ある人である。巧さんがこの位置にあってその人間力の尊さと強さとを存分に発揮し得たということは、人間の価値の商品化される当世において、如何に心強いことであったろう。私は巧さんのためにも世のためにも寧ろこのことを喜びたい。

兄さんの伯教君は、巧さんの生前に何とかして官途をはなれて自由に働かしてやりたかった、と述懐されたと聞いた。兄君の心として、巧さんの才能と気質とを解する人として、この思いを誰が同感せぬものがあろう。けれども私をして大胆にいわさせれば、巧さんは恐らく自分の技手としての仕事の尊さにも多大の愛着を持って居られたのであろう。さもなければそれから足を洗う機会は必ずしもなくはなかったと聞いている。私は生前巧さんが林業試験所に勤めて居られたことを知っているだけで、そこでどういう仕事をして居られるかを知らなかった。死後になって巧さんの仕事が種を蒔いて朝鮮の山を青くする仕事であったときいて「是《これ》ある哉《かな》」と思わざるを得なかった。それは実に朝鮮にとって最も根本的な仕事であった。なまじっかな教育や講義なんかするよりも、一粒の種を蒔き一本の木を生い立てた方が、どんなに有益な仕事か知れない。巧さんが「種蒔く人」であったことは、外の如何なる役目よりも巧さんの様な人にとってふさわしくはないか。ミレーに「種蒔く人」の絵があった。そういえば、巧さんの背中を円くして手を前にふりふり歩く恰好までが、その種蒔く人に似て居るらしくも思えて来る。（「浅川巧さんを惜む」『青丘雑記』二七九～二八七頁）

竹山道雄と安倍能成

安倍能成に人間の魂をつかみとってしまう天稟があると記したのは一高時代の同僚であり、安倍を敬愛した竹山道雄であるが、竹山は自身が安倍に魂をつかみとられた人であった。

安倍さんはよほど特別な人で、没後十何年たった今になっても懐かしい。思い出さない日はほとんどないかもしれない。（略）／私は戦後に安倍さんの命によって雑誌『心』の編輯に関係し、これによって和辻［哲郎］、小泉［信三］、田中［耕太郎］、武者小路［実篤］、長与［善郎］……といったようないわゆる大正教養派の先生方に接した。これは私にとって幸福だった。それぞれ立派な人々で、ことに和辻、小泉の両先生には大いに敬意をもったけれども、安倍さんにほど人間的に惹かれた人はなかった。一つには、安倍さんが戦中戦後に一高の校長であったときに近く親炙してこきつかわれたからでもあったろうが、何よりも先生がその独特の天稟からこちらの魂をつかみとってしまったからでもあった。(「安倍能成先生のこと」『竹山道雄著作集4　樅ノ木と薔薇』一九八三年、一九八頁)

しかし竹山にとって安倍が特別な存在になるのは一高の同僚になってからのことで、かつて一高の学生時代に安倍の倫理の講義を聞いたときには、その講義は「内容ゆたかな立派なものだった」が、「安倍さんは痩せて太い眉の下に目がくぼんで、ひどく神経質な印象をうけた」と言う。ところが京城での十五年の生活を経て一高校長として赴任した安倍は「丸々と豊頬で白髭が立派で威風あたりをはらうがごとく、エネルギッシュなカリスマ性を発散していた」とあるから、安倍は京城時代に人間としての趣を随分変えていたらしい。とはいえ、竹山が京城帰りの安倍に簡単に魂をつかみとられたというわけではない。竹山は一高校長就任の日の安倍の奇怪な行動についても記している。

就任の日に、われわれ教師を集めての挨拶があった。そのころは軍に対する批判はまったくなく、世上惨として声なかった。ところが安倍さんは猛烈だった。「……近頃は忠義な日本人をなるべくなくしようとするやり方である……」。まことに痛快をきわめ、われわれは大いによろこんだ。(略)

この挨拶がすんで懇談となった。先生は私の前に来て、「あんたは船田君の奥さんの兄さんじゃそうですね」と言われた。

船田享二《きょうじ》というのは、京城大学でローマ法を受け持っていたので、後になって芦田内閣だったかの無任所大臣となり、一頃は三木武夫とならんで呼ばれていた。私の妹がその妻だった。安倍さんがそれまで京城の法文学部長をしていたときに同僚だった。

こう問われて私は答えた。「はい、そうです」。そして言った。「先生は京城で船田と良くおつき合いをなさいましたか?」

すると安倍さんは答えた。「いや、つき合わん。気があわんからつき合わん。あれは先天的な嘘つきじゃ」

私は驚いた。初めて会った者(私が生徒のときには先生とは接しなかった)にむかって、こういうことを言う人があるのだろうか。

その夕、新任の校長が教師たちを呼んで、ささやかな宴が催された。その頃のこととてはなはだ乏しかったが、それでも膳は出た。いささかの酒がまわって、安倍さんが唱いだした。それが、おどろくべきことには、卑猥をきわめた田舎の俗謡だった。その一節の文句もおぼえているが、とても活字にはできない。そしてかなり乱れた。宴が果てた後、われわれは顔を見合わせて言った。「何だい、いったい、今度の校長は……」

安倍さんのこの複雑さをわれわれが理解するまでには、かなり暇がかかった。(同書、一九九~二〇〇頁)

竹山道雄の妹である文子は戦後に「主婦連」の副会長を務めた人であるというが(平川祐弘

「安倍能成と竹山道夫（上）」『正論』二〇一四年一二月号）、義理の兄について安倍が発した言葉には驚いたに違いない。にもかかわらず、竹山はそんな安倍に魂をつかみとられてしまうのだが、追悼文で京城の市民に浅川巧の尊さを伝えている安倍の語り口からすると、安倍もどうやら浅川に魂をつかみとられた人であるらしい。そうでなかったら、浅川の喪失をして、「こういう人の喪失が朝鮮の大なる損失であることは無論であるが、私は更に大きくこれを人類の損失だというに躊躇しない」などと言うだろうか。

朝鮮人を愛することの難しさ

追悼文には浅川の工芸品研究について記した箇所もある。

巧さんには林業方面の研究や工夫も多かったと聞くが、その方面のことは私はよく知らない。しかし、本職を忠実に勤勉にやる傍ら、朝鮮人の生活に親しみ、文化を研究し、殊にその工芸品に対する鑑賞と研究とに至っては、すでに世間周知のことである。（略）

巧さんが大正十二年来、柳宗悦君や伯教君と協力して朝鮮民族美術館を設け、多くの価値ある工芸品を蒐集して、世間をして朝鮮工芸の価値を識認せしめた功労は、今更喋々するまでもない。この事業に対しても巧さんの態度は実に無私であった。尤も品は皆これを美術館に寄せ、自分の持っているものには、見所はあっても傷の多い欠けたものが多かった。こういう態度も今の世には殊に有難い態度であって、学んでも中々到り得ない所であろう。

巧さんの著述として世に行われているのは、昭和四年に出版された『朝鮮の膳』であるが、その外に美術工芸に関する論文の発表も数々あると聞いた。『朝鮮の膳』について感心することは、その知識が確実であり、豊富な経験を煎じつめて一つも空虚な処がなく、一々に実物に当たってそれを知りぬき味わいぬいていることである。本文は僅かに六十ページ足らずであるが、実に簡潔にして珍しく正味の豊かな書物である。そうしてその文章もまた無駄のない好文章である。殊に私の敬服するのは、この短い書物が、啻《ただ》に巧さんの頭のよさと鑑賞の確かさとを示すのみでなく、そこにおのずからなる智慧――単なる智識でない――の流露していることである。朝鮮の文化を対象とする学者で、朝鮮の人間にも生活にも芸術にも一向興味のない人がある。精確な知識の書である上に愛と智慧との書である。この著述のようなものに対しては、世間の学者と称する者も自らその及ばざる所を痛感してよい。いわゆる学術的論文の形式と考証らしい体裁とを備えただけで、その学術的価値が直ちに肯定せられると思うのは大きな間違いである。

巧さんの遺著としては最近に世に出るべき『朝鮮陶磁名考』がある。去年十一月末、春めいた初冬の日曜日に、今西さんと一緒に巧さんの清凉里の居を訪うた時、この書物の原稿を見せてもらったが、それが生前に出版者の手に渡ったことはせめてもの幸であった。柳君がこの書を紹介して「この著書位自分において企てられ又成されたものは少ない。未だ何人も思いみず、試みず、又恐らく成し遂げ得ない仕事であると思う。故国の人たる朝鮮人にも望み難い著述である。（略）同時にどんな日本人の手からもこの様な本を期待することは出来ない。なぜならば著者をおいてどこにも、朝鮮の陶器に対し、情愛と理解と知識と経験と語学とを兼ね備えた人は、他にないからである」といっているのは、決して溢美の言でも何でもない。この書一巻のみを以てしても巧さんは、朝鮮において不朽の事業を遂げた人だといってよい。（同書、二八八〜二九一頁）

末尾部分には朝鮮人との繋がりについて記した文がある。

骨董を愛玩する者は多い。しかし真に芸術を愛する者は少い。けれども芸術を愛するよりも更に六《むつ》ケしいのは、実に人間を愛することである。人間は芸術よりも生々しくあくどく、動《やや》もすればいやな面を見せる。その関係は芸術とのそれの如く自由ではない。いやであっても離れられぬ。好きであっても一緒になれない。多くの芸術愛好者若《も》しくは愛好者と称する者は、神経質な気まぐれな愛好者もしくは嫌悪者であり、我儘《わがまま》なエゴイストである。殊に内地人が朝鮮人を愛することは、内地人を愛するよりは一層困難である。感傷的な人道主義者も抽象的な自由主義者も、この実際問題の前には直ぐ落第してしまう。芸術の愛好者であり、独立不羈の性格者であり、自分唯一人の境涯を楽しむすべをかほどまでも解していた我が巧さんは、実に類稀な感情の暖かい同情の豊かな人であった。そうしてそれは実に朝鮮人に対して殊に深く現われたのであった。

巧さんは例によって人のためにしたことをめったに人には語られなかった。けれども薄給の中から巧さんの助力によって学資を与えられ、独立の生活を営み、相当の地位を得るに至った者は実に数々あるそうである。巧さんの死を聞いてやって来たこれ等の人々の、慈父の死に対する様な心からの悲しみは、見る人を惻々と動かしたという。私も亦その一人を見た。彼は巧さんを本当におとうさんよりも懐かしく思っていたといった。巧さんが常に彼に説かれたのは、何よりも正直であれということだったとも語った。彼の顔には掩《おお》われぬ誠心が見えた。巧さんは恐らくその真直《まっす》ぐな曇りなき直覚で、多くの朝鮮人の中から善い朝鮮人を見出されたのであろう。（略）巧さんの心は朝鮮人の心を把《つか》んでいた。その芸術の心を把んでいた如くに。

巧さんは朝鮮の色々な人々に知合いをもって居られたらしい。昨年十二月の初旬の夕であった。私達は巧さんに引っぱられて、第一にソウランタン（牛の水だきのようなもの）を吸い、次に餅湯をたべ、更に酒幕に入って薬酒をなめ、一品の肴を試み、終わりに巧さんの知り合いの妓生を抱えている家を訪うた、興ある一夜を忘れ難い。こんな愉快な催しも巧さんがなくなっては出来ない。暢気なことをいう様だが、これもさびしいことの一つである。

親族知人相集まって相談の結果、巧さんに白い朝鮮服をきせ、重さ四十貫もあったという二重の厚い棺に納め、清涼里に近い里門里の朝鮮人共同墓地に土葬したことは、奇を好む仕《し》業《わざ》でなくて、実にこの人の為に最もふさわしい最後の心やりであった。里門里の村人の平生巧さんに親しんで居た者が、三十人も棺を担ぐことを申し出でたが、里長はその中から十人を選んだという。この人達が朝鮮流に歌をうたいつつ棺を埋めたことは、誠に強いられざる内鮮融和の美談である。

考えて見れば、故人については、涙ぐましきこと、感心すること、敬服することばかりである。朝鮮に居る内地人もこういう人をこそ仲間の誇りとすべきである。

巧さんの生涯はカントのいった様に、人間の価値が実に人間にあり、それより多くでも少くでもない事を実証した。私は心から人間浅川巧の前に頭を下げる。（同書、二九二〜二九五頁）

安倍に竹山道雄の魂をつかみとるような魅力があったとしたら、それは安倍の朝鮮体験と無関係ではないはずであり、その朝鮮での人間交流において安倍に影響を与えた人がいたとしたら、それは誰よりも浅川巧であったに違いない。

註
1　安倍能成批判の例を少しだけ加えたい。梶村秀樹の文と同時期の批判に朝鮮語学者・梶井陟《かじいわたる》による「安倍能成の書いたもののどこを探してみても、朝鮮統治をきびしく批判したものなどはひとかけらも見あたらない」（『朝鮮語を考える』龍溪書舎、一九八〇、二六七〜二六八頁）の文がある。安倍の政治的態度を批判したものはその後にもあって、近年の例に中見真理による次の発言がある。
〈筆者は（略）当初、安倍は日本の朝鮮政策に批判的な観点を持っていたが、行動的でなかったために、批判を控えていた、もっと行動的であれば日本の朝鮮政策を批判しえたのではないかと想定していた。しかし安倍の戦前の著作のほとんどに目を通し考察した結果、全くそうではなかったことに気づかされた。というよりもあからさまに日本の植民地主義やアジアへの侵略を肯定していたことに驚きを禁じえなかった〉（中見真理「安倍能成と朝鮮」『清泉女子大学紀要』第五十四回、二〇〇六年）。

新しい安倍能成論がないわけではない。高田里惠子（桃山学院大学教授）はその論考で京城時代の安倍というよりは青年期以後の安倍の半生に関心を寄せ、その著作に日本の人文学の非力や無力を読みとろうとする。この視点は興味深いが、京城時代の記述に本章で筆者が記した闘う姿勢といったものが無視されているのは遺憾である。高田は次のように記している。

〈安倍は戦後、正直に告白しているが、たしかに一五年間にわたった朝鮮半島での単身赴任生活のあいだ、独身の旅人の気楽な態度に終始した。これは比喩ではなく、実際、京城の街を精力的に歩きまわり、さまざまな場所を訪れ、変わった食を試し、そしてそれをエッセイに書いたのである〉（「安倍能成とは誰だったか？」『人間文化研究』第16号、桃山学院大学、二〇二二年）

「独身の旅人の気楽な態度」と言うが、京城帝大赴任前のヨーロッパ旅行であるとか、京城での日常的な散歩、あるいは年に三回の長期休暇を利用しての東京と京城間の往還体験といった旅の体験は、安倍の観察や直感の源であり、三角測量の源でもあっただろう。高田は、旅が人間に与えてくれる発見や思考やインスピレーションの力に無関心であるようだ。

逆に安倍能成論で共感を覚えるのは、たとえば『青丘雑記』所収の「浅川巧さんを悼む」を記した市原豊太（一九〇二〜九〇）の次のような文。

〈「浅川巧さんを悼む文」は傑作で、奪ふべからざる志を懐包する布衣《ほい》の匹夫《ひっぷ》をこれほど美しく描いたものは稀であらう。総じて先生の随筆には、友を語る文章が著しく多い。先生は甚だぶっきらぼうな無愛想な野人であるが、その剛直な真実さと、他人の価値を謙虚に認めて愛される素質によって、珍らしく多くの清潔で淡泊な交友を持ってをられる。この淺川さんは日本人として実に類ひ稀な朝鮮人の心友であったが、その愛した半島民衆の今の不幸を先生は深く悲しんでをられる。昨年、私の「青丘雑記」の扉に何か一筆をお願ひした時、先生は「懐彼山河而心惆悵〔懐《シンデ》二彼山河一而心惆悵《チュウチョウタリ》（悲しみ怨む）〕」という句を書いて下さった〉（「解説」『安倍能成・天野貞祐・辰野隆集』昭和文學全集10、角川書店、一九五三年、一二〇頁）

2　梶村秀樹は差別糾弾者として鳴らした人でもあるが、彼自身の朝鮮人観や日本人観には大いなる歪みがあった。例えばこの時代の朝鮮在住の日本人について記した次のような文。

〈実際、歴史に登場する朝鮮殖民者の生きざまは、ギョッとするほどすさまじく、弁護の余地なく邪悪である。庶民にいたるまで、ときには庶民が官憲以上に、強烈な国家主義者であった。かれらは朝鮮人に対して、国家の理念で完全武装した冷酷なエゴイストであり、あけすけな偏見の持ち主、差別・加害の実行者であった。朝鮮人のことならすみからすみまで知っていると自負しているくせに、実は本当のことをなに一つ知らないのだった〉（「植民地と日本人」前掲書、一九四頁）。

　こういう文を読むと、「あけすけな偏見の持ち主」とは梶村自身のことを言うのではないかと思えてくるが、梶村は今日の韓国では「良心的日本人」と呼ばれてやや聖人化されている人物であり、日本の側にも同調者たちがいる。

第五章

旅する科学者

ほーたるこいこい、ほーたる来い、
提灯とぼして　飛んで来い、
そっちへ行けば　暑《あーつ》いよ。
こっちへ来れば　涼しいよ。

ほーたるさん　ほーたるさん、
おいらと　遊んで行かないか、
そっちの河は　深いぞ、
深い河に　溺れたら、
きれいなお羽が　濡れように。

朝鮮の童謡（金素雲訳）

一　挾間文一と辺境の地への旅

なぜ京城医専にやってきたのか

大分県北海部《きたあまべ》郡《ぐん》佐賀市《さかのいち》村に生まれた挾間《はざま》文一《ぶんいち》（一八九八〜一九四六）は一九二三年長崎医科大に入学、第一回生として卒業すると助手としてそのまま薬物学教室に残り、一九三〇年には同大助教授に就任する。後にノーベル生理学・医学賞の候補となる研究が始まるのはこの時期のことで、挾間は研究室が英国から購入したケンブリッジ社製の弦線電流計を用いて臓器の動作電流曲線を描写する作業に取り組み、それに成功し、成果をドイツ語論文で記し、多くはドイツの科学専門誌に掲載されるようになる。

挾間はしかし一九三五年、京城医学専門学校への転任を余儀なくされる。当時、長崎医科大で発覚した博士号学位売買事件の責任をとって辞職した主任教授の後任として長崎に赴任することになった京城医専の教授が、助教授職にあった挾間の留任を望まなかったためである。

挾間は不本意ながら京城の地に向かうが、発光生物に関する研究は続けられ、やがて朝鮮をテーマにした多くのエッセイが記されるようになる。『発光動物』（春秋社松柏館、一九四三年）、『自然科学南と北』（力書房、一九四三年）、『朝鮮の自然と生活』（東都書籍、一九四四年）の三冊はいずれも京城医学専門学校時代に書かれた「科学随筆」集であり、戦後には、弟子の鈴木敏雄が中心になって生前に準備されていた自然科学論文集に『朝鮮の自然と生活』が加えられて『生物電気』（鈴木敏雄編、非売品、一九八〇年）の著書も刊行されている。

筆者は偶然『朝鮮の自然と生活』の本を入手し、旅する科学者の姿に斬新な印象を受けたが、戦後この人の朝鮮エッセイに触れたものがだれもいないことに不思議な気持ちがした。筆者に見落としがあったかもしれないが、少なくとも朝鮮研究者の作品に挾間に言及したものはなかったように思う。それがなぜなのかが気になっていたが、あるときその無名であるはずの挾間が一九三八年のノーベル生理学・医学賞候補に推薦されていたという記事を目にして驚く。岡本拓司の論考（「平成期の日本のノーベル賞受賞者」『日本物理学会誌』vol.74,No.5, 二〇一九年）がそれで、長崎医科大の後輩である下村修《しもむらおさむ》（一九二八〜二〇一八年）がやがて発光生物の研究でノーベル化学賞を受賞するというニュースを挾間が耳にしたら、どんな感慨を抱いたであろうかと言う。

下村修は長崎医科大学付属薬学専門部から名古屋大学を経て渡米、プリンストン大学、ボストン大学を経て、ウッズホール海洋生物研究所に勤務。二〇〇八年発光生物の研究でノーベル化学賞を受賞した人であるが、長崎医科大の先輩に発光生物の研究者がいたことを知らないはずがない。しかし長崎大学医学部のホームページには下村の名前はあっても、挾間の名前は出てこない。やがてそれは長崎医科大の浦上校地が爆心地近くに位置していて、当時の医科大のデータが消失してしまったことに一因するのだと気がつくが、残念なことである。

長崎医科大学と京城医学専門学校での一八年間の挾間文一の業績については氏が晩年に記した「我研究の発展」（『朝鮮の自然と生活』東都書籍、一九四四年）に詳しいが、長崎医科大在職の八年間、欧州の専門誌に掲載した論文が三十余篇になるというのは驚きである。同書には長崎時代を回顧して「私は若い人達に研究生活の最初の時代を、比較的小さい大学で送ることをすすめ度《た》い。（略）大都市の生活よりも遥かに躁急や不安の少ない環境と、そして自然との密接な生活は、これ等を自ら体験し後に至ってその欠如を痛感した者のみが、評価し得る特典である」の文もある。

しかし先述したように、一九三五年二月のある日、学長に呼び出された挾間は長崎医科大から京城医学専門学校への転任を「強請的」に勧められ、半ば追われるように長崎を去るのだが、幸いなことに、新しい環境への適応にはさして時間がかからなかったようである。『朝鮮の自然と生活』の「序」には次のような文がある。

朝鮮の風物が、新来の人に、先ず最初に特別素適《すてき》な印象を与えると主張する事は出来ない。ある邑《ゆう》に、内地から招聘された官吏が、停車場から最初の通りを市場の所まで来て、そのまま黙って引き返し、次の列車で永久にこの邑を立ち去ったとさえ言われている。この話が真実であるか、意地悪い風評であるか、私は知らないけれども、十年前の四月十六日、私が初めて朝鮮の地を踏んだ時の第一印象も、私の暗い気分を明るくするのには少しも役だたなかった事を白状しなければならない。汽車の窓から移り行く沿線の田園風景を眺めた時、若草の漸《よう》く萌え出た禿山の麓に、ひれ伏さんばかりに、低く落ちぶれている粗末な藁《わら》屋根の茅屋《かやや》が点在している貧弱な春景色に、一種の寂寞の念さえ感じたのであった。

しかし、京城に居を構えて、折々田舎を歩いているうちに、いつしか私はその風物の中に親しみを感じ始めた。殊に秋になって大気が物凄く冴《さ》えて来ると、亭々《ていてい》と聳《そび》えるポプラに囲まれた農家の屋根の上に、真赤な唐辛《とうがらし》が乾かされる。夜には、手を挙げれば撫《な》でられそうな美しい星が輝いて来る。そしてどこからか、星を呼ぶ素朴な童謡が夕闇の中から聞こえて来る。この様な点景に魅力と興味を感じた私は、それから朝鮮の自然を科学的に探求する様になった。最初に目を付けたのが、路傍の雑草であった。内地では植物等には何等の興味も持たなかった私であったが、朝鮮では妙に雑草に魅力を感じ、その名称や分布を調べている間に、今度は偶々《たまたま》朝鮮には秋に出る蛍《ほたる》のいる事が分かって、研究はこの方面に脱線し、その発光現象に関し二、三の専門の論文をも発表した。蛍の発光に興味を唆《そそ》られた私は、仁川の潟の中にも毛翼虫《もうよくちゅう》という、不思議な発光動物が棲んでいる事を知って、その発光器の構造を研究し、新事実を見つけだした。研究が進展するにつれて、朝鮮の生物学にはまだ未開拓の領域が少なからずある事に気付いて、興味は募《つの》る一方であった。

朝鮮に魅力を感ずる様になった他の一つの原因がある。それは、あの星空の美しい事である。大陸特有の澄みきった夜空に輝く天上の美花を知った私は、何物にも換え難い喜びを覚え、二、三年間はその運行の観察や、伝説の調査に没頭した。その内に私の研究は意外な方面に転進して、あの北鮮特産の明太魚［スケトウダラ］の眼の研究をやる様になった。これ等の研究のため朝鮮の田舎を旅行する機会が次第に多くなったが、偶々、四年前から鉱山の診療や衛生指導に歩く様になってから、全鮮［全朝鮮］の隅々《すみずみ》まで足跡を印した。その折よく朝鮮宿に泊り、朝鮮食を食い、各地の伝説や民謡を聞き、方言を覚える機会に恵まれた。その際私は、また動植物を採集し、土俗を探り、農家の構造を調べ、迷信を聞く事を怠らなかった。この様な過去の生活を顧みると、過労と繁忙の集積であったが、また最大の慰安の連続でもあった。かくして十年間を過した間に、私の観察記録は次第に増して、十冊の部厚いノートに余る程になった。この記録を平易に綴ったものが本書なのである。従って本書はまた私の生活記録と言っても差し支えない。

幾千年となく幾万年となく、日に日に朝鮮の山野は陽を映じ、半島の河川は水を送り、無心の営みを続けて来た。その山野に住み河川を航する人々は国土の恵みを受け自然の運命に従って、生業《なりわい》を続けて来た。半島の持つ麗しい自然のもたらす柔和な感覚は、本島の人々にも大陸の人々にも比すべきもののない美しいもので、一種の哀愁を唆るものさえあり、尽きぬ魅力を感ぜしめる。私はこの半島の自然と生活を、私の学的探求の記載の中に織り込んで、提示せんとするものである。

過去を顧みると、多忙な、しかしまた懐かしい印象と精神的刺戟との多かった十年間であった。思い出を追想すると、今でもまだ絶えず様々な風物が、はっきりと眼前に浮かんで来る。例えば春草を洗って静かに流れる鴨緑江の清流、素晴らしい黄金草の聚落《しゅうらく》に目を奪われた三防峡の初夏の風景、月光を踏んで秋の夜を踊り明かした南鮮の乙女達、夏に犬を食う北鮮の奇習等、今尚私の記憶に深い感銘として残っている。私の放浪癖は、今後も私をして益々半島の山野を跋渉《ばっしょう》せしめ、研究に拍車をかけるであろう。

長崎の家や研究室や友人や同僚から切り離され、朝鮮へと旅立った挾間が京城に向かう汽車の窓から見た朝鮮の初印象は好ましいものではない。「貧弱な春景色に、一種の寂寞の念さえ感じた」と言う。しかし初印象が否定的なものであっても心境を変化させるものもいる。挾間の場合そのきっかけとなったのは大陸特有の澄みきった夜の星空への関心と、それまでは見向きもしなかった「路傍の雑草」への関心であり、半島の山野の跋渉はこれからも続くだろうと言う。

しかし挾間に残された時間は少なかった。朝鮮統治が終焉した翌月の一九四五年九月、挾間は急性肺結核に倒れ、翌年の一月に九州帝国大学医院で亡くなる。四十七年の生涯であった。それにしても「春草を洗って静かに流れる鴨緑江の清流、素晴らしい黄金草の聚落に目を奪われた三防峡の初夏の風景、月光を踏んで秋の夜を踊り明かした南鮮の乙女達」の記述は、まるで死を目前にした人が目に浮かべるという至福の光景のようではないか。

辺境の地への旅

肝心の作品の紹介が遅れてしまったが、『朝鮮の自然と生活』に収録されている朝鮮エッセイの紹介から始めたい。同書には「朝鮮の秋蛍」「朝鮮料理のいろいろ」「農村婦女子と娯楽」「北鮮鉱山診療記」「朝鮮の土俗」「京城の春」「半島の眼病物語」「農村家屋の地方色」「朝鮮樹木考」等の朝鮮エッセイが収録されているが、ここに引用するのは「北鮮鉱山診療記」の文である。挾間は一九四一年夏以後、鉱山連盟の委嘱を受けて、辺境の地に位置する鉱山での診療や衛生指導を年に数回行うようになるが、「北鮮鉱山診療記」に記されているのは三年目の一九四三年六月二日から十一日にかけての記録で、行先は朝鮮半島の北東に位置する咸鏡道の鉱山。助手の朱《あけ》本《もと》君（朱仁鎬）が同行している。

犬を食う人たち

六月二日。鉱山聯盟の委嘱を受けて、助手の朱本《あけもと》君を伴い、今度は北鮮の鉱山を診療することとなった。昨夜来少し下痢をして、相当身体が弱っておったが約束だから、意を決して十九時四十分の急行で京城駅を出発した。同行は鉱山聯盟の美根氏と朱本君の二人。久しい間日照りが続き非常に雨を待望しておったが、この日の夕方頃からぽつぽつ降り出し、蘇生の思いがした。この冬頃から北鮮は非常に発疹チフスと回帰熱が流行して戦々兢々としておったが、産業戦士達の診療と衛生指導は国家的の要請であるから、勇を鼓してこの旅を決行したのである。漸く寝台券が手に這入ったので、最も感染の危険の少ない上段を選ぶことになった。言う迄もなく発疹チフスや回帰熱は虱《しらみ》からうつるのであるから、除虫菊の蚤取粉を用意して寝台の上に振り、また樟脳の入った袋を洋服の上衣の中やズボンの裏などにつけて、予防にはぬかりはなかった。雨は夜通し降って、実にいい天与の慈雨であった。

六月三日。終日曇りで時々小雨。咸興駅で目が醒めると、この町に開業の吉田君夫妻が迎えに来ておった。久闊を叙す。ここから咸鏡南道鉱山聯盟の堀主事が同乗し、今度の旅行に行を共にする。咸興から端川の間は相当な降雨があって、農民達は昨年も一昨年も不作であったから、今年こそはと豊作を望んで雨の田圃《たんぼ》に甲斐甲斐しく働いていた。十四時半頃端川駅に着いた。昨年も泊まったことのある香川旅館にちょっと休息して、汽車を待つ間に理髪した。私は京城にいれば、休日も実験をやったり、書き物をしたりして、ほとんど髪をかる閑《ひま》がないので、よく旅行先の寸暇を利用して散髪する習慣がある。最近は、どこも物資が不足しているので、旅先で市場に出掛けて、その物資の集散状態を見るのを楽しみにしておるが、端川でも御多聞《ごたぶん》に洩れずその状態を見ると、久しく口にしなかった胡麻が沢山あったので、一合四十五銭の公定価格で、五合程買う。割合魚が豊富で大きな塩鯖《しおさば》が一尾六銭、五寸ぐらいの小烏賊《こいか》が一尾二銭で頗る安値、さすがに田舎はいいと思った。

十六時二十分の端川発古城行き列車に乗って宇部鉱山に向かう。この汽車は私鉄ではあるが、広軌だけに非常に乗心地がよい。例によって行儀の悪いオモニ連中が車中に沢山の荷物を持ち込むので、非常に不愉快であったが、朝鮮の何処にもある田舎風景であるから、これは辛抱しなければならない。沿線至る処、朝鮮薬師草《やくしそう》の花盛り。その間に薄雪草《うすゆきそう》が点々と咲いている。薄雪草は一種の高山植物であるが、平地の鉄道沿線にこの花があろうとは、全く予期しなかった。私は旅行先でよく植物の分布を調べているが、これは名所旧蹟を見るのと同じように、旅をする者にとって、慰安の一つである。汽車の沿線で、偶然井戸端で犬を殺して料理している農民を見る。朝鮮では盛夏の候に犬を料理し、これを味噌汁にして食べる習慣がある。これを朝鮮語で「ケクック」と呼ぶ。盛夏になると脂物が足りなくなり身体が衰えるので、ヴィタミン補給の意味から犬を殺して食うのである。従って朝鮮では犬は一種の食料品で、以前は一匹二、三円で手に入れておったが、最近は馬肉、牛肉、豚肉などの不足のため、犬の価格が一躍騰貴して、今では百円内外で取引されているそうである。それにしても時期が早すぎるから、ちょっと不思議に思われたが、北鮮では既に初夏になると、犬を食い始めるという。この犬料理は初めは臭くて吐き出しそうになるが、段々食べ馴れると随分美味しいものだそうである。京城では「ケジャンクック」と言ってこれを専門に売っておる店がある。犬の汁は内地の土用鰻《どようなぎ》に比すべきもので、農民は盛夏の精力消耗の場合に非常にこれを喜んで食う習慣がある。私も何時かこの犬汁を味わってみたいと思っていたが、相憎《あいにく》車中のことで食べることができなかったのは遺憾であった。

鉄道沿線を見ると、山の中腹を焼き払って沢山馬鈴薯《ばれいしょ》を作っている。以前は火田民のみがこの奪掠農法をやっていたが、食糧不足の近来は火田民でなくとも普通の農民もやっている。以前は営林署の役人がこれを非常に喧《やかま》しく言っておったが、近来は食糧増産の見地から大目に見ておるばかりか、所によっては却って奨励している処もあるそうである。現に山の坑夫達が、休みの日に一里、二里の道を遠しとせず、山に出掛け木を焼き払って跡に沢山馬鈴薯を作っている。そのためか、昨年に較べて今年は馬鈴薯が二、三割増収であると言う。実際農民にとって馬鈴薯ほどいい食料はない。

愈々《いよいよ》十九時に古城駅に下車。これから一行は鉱山のトラックに乗り、川に沿うて約三里の道を山に向かう。この渓谷にも御多聞に漏れず火田民の作っている馬鈴薯畑が沢山ある。若しもこの夏に大水でも出たら、忽ち《たちま》下流の美田が流されるのではないかと、不安がつのる。段々山に這入ると、気候がずっと遅れて、今丁度ライラックの花盛り。夕方鉱山に着きその夜は早く床に就く。

旅の始まりの部分である。京城にいるときの挾間は多忙で髪をかる時間がないので、旅先の寸暇を利用して散髪するのだと言う。挾間の日常の勤勉ぶりは後に引用する日記に明らかであるが、この人は旅先でも勤勉な人で、端川の市場で久しく口にしなかった胡麻を見つけると、それを購入し、旅行先では植物の分布を調べることにしていると言う。薬師草とか薄雪草とか沿線に見る草花の名前が出てくるのも楽しい。

無智の悲哀

六月四日。朝から晴天で、朝は相当寒かった。九時から愈々《いよいよ》山の病院で診療を開始した。この宇部鉱山は硫化鉄の山で、これを原料にして硫安肥料を造るそうである。増産に人造肥料の必要であることは言うまでもない。そこで、山は時局の切なる要望に応えて一生懸命増産しているのである。前もって我々の来ることを宣伝しておったから、患者が朝から六、七十名も詰め掛けておった。この山は開いてまだ日が浅く、大きな病院の建物はあるけれども、医者が一人もいない。ただ非医者が一人いて診療をやっているが、この人に山の人々の生命を託することは甚だ覚束《おぼつか》ないといって我々の来山を非常に喜び、信原所長夫妻は歓待至らざるなしという状態であった。山の患者を診ると、労務者の中には胃腸病が多く、特別な病気はない。その家族達を診察すると、この頃は食糧の不足と見えて、ヴィタミン欠乏症が非常に多い。特に乳児の角膜乾燥症、角膜軟化症が少なくない。これは、栄養不足から起こる病気で初め親達は気付かないけれども、段々眼の表面が白くなって中から虹彩が脱出するのに気が付いた時には、もう手遅れになっている。麻疹とか百日咳とかの栄養不足の時によくこの病気が起こり勝ちで、漸くその栄養障碍が治って一命だけはとりとめたと思う頃には、もはや失明している。この眼病は、朝鮮の赤ン坊の失明原因の首位を占めている。栄養知識の発達した文化圏には殆んど見られない現象である。次に幼い子供の慢性中耳炎が非常に多い。所謂《いわゆる》耳だれで、始終耳から膿《うみ》が出ている。これは衛生の不行届《ふゆきとどけ》のために急性の中耳炎を起こした時に治療を誤ったために遂に慢性に陥ったのである。

昨今北鮮には発疹チフスが流行していると聞いていたから、必ずやこの山にも患者があるだろうと思って、よく注意して診ていた。もし熱がある患者があったら先ず予防線を張って直接その患者に近づかず、熱を計った後に初めて患者を診療するという風に注意しておった。ところが予期していたとおり、労務者長屋に一人の発熱患者があるという。そこで助手の朱本君とそこに往診して見ると、患者は京城の大学病院の附添婦をしていた者で一週間ほど前に帰って来てここで発病したという。よく診ると案に違わず発疹チフスである。それから大騒ぎとなって、付近と患家の交通を遮断して山の当局者にこの病気の恐るべきことを述べ、虱《しらみ》を出来るだけ駆除することを提言したのである。併し朝鮮のこういう労務者達は、まだ衛生知識が乏しいから、なかなか我々の言うことに耳を傾けようとしない。この労務者たちは殆んど冬中風呂に這入らない。それで主脳《ママ》者は一度発疹チフスが、山に侵入したら最後、全山これに犯されてしまうだろうという虞れを抱いている。我々はできるだけ、その予防に関する色々な知識を山の人たちに与えておいた。この山にはまた五人の回帰熱の患者が出ておった。回帰熱というのは、これも虱から感染する病気で、北方の特異な病気である。併しこれにはサルバルサンが特効を有っているので、早速我々はこの五人の患者に注射してやった。

この山から出るのは硫化鉄であるが、この硫化鉄には黄鉄鉱、白鉄鉱、磁鉄鉱の三種があって、黄鉄鉱は黄銅鉱と区別が仲々むずかしい。私は一昨年鉱山の診療を始めて以来、専門ではないが、鉱石のことに非常に興味を感じて山に這入った度毎《たびごと》に専門家に話を聞き、この頃は幾らか鉱石に関する知識が付いた。この山の鉱石には、硫化鉄が約四二％も含まれているだけに、非常に有望視されているという。ここの硫化鉄は日窒工場に運ばれて、それから硫安を造ることになっている。

その晩、山の人を集めて、鉱山の衛生に関する講演を二時間ばかりやった。何時《いつ》も朝鮮の鉱山で問題になるのは、労務者の入浴問題である。元来朝鮮の人は余り入浴を好まないが、そのために皮膚病が出たり、回帰熱や発疹チフスが出るので山では風呂を作って半ば強制的に入れているが、入浴に対する伝統がないので、褌《ふんどし》のまま、甚だしきは鞋《くつ》を履いたまま湯に這入ったりし、その上、湯を乱雑に使っているそうである。山の人の話に依ると、入浴者を調べたところが、一日二百人位はいっており驚いた事には、その中の八〇％迄も子供が占めておったということである。これを見てもまだまだ朝鮮の大人には身体を清めるという習慣が非常に欠けていることが分かる。我々は一日も早く朝鮮の人々に、入浴に依る喜びと、これに依る衛生知識を普及したいものであることを痛切に感じた。

夕方社宅の人々の健康診断をやったが、非常に姙娠が多い。これは「生めよ、殖《ふや》せよ」の国策に副《そ》う微笑ましい現象である。

六月五日。今日もやはり朝から晴天。九時に宇部鉱山を発して、また山のトラックで下山。約一時間ばかりで今度は住友の端川鉱山に着いた。ここもやはり硫化鉄の山である。早速軽い昼食をしたためて、診療を始める。事務所で七十名ばかり患者を診て十六時過ぎ労務者の住宅に朱本君と往診したが、中に六名の回帰熱患者があった。直ちにサルバルサンを注射する。このように北の国に回帰熱が多いことは医学的見地からしても非常に注目を要する。回帰熱という病気は黄疸を伴うて熱の発作を起こす病気であるが、北に来て黄疸を伴って熱が出ておれば大抵回帰熱と見て差し支えない。この山では幸いに発疹チフスはなかった。

この日は丁度聯合艦隊司令長官山本［五十六］元帥の国葬日で、十時を期し我々は一時診療をやめて、黙禱を捧げ、南溟《なんめい》の空に御楯と散ったこの偉大なる武人の冥福を祈ったのであった。今日は少し天気がよ過ぎて、木間通しの初夏の太陽が燦々《さんさん》と輝いて、肌は少し汗ばむ。診療を終わって、鉱山長から色々硫化鉄の話を伺った。この山では銅の酸化した青色の斑点のある所謂孔雀石を見せて貰ったが、仲々綺麗な石であった。ここではまた硫化鉄に砒素を含んだ硫砒鉄鉱も出るという。今晩はこの山のクラブに泊めて頂くことにした。ここでは支那人を傭い込んで夏中野菜を作らせ、これを貯えて自給自足をやっておった。

いよいよ巡回診療が始まると、ヴィタミン欠乏症だとか、乳児の角膜乾燥症だとか、発疹チフスだとかといった病気の名前がよく出て来るが、ここでは朝鮮人の入浴の習慣について、子供たちはよく入浴するが、大人の労働者にはその習慣がないと記されているのが興味深い。こういう子供たちがやがて風呂好き、温泉好きになって、その二世や三世が今日、日本の温泉を訪ねて来る観光客になっているのではないか。

後難を恐れて

六月六日。晴。暑気が非常に強い。九時、山を出発してトラックに便乗し、次の山の三菱端川鉱山に向かう。道が非常に峻険で、二十四、五度位の勾配の坂も少なくない。私は一昨年慶北［慶尚北道］の山に行って自動車で遭難しかかったことがあるので、後難を恐れて今度は美根氏と二人でトラックから降りて、約二里ばかりの山道を北鮮の山景色を賞しながらテクテク徒歩で行くことにした。外の連中はトラックで登って行ったが何分山道のことなので、時々故障を起こし、結局我々の方が先に山に着いてしまった。この道は清流に沿って登っておるが、流れには赤蛙《あかがえる》が沢山棲んでおった。道の両側には、黄［色］い花を付けた姫麒麟草の群落があちらこちらに点々と眺められ、実に綺麗でもあった。その他、薄雪草、蛍草もちょうど花盛り。十八時に漸く山に辿り着いた。山道二里ばかりを歩いて、いささか空腹を覚え、愉快なる夕食をすまし終わると、山のクラブで私は例によって労務者の衛生状態について、二時間ばかり講演をした。来会者は五十人ばかりであったが、非常に熱心に話を聞いてくれて、質問まで飛び出し、大いに山の衛生啓蒙を行った積りである。講演を終えて再び宿舎に帰ると、西の空の山の彼方に双子座の星が将に沈まんとしておった。

六月七日。この日も晴天。午前中内田鉱山長の案内で坑内を見せて頂く。この山は磁鉄鉱で、坑内は実に綺麗に掃除されている。内田鉱山長は非常に潔癖家で坑内には、塵一つ止めないというほど非常に綺麗な山であった。私も多くの山を廻って見たが、これほど綺麗な山はなかった。鉱山長の発案によってここでは坑内には一切腰掛をおいていない。腰掛をおくと、直ぐそこに止まって、外に出ないから自然太陽光線の照射が不足勝ちになる。外に出て太陽の光線を受けさせるという思い付きで、腰掛を置かないとのことである。ここでは竪坑の掘鑿《くっさく》をやっておった。この辺の人々は竪坑を掘るのを見たことがなかったので、初めこういう工事をやることになった時、非常にびっくりしたが合理的に指導してやったら、（略）安全であることを知って、今では落ち付いて仕事をしている。山は随分高い所にあって、周囲には連山が蜿蜒《えんえん》と続いている。山の中腹にはご多聞に漏れず、至る所火田民《かでんみん》が馬鈴薯を栽培している。鉱山の労務者達も俄か作りの火田民になって盛んに馬鈴薯を作っている。この山では専属の医者が一人いるので治療はやらなかった。十六時下山を始めた。やはり下山の際も徒歩で下りることにした。随分危険な場所があって、この間もトラックが落ちて相当な怪我人を出し、惨事を引き起こしたとのことであった。古城駅に着いたのは十九時過ぎであった。ここで端川行の汽車に乗った。二十時四十分端川に着き、直ちにお馴染みの香川旅館に投宿した。

蝮に嚙まれた少年

今まで山に三晩泊まって、不足勝ちな食料に甘んじなければならなかったが、この旅館で久し振りに京城にいても影のうすい美味しい刺身を頂き舌鼓を打った。この日はちょうど朝鮮の端午の節句で、汽車の沿線には例の鞦韆《ぶらんこ》の遊戯を盛んにやっていた。端川付近ではちょうどアカシヤの花盛りで馥郁たる甘い香りが風に乗って晩春の感触を運んで来る。

六月八日。晴。香川旅館を立って端川駅を出発、古站駅に向かう。十時半頃古站駅に着き、直ちにトラックで英殖鉱山に向かう。ここは石炭の山で王子製紙会社の資本で経営している。

十三時から十七時まで診療した。この山でも最近まで沢山の発疹チフス患者が出たというので、山の人は一大恐態《ママ》を来していた。我々が診療した発疹チフスの患者の一人で、二週間前より発病し数日来やや快方に向かったという、まだ生々しいのが来て驚いた。この日は八十三名診たが、別に大した患者はなかった。夕方古站駅から再び車上の人となり、温水坪駅に下車。ここは文字通り北鮮の片田舎の温泉で、この会社の付属クラブがある。早速久し振りで旅塵を洗って夕食を頂いた。副食物は場所柄だけに至って少なく、そのため総て一種特有の臭いと味を持つ罐詰料理であったが、酒と御飯だけは十分に頂いた。夕食の時聞いた話であるが、最近咸北［咸鏡北道］の鉱山で非常に珍らしい鉱石が二つ発見されたそうである。それは風信子鉱［ジルコン］と歇簾石《かつれんせき》である。歇簾石は探照燈に使用するものであり、風信子鉱は非常に堅い鋼を造る石である。何れもこの戦雲の乱舞する非常時に必要な鉱石だけに将来が非常に待望されている。

六月九日。十時半頃温水坪駅を出発して十一時半明川駅に下車した。ここで一時間ばかり次の列車を待って、明川駅を発し、次の上龍田駅に下車して、近くの昭和炭鉱の診療を行うこととなった。これは小さな山であったので、患者は五十名ばかりしかなかった。しかし花柳病が割合に多かった。山の近くの一軒のスリチビ［酒幕］があって、そこにおる怪しげな夜の桃色女のためか健康な人心を蠶食する淋病の患者が十人もおったのは甚だ遺憾に堪えなかった。我々は早速これに特効薬ズルフォンアミッドの注射を行った。患者の中に一人、八、九歳になる男の子供で手を蝮《まむし》に嚙まれて非常に腫れ、一部分は肉が腐蝕していたのを診た。

噛まれた時早く適当な処置をとれば、こんなにならないでもよかったのに、無智のために、最早切断を余儀なくされていた状態を見て、非常に憐れに思ったけれども策の施し様がなく、将来有為な人的資源を不具にせねばならぬかと思うと、無智の恐ろしさが痛感された。この付近も最近まで発疹チフスが沢山出て、この部落民も非常に脅威を感じておった。幸いに我々は患者の中に発疹チフスらしいものを見ることができなかった。

十六時半再び車中の人となって、上龍田駅を出発して今度は朱乙駅に向かった。この車中に南鮮訛りの人が沢山居合わせた。そこでこの人達と話を交わしてみると、案に違《たが》わず南鮮の農夫で咸北［咸鏡北道］の極洞という所の田植えに傭われて出稼ぎに出ておる人達である。極洞は咸北でも最も土地の広い所で田が沢山ある。しかし由来咸北の人は田を作ることに馴れていないので、わざわざ田植えの時期になると、南鮮の人々を傭い込んで苗を植えさせるそうである。毎年田植えの時季になると、この田植えの人夫たちはこうして大挙して南鮮から極洞に集まるそうである。この付近の田植えの状態を見ると、正条植《まさじょうう》えをやっている所もあるが、昔風に所嫌わず滅茶苦茶に、所謂乱雑植えなる方式で苗を植えている所も少なくない。道庁の方から口を酸っぱくして、正条植えにせよというけれども、頑迷な農民たちはなかなかこれを聞き入れない。これも無智から来る悲劇の一つだろうか。十八時四十分朱乙に着いて、金田旅館に投宿、ここでもまた温泉に首まで浸かって、旅塵を洗った。浴後さっぱりした気分で、手拭を肩に縁側から夜空を仰ぐと、獅子座のレグルスが四日月の直ぐ近くに輝いている。この空の珍現象は旅先で忘れることのできない一つの印象であった。

巡回診療時の挾間は多忙であるが、それでも新しい風景のなかに新しい関心事を見つけ出す。鉱石への関心はその新しい関心事のようで、風信子鉱《ふうしんしこう》や歇簾石《かつれんせき》などという耳慣れない鉱石の名前が出て来る。六月九日、上龍田駅から朱乙駅に向かう車中に居合わせた南朝鮮訛りの農夫たちとの出逢いも興味深い。彼らは田植えのときに雇われて南部からやって来た出稼ぎ労働者であると言う。

ヤンコフスキーを訪ねて

六月十日。咸北は非常に食糧不足と見えて、朝はパンの中に海草を入れた所謂海草パン。（略）十時にトラックに乗って生気嶺炭鉱に向かった。この炭鉱には一昨年も来たことのある馴染みの山であったので、早速労務者長屋の横の極めて貧弱な掘立小屋の中で診療を始める。ここにはまた非常に回帰熱患者が多く、我々が持って行った六〇六号は殆んど使い尽してしまった。（略）ここは朱乙温泉を控えているだけに労務者の花柳病―鼻の護膜腫、遺伝梅毒、実質性角膜炎などの患者が少なくなかった。またマラリヤの多いことは、現に熱発作を起こして、手足の震えているような患者も四、五名診たことでも分る。鉱山が都会に近づけば近づくほど、梅毒や結核が殖えて来るということは興味あることであり、文化進展の弱点をまざまざと見せつけられた様な気がした。この山もご多聞に漏れず、本年一月以来発疹チフスが非常に沢山出て、少なからぬ死亡者があったとのことで、現に今二名隔離されているそうである。この地方も大概の赤ン坊は、消化不良に犯されている。その原因は離乳の時期が遅れることである。現代の小児科の慣例では八ヶ月頃から始めて一年以内に離乳を終わらねばならぬのに、この付近の人々は五歳になるまでも依然として乳を飲ましている。そのために母乳の中にヴィタミンが不足して、子供は酷いヴィタミンの欠乏で栄養障害を起こしている。診療は午後で打ち切って、直ちに山の自動車で温保という山間の温泉に向かう。いよいよこれで山の治療を終わったので、ここで疲労を癒して明日は京城に帰ることとなる。温保では萬翠という宿に泊まる。宿の直ぐ近くに清流が流れており、また小鳥は木々に囀り内地の温泉宿を思わしめる実に気持ちのいい温泉である。清流を隔てて、新緑の山々が眺められる。川辺には千鳥まんてま、花旗竿、牛はこべなどが今を盛りと咲いている。

六月十一日。依然として天気は良い。九時に温保の巡査を伴って、この山の奥に住んでいる例の白系の狩猟家ヤンコフスキーを訪問する。この川に沿うてヤンコフスキーの親族の者共が数家族住んでいる。この人達は昔はウラジオで相当な暮らしをしておったが、あの革命と共に残酷なる革命の鞭に、住みなれた祖国の土地から追われ、北鮮に遁れて来て、永久の楽土をこの神国日本に求めて山の清流に沿うて土地を買い込み、今ではここに立派な部落を作り簡単ではあるが、家を建てて農業を営んでいる。私は素人のくせに北方の農法に非常に興味をもち、注意してこの人達の農法を調べた。畑の中にグズベリ［グーズベリー］とチェリムハという木苺の一種が沢山植えてあった。チェリムハはシベリア産のもので、小指大の黒い実がなっている。高さは三米ぐらいのものであるが、実に沢山実をつけている。これらを皆秋に取り入れてジャムを作り、冬分のヴィタミン補給に用うるとのことである。一般に北方の人は、野生の実を貯蔵することに妙を得ている。我々が沢庵や朝鮮漬《キムチ》を漬けるように、彼らは野生の実を実によく利用しているのを見て、我々は戦時下ヴィタミンの不足時代にその方法をすこしは真似て見たいと思った。この亡命の人ヤンコフスキーは有名な猟人で、よく千古神秘を語る白頭山麓の原始林の中で鹿を打ち取って、その角を一本数千円で売っているそうである。またその鹿を自分の農園の中で飼って、袋角《ふくろづの》を強壮剤として高く売りさばいている。このように、我々には珍しい特別な農法で彼等は相当の収入を挙げてよい暮しをしている。我々も非常に羨ましく思った。

十五時二十分の温保の駅を発し、いよいよ帰路に就く。車中は割合乗客が少なく手足が伸ばせて非常に気楽であった。この汽車の沿線には薄雪草、蛍袋、千鳥まんてま［マンテマ］が花盛りで、旅に疲れた目を慰めてくれ、初夏の薫風が車窓から送られ、実に快適な旅を続けていった。（『朝鮮の自然と生活』九四〜一一〇頁）

六月十一日の日記に登場するヤンコフスキー一族はポーランドを出自とする人々で、シベリアに流刑され、一時はウラジオストク近郊に広大な牧場を経営し、革命側の赤軍に対抗する白軍を支援するシンボル的存在であった時期もあるという（遠藤公男『ヤンコフスキー家の人々』講談社、二〇〇七年）。

しかしシベリア出兵軍が撤退を始めると、彼らは馬や鹿といった家畜やその他の財産を残したままソ連を離れ、豆満江を越えて朝鮮に入境し、咸鏡北道の朱乙温泉地域にポーランド語で「処女地」を意味する「ノビナ」と命名した別荘地を開発。顧客の多くは「白系ロシア人」等の西洋人であったと言う。ヤンコフスキー一族に関しては遠藤公男の著書があるが、その暮らしぶりは著書から受ける印象より質素であり農民的である。なお一族には日本語を解し、日本で生活していたものもいた。

それにしても、端川や明川の地名が出てくると、心穏やかではいられない。さほど遠くない地には北朝鮮で最も処遇が厳しいといわれる政治犯収容所があり、また吉州郡豊渓里《ブンゲリ》には核実験場がある。核実験場建設時にはその政治犯たちが動員されたとも言う。挾間が火田民たちの焼畑耕作を見た地に、八十年後の私たちが耳にするのはそんなニュースばかりだ。

なおこのときの巡回診療に助手として同道した朱仁鎬《チユインホ》（一九一九〜二〇〇〇）は一九六四年から十七年間、WHOのアフリカ地域顧問官として伝染病予防や診療に従事した人で、韓国では「公衆保健の先駆者」とか「予防医学の開拓者」と呼ばれ、近年、高麗大学保健学部に氏を顕彰する歴史展示館が開設している。その朱仁鎬はWHOの地域顧問官時代に「わが恩師、挾間文一」と題するエッセイを記して『医協新報』に連載したが、その②に「彼は宇宙上で起こる森羅万象に対する霊感と鋭い洞察力があり、生物学、天文学、語学においても優れた才能を持っていた」（『医協新報』一九八二年二月一八日号）の記述があり、アフリカで南十字星を見るときはいつも恩師から聞いた星の話を思い出したと言う（同年三月一日号）。

朝鮮の秋蛍

挾間文一のより自然科学者ならではのエッセイというなら「朝鮮の秋蛍」であろうか。初出は『科学知識』の一九四二年九月号である。

蛍といえば必ず夏の景物ときまっている日本人の常識から考え、秋に蛍が出るといえば一寸奇異に感ずるが、禿山だらけで殺風景な朝鮮の田舎の秋の風景に一掬《いっきく》の情味を添えてくれるものは、実にこの秋窓蛍《あきまどぼたる》である。京城付近で蛍の名所といえば、元山街道から三里ほど奥に入った光陵や、北漢山麓の牛耳洞や、義州街道横の津寛寺等をあげることが出来る。これ等の名所には清流が流れているが、秋窓蛍の発生には源氏蛍や平家蛍のように必ずしも清水を必要としない。川辺は勿論のこと、湿気のある林の中や稲の上などにも飛んでいる。朝鮮語では秋窓蛍をケトンポロジ（犬の糞虫の意）と呼び、犬の糞から湧いて出て来ると考えている。私がかつて研究室に出入りする動物屋に蛍を持って来るように命じたところ、徹宵犬の糞をほじくって歩いたが、遂に一匹も捕えなかったという珍談を聞かされたことがあった。

秋窓蛍は、その形態といい発生といい、内地産の源氏蛍や平家蛍と大いに趣きを異にしている。第一雌雄が形状を異にし、又幼虫が水中に棲息しないことなど著しい差異である。これは何も秋窓蛍に限ったわけではなく、黒窓蛍、台湾窓蛍、黄べり蛍など、窓蛍類に属する蛍に共通な性質である。雄は羽根が黒く腹部は黄褐色である。又前胸の背面も黄褐色で、源氏蛍や平家蛍に見るような赤い紋様はないが、その前端の近くが対照的に薄くなり小窓型になっている。それで秋窓蛍の名で呼ばれている。窓蛍類の蛍は皆この小窓を持っている。しかし雌にはこの小窓はないから、雌雄を平等に考えれば窓蛍の名は不公平である。（略）

秋窓蛍の最盛期は、京城地方では、八月下旬から十月中旬で、この期になると、雄は川辺や林の中や稲の上などを飛び廻るが、雌は飛ばずに水辺を這い廻っている。大河の水辺などには見ず幅二、三米位の清流や、田の横の小川の岸辺などにいる。（略）雌は交尾後二、三日目に水辺の草の上に産卵する。卵は二十数日後孵化して幼虫が這い出る。この幼虫は源氏蛍や平家蛍の幼虫のように水中に這入らずに、叢の中や石の下などに行くらしい。幼虫はデンデン虫（ウスカワマイマイ）を食って、段々成長する。石の下で冬眠、越冬し、春になって暖かくなれば時々石から這い出してくる。六月中旬頃になれば、湿気のある叢の葉の裏などを這い廻り、デンデン虫を食って成長する。幼虫は必ずしも水辺とは限らず叢の中や林の中などにもいる。地上半米位までの葉の裏面によく見受ける。幼虫は水盤内で飼育して、これにデンデン虫を与えると頭を突っこんで貪食し、数時間のうちに喰いつくしてしまう。一匹のデンデン虫の中に数匹の幼虫が頭を突っこんでいることもある。とにかく貪食振りは源氏蛍や平家蛍の幼虫などとは比較にならぬ。（略）

従来色々の研究家達が蛍火の観察をやったが、単にその発光の経過及び強弱を目で見るだけであって、これを客観的にある種の曲線［生物電気曲線］に描写した人はなかった。私は十五年来生物電気の研究を続行し、種々なる臓器の動作電流曲線を描写しているが、秋窓蛍の発光器の動作電流の描写に成功したので、これを独逸の専門雑誌に発表し、世界の学界の反響を待ったのである。するとアメリカの発光生物学者ニュートン・ハーベー氏［Edmund Newton Harvey］から思わぬ称讃の手紙が来たので、ますますこの研究に魅力を感じ、目下その方面の研究に没頭している。（略）

発光の生物学的意義については、古来、相手の異性に合図する道具に火を使用するという所謂、合図説が世界的定説になっているが、交尾に全く縁のない幼虫や蛹《さなぎ》までが発光し、また母の体内にある卵までが発光するに至っては、蛍火の恋愛観に懐疑を抱かざるを得ぬ。次に防禦護身のためだという理由もなりたつ。発光が害敵を防ぐ護身のためなら、母の体内の卵が発光するのは無意味である。卵がおせっかいに光らなくとも、母が幾百倍も強い光を出して母自身も卵も充分に防禦してくれるから、これも無意味となる。また夜発光しているのだから、却って害敵に見つかり易いかも知れぬ。また仁川の浜辺の砂の中にいる毛翼虫という発光動物は雌雄別々に管の中に棲んでいる。そうすると合図説も防禦説も護身説も余りに人間的で名論でもなさそうである。人間は余りにも目的論者、功利主義者であるから、目的論で説明しなければ気がすまない癖がある。煎じつめると結局発光物質があるから発光すると結論せざるを得なくなる。

秋窓蛍は支那の北部、南満洲から朝鮮半島を下って対馬まで分布しているが、決して壱岐島には見出すことはできぬ。内地の代表源氏蛍は本州、四国、九州から対馬に分布しているから、つまり日本列島の源氏蛍と大陸の秋窓蛍が、対馬で握手していることとなる。平家蛍になると朝鮮海峡を越えて、朝鮮、満洲、シベリヤまでも分布し、北は千島の南部までも及んでいる。

私は数年来蛍の研究をやっているが、旅行先の採集地で意外な学者に出会すことがある。かつて京城郊外光陵の奉先寺に泊まって蛍の採集をした経験があるが、寺の竜夏和尚と懇意となり、ある夜、蛍や星の話をしたが、家に帰って翌日和尚から一通の手紙が届いた。開けてみると意外にも

銀燭秋光冷画屏　軽羅小扇撲流蛍
玉階夜色涼如水　臥看牽牛織女星

という三体詩中の王建宮洞の一首が添えてあった。この詩の中の蛍が秋窓蛍であることは、初秋の情景を表現してある詩の文句から直ちに判断できる。和尚と秋窓蛍と漢詩、なかなかロマンチックな思い出が、今なお、私の脳裏に深く印象づけられている。次に朝鮮の田舎で拾った素朴な蛍の民謡を記して筆を擱《お》く。

蛍来い。蛍来い
花聟の部屋に燈をともせ
花嫁の部屋に燈をともせ
市に出掛けた父さんの帰る夜道に燈をともせ

（『朝鮮の自然と生活』三三一〜四三頁）

秋窓蛍の幼虫がデンデン虫を食って成長するのだという話に驚き、「蛍火の恋愛観に懐疑を抱かざるを得ぬ」の部分に納得し、秋窓蛍のドイツ語論文に太平洋戦争中のアメリカの発光生物学者から称讃の手紙が寄せられたという記述に感心する。採集の過程で世話になった奉先寺の和尚から寄せられた漢詩や蛍の民謡などが紹介されてエッセイは終わるが、挾間文一ならではの観察と教養がうまく調合した良いエッセイである。朝鮮の秋の夜に飛ぶ蛍がいることを挾間に教えたのは妻の秀子（本名・ヒデコ）であるというが、その頃、仁川産の毛翼虫《もうよくちゅう》や富山湾の蛍烏賊《ほたるいか》といった発光器研究に従事していた挾間は秋窓蛍にも直ちに関心を示し、翌日の晩、妻とともに清涼里の不潔な小川の岸辺で蛍を探すが、季節がすでに過ぎていたらしい（「大陸の秋蛍」『発光動物』春秋社、一九四三年）。なお秋窓蛍は今日でも「犬の糞虫」を意味する「ケトンポルレ」（개똥벌레）と呼ばれている。従って、この名が続く限り、秋窓蛍が犬の糞から生まれてくるという連想も続くのだろう。

三　挾間文一の日記

挾間文一の日記

挾間文一についてはその著書を読んで感銘を受け、著者の履歴やパーソナリティについてもっと知りたいと思った。そこで文一を知る家族や知人を探し始めると、長女の大原濟《なる》（濟子、一九二六〜二〇二一年）と長男の挾間秀文《ひでふみ》（精神科医・一九二八年生）が健在であることを知る。早速、鳥取県米子市に在住する挾間秀文氏に連絡すると、日記帳を保管していることを教えられるが、コロナ禍のためにしばらくは面会することができない。米子に出掛け、挾間秀文氏夫婦にお会いすることができたのはコロナ禍が一時鎮まったかに見えた二〇二一年十一月のことで、米子市の自宅を訪ね、二日間に亘って秀文氏夫婦とともに日記を読むことができたのは幸運であり、幸福な体験であった。

秀文氏によると、日記帳は本来一九四一年から四五年までの五年分があったが、親しい友人に貸したまま戻ってこなかったものがあって、残されているのは一九四一年から四三年までの三年分であると言う。市販の書き込み式の日記帳は挾間の健筆で埋められ、ところどころに植物や星座のスケッチが加えられていて見た目に良い。

1939年の家族写真。

ただし狭いスペースには学生指導や家族のことから自宅周囲の植物の変化や星座の運行に関することまで記されているから、挾間文一の意識や感情を知る情報は必ずしも多くない。

とはいえ、これは非凡な好奇心と勤勉の精神の持ち主である科学者の日記であって、ここでは一九四一年の日記のなかから主には朝鮮や朝鮮人についての記述がある部分を抜書きし、付録風に紹介したいが（二六四ページ以下）、その前に一九四一年から四三年に至る三年分の日記全体を読んだ感想を短く記しておきたい。

第一に、これは戦時期の日記であり、一九四一年十二月に太平洋戦争が始まったころの日記にはたしかに戦時期の緊迫感を伝える記述がある。しかし全体的な印象で言うと、大きな事件やできごとがない限り、記されているのは概ねルーティーン化した日常のできごとであって、戦時期的な印象を与える記述は多くない。印象的なのは、むしろ日記をつける真夜中の時間に至るまで日々、発光生物のことを考え、観察、記録し、学生指導に従事し、原稿執筆に勤しむ姿で、京城にいても、旅にいても、挾間は勤勉である。

第二に、ドイツの科学誌にドイツ語論文を発表し、フンボルト財団の給費生としてドイツ留学を準備していた挾間にはときに欧州戦線におけるドイツ軍の戦果に欣喜雀躍する記述があるが、だからといって一方的にドイツ軍の戦果に歓喜し、英米への敵意を顕にするという態度があるわけではない。先のエッセイにはアメリカの発光生物学者ニュートン・ハーベーとのやりとりが紹介されていたが、朱仁鎬の記事にも学生たちに向って、米国との戦争のためにお前らの国が滅びつつあることを知っているのかという発言があった旨の記述がある（「わが恩師挾間文一⑥」）。

第三に、挾間は助手や教室員たちの論文指導に多くの時間をかけるが、バイリンガルの朝鮮人学生の日本語よりも、日本語を母語にする日本人助手や学生たちの日本語力の欠如に腹を立てている姿が印象的である。

第四に、挾間文一の朝鮮の人や文化にたいする態度で目に止まったのは大晦日に福チョリ（福笊）を購入し（一月二十六日）、「内地風の習慣を知らず、（略）立て膝をして物を言う」学生に

「朝鮮の風俗は興味深し」（三月二日）と反応するかと思うと、秋夕《チュソク》の日に「ラデン細工御膳」の贈り物を持って来た学生に「朝鮮人らしき行為なり」（十月五日）というやや軽蔑した態度を示し、急に仕事を辞めた女中に「鮮人の無責任には云うに言なし」（七月十一日）と吐き捨てるように言うという態度で、朝鮮人にたいして一貫性ある態度があるわけではない。これを本書に登場する安倍能成に比べると、その朝鮮人にたいする態度にはより人懐《ひとなつ》っこさがあるが、浅川巧のように、朝鮮人にたいして強い共感を見せるということはしない。

第五に、挾間にはやや性急で、怒りっぽい側面があったのかもしれない。これは日記を読んでの感想というより朱仁鎬の「わが恩師挾間文一⑥」に記された次の記述に基づく推測で、朱は次のように記している。「ある初春の日の午前八時に始まる薬理学講義に三人の教室員が、交通難のため十分ほど遅刻して来たことがある。（略）遅刻に怒った教授は、教室の入口に掛けてある助手たちの名札を外して、それを全部外に投げ出したが、それだけでは気が済まないとでもいうように名札を一つずつ石で叩いた。ところがそれから二時間もしないうちに笑みを浮かべながら教授が助手室にやってきて、自分のやったことは性急な発作気質によるもので済まないと言う。私は天才と短気には繋がりがあるのだと感じながらも、一方で教授は心が清らかで、類まれなほど美しい気質の持ち主であると思った。弟子たちの実験方法が気に喰わないといって怒ることもあるが、二、三日後には必ず自分の部屋に呼んで、やさしく誤りを教えてくれた。彼は厳しい師匠であったが、同時に愛の豊かな師匠でもあった」（『医協新報』一九八二年三月十八日）。

ウンゲルンという恩人

日記に最も頻繁に登場するのはウンゲルン（ロルフ・エドヴァルド・ウンゲルン゠シュテルンベルク（Baron Rolf Edvard Clemens von Ungeren-Sternberg）、一八八〇～一九四三）の名であろうか。ウンゲルンはエストニアのタリンのバルト・ドイツ人貴族の家に生まれ、ロシア帝国時代には皇太子の侍従を務めていたが後に外交官となり、第一次世界大戦中はポルトガルの代理公使であった。

ウンゲルンはしかし一九一七年ロシア革命が勃発するとドイツに亡命。「安住の地」を求めて日本にやって来たのは一九二六年のことで、高岡高等商業学校を経て、長崎高等商業学校でフランス語やドイツ語を教えるようになり、挾間に出逢ったのは一九三〇年のことである。挾間三十二歳、ウンゲルン五十歳のときである。ウンゲルンは翌年には外交官時代の上司で日本大使（一八九九～一九〇二）の履歴を持つアレクサンドル・イズヴォリスキーの娘であるヘレーネ（Hélène Iswolsky 一八九六～一九七五）と結婚、バルト・ドイツ人であるヘレーネの母とともに長崎で暮らし始めるが、結婚生活はうまくいかなかったようである。一九三二年、ヘレーネはパリに去っている。＊註1

挾間とウンゲルンとの間には基本的には信頼や敬愛の関係があったのだと思うが、挾間にとってそれは実用的な関係でもあって、一九三〇年以後ウンゲルンは挾間のドイツ語論文の「訂正」役となり、それは挾間が京城に移動した後も持続する。論文を執筆すると、挾間はまずそれを長崎にいるウンゲルンに送り、ウンゲルンから修正原稿が戻されると、直しを入れて、シベリア鉄道経由でドイツに送る。その校正原稿がシベリア鉄道経由で京城に戻ってくると、完成原稿を記して返送し、そうすると、決まったように半年ほどが経過した時点で、雑誌に掲載された別刷りが送られて来たと「我研究の発展」には記されている。

挾間文一にとって幸運だったのは、ウンゲルンが文学的素養に優れていたのみならず物理学や数学の素養をも備えていたということであろう。外交官時代には『土の盃』という詩集を刊行していているウンゲルンであるが、ペテルスブルグの陸軍鉄道学校時代には工学を専攻していた。ウンゲルンからの訂正を受けた論文は長崎・京城時代を合わせると六十本ほどになるというが、ヨーロッパの一流の科学誌（ベルギーの科学誌も含まれる）に東アジアの若い科学者がこれだけの量の論文を発表するというのは異例のことであり、それを可能にしたのはこうした得難いコラボによるものであった。

そのウンゲルンに在日の兄弟がいることはドイツへの帰化手続きに触れた一九四一年一月二十日の記述に記されているが、三月四日の日記にはウンゲルンが大分市にいる兄の家に「五週間行く」の記述がある。バルタザール（Balthasar）という名の兄は弟より二年遅くフランスから来日し、やはり外国語教師の仕事に従事していたが、一九四二年十二月二十一日、京城の自宅に帰宅した挾間は購読していた「大阪朝日新聞」紙上に、大分市舞鶴橋で投身自殺したウンゲルンの記事を見る。「半年前からやや精神に異常を来したので、長崎高商を辞職し、大分の兄の所で静養していたが、一カ月前から急に病気が重くなり、遂に強い憂鬱症に罹り付近の大分川に投身したのであった。かつては帝政ロシアの華やかな外交官として、欧州の社交界に活躍した人が、遠く異郷の空で悲惨な最後を遂げるまでの、かれの数奇な人生行路をよく知っている私は、一掬同情の涙を禁じ得なかった。死ぬる一年前独逸に帰化するから、身体検査証を書いてくれと言って来たので、私は独逸大使に宛て、遺伝性の精神病や、その他悪質の病気のないことを証明しておいたが、間もなく精神病に罹ったことは皮肉であった。聞けば、祖父も同じような精神病に罹り、変死したとのことであった。ウンゲルン氏は、稀に見る博学な言語学者で、同時に詩人でもあった」と挾間は記している。

その他の登場人物

日記には朝鮮人や日本人の名前も多く登場する。薬理学教室関係者の名が多いが、一月二十日の日記に登場する鄭士永は当時、サナトリウム風施設であった清凉里療養病院院長を務めるが、後に挾間の教え子になった人である。同病院は一九三六年、セブンスデイ・アドベンチスト系病院として開設されたが、米人医師の帰国後、鄭が院長職の地位にいたらしい。十一月末、挾間一家はこの療養病院の洋風建築に引っ越し、鄭士永家族としばらく同じ建物で暮らすようになるが、三カ月後には日本式家屋に引っ越し、温突室の障子に日本家屋のよさを感じたと記している。同病院は戦後、名称を「ソウル衛生病院」に変えている。

三月二十一日の日記に出て来る「中村」は挾間が最も親しくしていた解剖学者の中村定八《なかむらじょうはち》（一九〇七～四五）のことである。中村は胎生学研究に従事する篤学の研究者であったが、その攻撃的性格が災いしたのか、当時の角尾晋《つのおすすむ》学長に嫌われたらしい。しばらく休職中であった中村はやがて長崎医科大助教授の職を辞し、郷里で外科医として生活する準備を始めるが、一九四五年八月九日、浦上で被爆する。被爆した中村の最後の数日間については天主堂近くの横穴で生米を噛んではある幼児にそれを口移しに与える姿を目撃したという台湾人医学生の話がある（『追憶――長崎医科大学原子爆弾犠牲者に捧ぐ』長崎大学医学部、一九五五年）。

五月三十日の日記に登場する張起呂《チャンギリョ》（一九一一～九五）は先の朱仁鎬《チュインホ》同様、今日の韓国でも記憶されている人物で、京城医学専門学校卒業後、当時同校の外科主任教授であった白麟済の下で助手、講師を勤めるが、一九四〇年からは「平壌キリスト教病院」（平壌紀一病院、一八九七年開院）に勤務。その後、朝鮮戦争が始まると家族を北朝鮮に残したまま、釜山の影島《ヨンド》に避難民治療のための無料病院を開設したという。二〇一三年、釜山に「張起呂記念館」が開館している。張は韓国人として初めて肝臓がん手術に成功した人であり、また韓国最初の医療保険組合である「青十字医療協同組合」を設立した人でもある。

一九二六年、京城帝国大学に医学部が設置されて以後、朝鮮における医療活動は主には京城帝国大学医学部卒業生と京城、平壌、大邱の三都市にある医学専門学校卒業生によって担われ、それにミッション系が加わるが、京城帝大卒業生が道立病院の医師になるとしたら、医専系卒業生は町の開業医になるというような大まかな棲み分けがあったと言う。その医学専門学校卒業生は戦時期を迎えると需要がぐんと高まる。一九四三年三月一日の日記には「本日受験者締切り千百六十なり」と記し、三月二十一日には「午前九時より会議室に於て入学試験協議会を開く。鮮人約三十名、内地人百二十名を採用す」の記述がある。軍医の需要が高まり、医専がその規模を拡大していた時期であるが、しかしこの時点で軍役義務のなかった朝鮮人にとって医専入学は相変わらずの狭き門であった。

八月三十日の日記にある「在家僧」とは、咸鏡北道の先住民である女真族の末裔を指すもので、満州系少数民族である。仏教が迫害された朝鮮王朝時代、仏教徒である彼らは山間僻地に追い立てられ、主には鏡城以北の辺境の地に「部落」を形成していたが、姓を有しない、獣肉を食さない、死者を火葬し、男子は剃髪にする等の固有性を維持していたと言う。なおこのときの巡回診療に同行した姜承鎬（一九一二〜八七）は戦後ソウル大学内科学教授となり、大韓循環器学会の初代会長や大韓内科学会会長を歴任した。

十一月三日に登場する京都帝国大学薬理学講座の森島庫太《くらた》や九州帝国大学の緒方大象《おがたたいぞう》（緒方竹虎の兄）は挾間が敬愛する学界関係者で、論考や著書が刊行されると送付していたという。

日記に最も頻繁に登場する朝鮮人は三木柱秉（朴柱秉）であろうか。十月十四日の日記には伯父の三木承稷（朴承稷、一八六四〜一九五〇）の名も出てくる。朴柱秉（一九〇二〜八五）は一九二二年に京城医学専門学校卒業後、ドイツのフライブルク大学に留学。薬理学を専攻し、一九二六年には脳下垂体後葉の子宮収縮物質に関する研究で若くして博士号を取得した人で、戦後、朴正煕政権の時代に保健社会部長官や医師協会会長を歴任した。

一方、伯父の朴承稷は韓国の最も古い財閥である斗山グループの創業者で、一九一五年に発売された「朴家粉」は朝鮮初の工場生産による化粧品で、爆発的な売り上げを記録したと言う。斗山グループは日本統治期には朴承稷商店あるいは三木商店と呼ばれていた時期もある。グループは戦後、ＯＢビール、コカコーラ、韓国３Ｍ、コダック、ネスレなど多様な消費財事業を展開するが、一九九〇年代に事業を整理、二十一世紀になると事業構造を重工業中心に転換する。朴柱秉は晩年をロスアンゼルスで過ごし、一九八五年十二月十六日同市の病院で死去している。

付録　挾間文一の日記
――一九四一年の日記抄

夜、鈴木、崔（英）、南、学会［三月末長崎で薬理学会が開催される］抄録訂正の為に来る。十一時頃まで訂正す。半島人の日本語の上手に比し、内地人の日本語上手ならざるには落胆す［崔と南は朝鮮人助手］。（一月十一日）

夜、野副、島両君学会抄録訂正のため来訪。十一時頃まで訂正す。日本語の文法を充分に理解せぬのにいささか悲観す。（一月十二日）

本冬最低気温（零下十五度）を作る。しかし漢江は未だ凍らず。二十六年振りの暖かさなりという。本冬はスケートを携げて行く子供の姿を見受けず。終日教室において助手の学会抄録を訂正す。助手達が充分日本語を理解し得ず、従って論文を充分に書き得ぬのは遺憾なり。（一月十三日）

三寒日来る。日中零下七度に降る。長崎のウンゲルン兄弟独逸に帰化するため健康診断書を乞う。六十才を越えて遠く故郷を離れ寂寞さには同情堪えず。終日毛翼虫〔論文〕に校正を行い、また蛍烏賊論文の本文を全部タイプし終わる。夜、鄭子永〔正しくは鄭士永〕君教室において勉強したし相談に来る。許可す。彼の病院〔清涼里療養病院〕、米人医師の生活状態を興味深く物語る。婦人科、外科、眼科、耳鼻科の手術を皆成すと聞く。米国の医学制度興味深し。（一月二十日）

朝一時間に講義あり。奨忠壇まで歩む。寒気厳し。画工に論文付図《ふず》訂正を依頼しに行く。その妻一月二日死せしと聞き、驚く。寒冷の免疫体、並びにアドレナリンに及ぼす影響を鈴木、南に実験せしむるに何れも陰性の結果に落胆す。議会は質問貫きて時局の緊張せるを思わしむ。泰《タイ》国の失地回復並びに米国の海軍に関する記事紙面を賑わす。皆米国関係緊張の節、野村大使昨日鎌倉丸にて大使として米国に赴任す。蘭印にて日米戦争始まるか？　夜に入りて寒気益々加わる。ストーブの効力無きが如し。毛翼虫の校正を了る。明日返送の心算なり。（一月二十四日）

寒気やや和らぐ。倉田君、千日岩〔朝鮮人学生〕の件に就き相談に来る。彼の意志薄弱には驚くの外無し。本年も及第するや否や甚だ疑わし。議会の質問始まる。川崎代議士の大政翼賛会に関する質問を発す。（略）泰国仏印の戦いは日本の調停により平和的に東京において開催せんとす。東亜の指導者としての日本の国際的地位亢《たか》まる。崔来たり、論文を書く。本日にて全部終了す。旧年末〔旧歴の大晦日〕にて鮮人年越しの品物を夜半に売りに来る。福《ボク》チョリを売る聲なり。（一月二十六日）

旧正月元旦なり。朝鮮の習慣として福チョリ（米をすくうもの）を買う。これに飴を入れて正月中室に飾る習慣あり。即、二個を壁にかける。飴は幸福の伸展を意味し、福チョリは福をすくうを意味し、縁起をかつぐ。早朝トククック（モチ、牛肉、卵の汁）を食い、祖先の祭事を行い墓参す。夜、千日岩の母及び兄来る。協力して千日岩を監督して試験を受けしむる様にす。寒気和らぎ凌《しの》ぎ易し。（一月二十七日）

引き続き寒気厳し。ヒトラー演舌のラジオ放送あり。対英援助を成す国には独は水雷発射を以て報ゆる事を強調し、暗に米国に警告す。愛国日で午前九時より式を行う。対米関係の緊張せる事を〔京城医学専門学校〕校長高調す。この時局を負うて駐独大使大島中将赴任の途次、京城に一泊し、歓迎会に臨む。夜は秋蛍の論文をタイプにて清書し終わる。中央公論青年運動を読み、青年の国家改革に重要なる事を知る。（二月一日）

海外電報に依れば、日米関係次第に緊張す。（略）米海軍戦備に拍車をかけ、本国、ホノルル、比島の防衛増強を急ぐ。（略）欧州を追放されたる猶太人《ユダヤ》シベリア経由日満連絡船を利用し、敦賀へ上陸する者次第に増加す。二日敦賀上陸は二百名を算という。（二月四日）

［前日門司着。汽車に乗り長崎に向かう］座席の前に朝鮮人が坐す。景気好く、日給三円なりという。四十円の時計を有する。長崎着午後三時半頃。ウンゲルン氏を訪問し、フンボルト奨学会に対する各種証明書の独訳を依頼す。好意に謝す。夜、青木君を市営住宅に訪問し、タイプライターを借り、各種証明書の独逸語訳を清書す。十二時過ぎまでかかる。（二月十日）

日曜なれども教室に行き二週間不在の事務を整理する。（略）午後清涼里、京城療養院長鄭君の案内で病院を参観す。アメリカ、メーヨークリニック風の設備なり。アメリカ人院長は米関係悪化のため本国に帰り、鄭君院長となる。彼、教室に於て勉強せんと欲す。同君の紹介に依り独逸人牧師 **Bahr** より独逸文手紙を訂正してもらう。彼朝鮮十六年いたれども、日米関係悪化のため、明後日引き揚げ新田丸にてヒリッピンに行くという。（二月二十三日）

家にて蛍烏賊《ほたるいか》の論文清書せるものに眼を通す。夜になり南、李、野副来たり、学会抄録を書く。野副、耳鼻科手術の妙味を語る。興深し。南は内地風の習慣を知らず、立ち上がって挨拶をし、かつ立て膝をして物を言う。朝鮮の風俗は興味深し。（三月二日）

フンボルト給費生の件に配慮を蒙りたる故《ゆえ》ウンゲルンに礼状を出したるに対し挨拶状来る。余と交際を開始して既に十年になるという。六十を越えたる氏は既に墓場に近きたると述ぶ。日独逸の勝利を生存中に見たしと述ぶ。氏は三月一日より大分市荷揚町《にあげまち》の兄の宅に五週間行くという。（三月四日）

学生は試験終わり、嬉々として校門をくぐって下宿屋に帰る。千日岩、西岡君［組織学教授］の試験に白紙を出したという。彼の及第万々不可能のものの如し。諸教授の評判悪し。崔英植、夫人と自動車に同乗、論文校正を行うため教室に来る。彼の病弱にはつくづく苦りいる。夜『有隣』登載の原稿「興安嶺を越えて」を十枚書く。秀文も入試近き。緊張感を増す。（三月八日）

陸軍記念日なり。朝来飛行機来たり、また市内は学生の行進あり。雨降る。本春は雨多し。薬理学並びに独逸語試験成績の採点を終わり、教務課に出し一安神（ママ）す。東京緒方氏より来信あり。独逸大使館並びに日独文化協会の方に手配する様通知あり、感謝す。長き間新聞人として記事原稿を書きたる彼の筆跡は仲々達筆なり。夜は秋蛍論文付図の整理を成す。秀文も入試明後日に迫り本日は九時頃寝に就かしむ。妻は秀文の入試時に着せる洋服の手入れを成す。独の

春季上陸戦、機未だ熟せずとの新聞記事あり。長期戦に入るものの如し。（三月十日）

［前日、学会出席のため浦上駅到着］彼岸曇りなり。中食後、岳父［国友鼎・解剖学者・長崎医科大教授］と共に市営住宅の後方の山に昇る。暖気甚だしく、桃桜咲き、紫色の小花野に咲き（略）、長崎の春はいつもながらなつかし。中村君［中村定八］京城医専の方を辞去す。角尾学長の中村君追出し運動に躍起となるも、彼断然（略）卒業生のため（略）気を吐く。（三月二十一日）

学会第一日なり。午前発電鯆《いるか》の研究を発表す。聴衆最も多き時にて演舌のやりがいあり。本年次大会出席は余に、島、鈴木、崔英植、赤城、野副、南聖淳の七名［崔、赤城、南は朝鮮人］。演題は主として可視光線の薬物の作用、並びに生活現象に関するものなり。（略）中食は学長の招待あり。午後荻生、岡川、寺田氏をシーボルト宅跡大浦天主堂春徳寺に案内す。夜は富貴楼に於て学会宴会あり。しっぽく料理を食い長崎の芸者の美装を見て柔らかい長崎の **atomosphäre** に浸る。（三月二十七日）

午前中海しゃぼてんの組織像を鏡検す。後、病理高谷氏に依頼して写真撮影す。（略）午後の急行にて秀子［妻］長崎に到着す。その言に依れば、秀文優等生として卒業せりという。彼前途有望なりと大いに期待す。今夜は防空演習中にて全市暗黒なり。光ちゃん、秀子全部集まりて台湾、朝鮮を比較して話に花を咲かす。（三月三十一日）

航海始めの内は凪《なぎ》なりしも、釜山に近づき動揺甚だし。六時十分下船、あかつきに乗る。二、三日前より腹具合悪しく、下船直前下痢を催すも、乗車後やや整う。朝鮮の空はいつに無く曇天なり。釜山の桜は満開なり。午後二時五分京城に着す。まだ相当に寒く、桜の蕾は硬し。秀文京中［京城中学］入学式の日なり。京中徽章入りの新調帽子を被り得意思う可し。独逸派遣に就き井上侯爵、余を推薦する由、東京坪井氏より通知あり。午後三時頃、柴田君夫妻内地引揚お別れの挨拶に来る。弘中氏夫人死去の報を聞く。（四月五日）

崔英植の父、息を連れ御礼旁々《かたがた》挨拶に来る。父の喜び言外に溢る。余に対し平素愛護を蒙りし事を深謝す。英植二十一日任地安城に向け出発するという。種々赴任後の事を説く。父は日本語は解せず。ブロークンの朝鮮語にて意通ず。蛍の幼虫夜に至り二匹のみは砂中に周辺部を彷徨す。桜は八、九分開く。明、日曜日は人手極めて多からん。（四月十九日）

寒気吹き非常に寒し。午前中大熊［医科器械店］並びに丸善に行き、予算の残りにて諸品を購入す。雪さん来たり、美味しき料理をしてくれ久し振りに舌鼓を打つ。子供等も喜ぶ。ギリシャ遂に単独にて講和す。英の援軍のギリシャ退却に当たり、独の飛行機にて襲撃し、第二のダンケルクとなる。靖国神社臨時大祭始まる。悲痛なるラジオ放送を聞く。夜、蛍二匹なお土中に入らず。（四月二十三日）

学校に行く道すがら至る所ライラックの花を見る。旧地には見られぬ好い季節なり。終日室にいて蛍の生活史に関する論文を書く。夜、崔英植君原稿訂正のため来訪す。彼、安城にて人気あり。安城は開城と共に内地人に賑わぬ所の由。やや風あり時々曇る。妻まだ帰らず、家の内、秩序乱る。徳川公爵東照宮三百年記念会より研究費参百円送付し来る。（四月二十八日）

妻長崎より二十日目に帰る。長崎にて風邪に罹り、血色悪し。長崎にて採集せし浦上市商付近の植物（略）トウダイグサ、ミミナグサ、ヒメウジ、イヌフグリ、タチイヌ［ノ］フグリ、タビラコ。妻持ち帰りし笠間［笠間杲雄『回教徒』岩波書店、一九三九年］著回々教を読む。殊に回々教の結婚生活、アラビアのローレンスは興味を引く。彼の凝り性にして研究家はだ［肌］、是々非々主義は自分に似た点を見出す。彼は晩年の不遇にて遂にオートバイより落ち四十九才にて死去す。物に精進する者の運命か。（四月三十日）

雨後やや清涼爽快。発疹チフスの流行を見る。学生の内（略）重症中の者ありと聞く。京城内鮮人の不潔には不快。言語に絶す。衛生志想《ママ》無きため、かくの如く、下流に病多し。本冬の天然痘は下火となりたるも種痘は町内にて行わる。午前は妻と女中と共に病院に行きチフスの予防接種を行う。家にて留守居して秋窓蛍論文の一通目を直す。近日独逸に送る。（五月十日）

午後二時南聖淳を伴い自動車にて光陵に向かう。蛍幼虫を捕えん為なり。奉先寺に宿泊す。住持の厚意に依り寺内にて朝鮮料理の馳走に預かる。朝鮮の星に関する名称伝説を聞く。また仏典に現れたる星座を見る。また同寺所座の世界地図を見る。寺は新緑に包まれ俗塵を脱。心身共に爽なり。夜、蛍を探せども発光動物は発見せられず。温突にて静かに寝に就く。（五月十八日）

朝食後、僧侶達と共に林業試験場に行く。平沼、高木両氏に会す。蛍の事を依頼す。宿泊を強いられしも、再会を期し祝在嶺まで二里歩く。天気晴朗、微風あり。爽快なり。バスに乗り議政府経由教室に帰る。（五月二十日）

午前中南君と共に桂洞町に朝鮮人士俗学者李秉岐氏［今日では時調《シジョ》詩人や朝鮮語学者として知られる］を訪問し、星に関する伝説を聞く。新羅の花郎（少年の修養団体）に関する話は興味深し。彼等は主に忠誠を尽し、名山を探り、郷歌を作り、知を練り、徳を磨く。この志想が日本に伝わり、武士道精神となるという。郷歌の中に現れたる天文に関するもの三つあり。即、処容歌、融天師彗星歌、月明師兜率歌あり。姜邯賛に関する話を聞く。彼は契丹の侵入を追い払いたる名将にてその直、「廉貞星」［星の名］にて今も鮮人大いにこれを敬す。（五月二十八日）

基順（女中）郷里に帰る。その兄、家に来たり妻に暴言を吐く。また隣家の松原の妻も来たり雑言を放つ。また家主渡辺も来たり。立ちのきをせまるも断然正義のためふみ留まる事を決す。源氏蛍の成虫（雄）本日もまた一匹這い出る。夜、崔経世来たり、レントゲン論文を整理し、明日送る事にす。夜おそくまで平壌キリスト教病院内に於けるセブランス出身者の張起呂君追出しの事を語る。（五月三十日）

総督府に元社会課長林勝寿氏を訪問し、借家法の事を聞く。社会課、警察、裁判所にて合同し、借家人擁護につとむる故、そのまま頑張る様すすめたる故、大いに気を強うす。本日新しき女中金永植来る。彼女小学校出にして中々たくみに国語を操る。無邪気にてよき娘なり。（略）ウンゲルン氏に源氏蛍生活史の論文の訂正のため原稿送る。（五月三十一日）

大学［京城帝国大学］石戸谷［勉］氏に昨日採集せし植物を持ち行き教示を仰ぐ。その結果は春おみなえし（かのこ草）、きけまん、細葉のれんり草、及びふなばりそう（ちょうじゅ草と

見しは誤り）なり。（六月七日）

暑気頓《とみ》に加わる。（略）独ソ開戦により独逸行きも当分は望みなし。シベリア鉄道の閉鎖により独逸へ論文発送出来ざるが遺憾なり。（六月二十四日）

崔経世、南聖淳［二人とも助手］教室内にて将棋指しおりを見て大いに訓《さと》す。ドイツ大使館 **R.Schulze** 氏より余をフンボルト奨学給費生に推薦せし旨の手紙来る。独ソ開戦にて頓挫す先方より通知あり。次第通知する旨の通知なり。独逸への希望に一縷の光明を認めたり。速やかに戦争の終わらん事を望む。倉田君長崎に帰り、発電魚の神経染色を長崎松下君に依頼す。（七月十日）

昨日朝鮮人女中金英植出る。母と共に西小門町鉄道従業員の寮に変る。鮮人の無責任には云うに言なし。朝来天気晴朗、涼風吹き、秋の如し。（七月十一日）

朝の気温は二十度なり。よって崔君と共に病院に行き、切片を切る。オスミウム蛍を塩酸アルコールより70％アルマールに移す。本日は咸南北［咸鏡南北道］に行く事となり、女真部落調査を計画し、咸北衛生課長に依頼状を出す。夜、山の上君遊びに来る。又野博士、汗に関す

る研究発表する。（七月十五日）

朝来暑気甚だしく最高は三十三度なり。熱帯蛍の研究をするため材料採集方を村上、永山、立石、杜諸君に依頼を出す。緑旗聯盟津田先般同誌に発表せしものに対し原稿料十五円を持参し礼に来る。三木柱秉君来遊す。昨今独逸より音信更に無し。アメリカ経由の郵便物も独逸よりのものは絶無なり。（八月七日）

［8月18日から姜承鎬を連れて北朝鮮鉱山巡回診療中］午前七時十五分咸興発、城津に向かう。車中江華島の女共が北青に絹行商に行く一群に会す。十月末まで三ケ月北鮮にて働くという。彼女等は全鮮に行商すという。午後一時過ぎ城津駅着。［日本］高周波［重工業］病院に岡本君を訪ぬ。思ったより工場は大ならず。僅かに三年にして工場都市が生まれたり。眺めよき倶楽部にて岡本君より招待さる。料理中々美味なり。姜君ビールによう事甚だし。酩酊の姜君をかろうじてバスに乗せ、城津丸中旅館に投宿す。（八月二十五日）

午前城津駅発咸北巡回診療のため古站駅に下車。鉱山聯盟の人約束に反し来たらず駐在所にて道［咸鏡北道］と連絡をとり、明川にて落ち合うため午後九時四十分まで朝鮮旅館にて汽車を待つ。一昨夜軍用列車に投石事件のため、刑事駐在所に来たり、部員を督励して捜査に努む。

明川、城津、吉州地方は鮮内にて最も思想悪しき所なりという。従来ソ連に行く者多く、赤化思想を抱くという。夜十一時明川宝屋旅館に宿泊す。（八月二十六日）

午前一時過ぎ咸北鉱山聯盟の人来たり、種々打ち合わせを成す。午前八時三十分発吉州に向かい四元黒鉛鉱山に向かわんとして花台［花台郡東南部の舞水端里には今日テポドンの発射基地がある］行の自動車に乗りしも、道路悪しく、不能と知り、直ちに下車。吉州邑に行き、邑長に面会し、咸北道聯盟と電話にて交渉す。午後二時五十分発羅南に向かう。駅にて聯盟の人と会し、四元鉱山を断念し、明日近くの鉱山に行く事を約す。手落ちを陳謝す。菊谷旅館に投宿す。昨年雨天続きにて作物不作。鰯《いわし》は極めて不漁なりという。（八月二十七日）

吉州駅前にて農民（女）じゃがいもににんにくの芽を副えて食っている事を見る。この地方の女は生活意識強く、かつ無作法なり。先般思想犯人五十人中二十人は女なりしという。車中雨強し。午前九時羅南発、生気嶺炭鉱の診療に向かう。午後より鉱山現場に於て六十名の患者の診療に従事す。これを終え、朱乙温泉かなた旅館に投宿。温泉に浴し、旅塵を洗う。終日雨が降り続く。付近の古い朝鮮民家に行き、家の構造を見る。夜朝鮮の民の生活を聞く。（八月二十八日）

午前十時五十分羅南駅発富寧駅。直ちに警察所に行き、巡査の案内にて郡主同行、通虚洞に行き在家僧特種部落を問う。一般鮮人の生活と余り異ならざるも、一般に不潔。文化低きも勤勉の風あり。この部落の酋長金司練の家を訪う。早発性痴呆なり。その他家を訪問し、患者を見る。障子を外より張る事。炊事場の一端に燈火《とうか》をともす所あり。革靴、その他原始的農具あり。夕刻鮮人の有志南昌洙の宅に泊まる。鶏スープ、中々美味なり。（八月三十日）

午前七時半東京城に下車、帰宅す。午前中宅にて静養し、午後教室に行く。留守中支那南口より秋窓蛍、坂口君より送付し来る。また留守中大迫君の息来る。教室にて勉強せしめる事とする。午後教授会開催さる。野尻大佐、小股君招集さる。崔英植君の論文全部印刷出来たり。（九月二日）

住宅問題に就き姜君の友人の山の内判事を裁判所に訪問、よく領会《(ママ)》をはかる。夜、大村氏と共に石黒検事を西四軒町に訪問し、住宅問題の事を聞く。内地六大都市と異なり、借家法案無きため借主に極めて不利。結局家を出ざるを得ぬとの極めて心細き話し。法律は依然として旧体制資本主義的なり。日本もこのまま進めば、亡国の外なし。（九月二十二日）

大村と共に住宅問題の事に就き明治町堀弁護士を訪問して委任状を書く。京城の生活には不

快となる。転向して内科医になりたし、と思う。（九月二十三日）

新しく教室に入らんとする河本君来たり、ラデン細工御膳を（略）持ち来る。朝鮮人らしき行為なり。彼よく語りよく動く。夜、野副、崔経世両君来たり夫々論文を書く。本日朝鮮の秋夕なり。家の女中も午後より外出せしめる。活動写真を見に行きし由。昨日郷里より女中の従兄迎えし来しも、朝鮮語にて充分話し、遂に追い返し、引き続き留まる事となる。夜は曇り、明月を見ず。（十月五日）

昨九日満大［満洲医科大］教授会に於て上海三木君の論文（略）無事通過せし趣、寺田君より電報に接す。直ちに三木君に打電し、かつまた寺田君に謝電を発す。京日［京城日報］に「秋の天上風景」掲載さる。独ソ戦益々猛烈となる。ソ軍オリョールを放棄せりというも、ソ軍必死の抗戦。ヒトラーが運命を托したる乾坤一擲の冒険戦なり。（十月十日）

本日より十日間全国防空演習始まる。妻は終日屋外にて演習に参加す。午後先日満大の教授会を通過せし三木柱秉君の妻、妻の兄（余平忠）、令息及び親族の者四人にて御礼挨拶のため来訪す。（十月十二日）

午前四時半頃起床、徒歩にて学校に行く。本日午前五時頃より防空演習始まるためなり。早朝学生二十名位を召集す。朝学校より朝食を戴く。ラッシュアワーに緊急警報行われ、電車は止まり学生遅刻する者多し。夜、三木君の伯父三木承稷氏御礼挨拶に来る。（十月十四日）

本日緊急教授会開催さる。昨日発表されたる卒業年限短縮に関する対策を協議す。（略）三木君学位祝賀会を鐘路明月館にて開催に就き招待さる。同席の一鮮人は韓国併合以前、朝鮮軍隊に騎兵を建設するため北海道農学校の畜産科に一年学びしという。明治三十五年。握り飯に梅干しを入れて食いし苦を語る。食いにくく二個の内一個を捨てたりという。独軍モスクワより七里の所にせまる。（十月十六日）

秋晴れのよき明治節なり。式後大連満洲医学会に持ち行く画をかく。野副君のアレルギーと可視光線の論文完成。明日森島先生へ送る事とする。午後より清涼里の鄭子英君の宅に行き、住宅の一部を借り受ける交渉を成す。大体において二室ばかり受けられる如し。（十一月三日）

午後三時四十分京城発。片岡教授と共に（略）満洲医学会出席のため大連に向かう。幸いにも二等寝台を入手出来、愉快に旅を続く。非常戦下旅客多きにも拘わらず、車中は比較的閑散なり。北京行きの急行列車なり。（略）食糧不足のためかパンあれどもバターなし（夕食）。車

窓右側に土星、アルデバラン、木星等輝く。日満連絡船氣比丸、ソ連の流水水雷に触れ、沈没。2百名死す。（十一月六日）

大連医院にて二十八回満洲医学会開催さる。（略）朝鮮のそれに比し多く現地の問題を取り扱いかつ真面目の如く感ず。午後六時半より大和ホテルにて宴会開催。来賓として招待さる。大村満鉄総裁と話す。彼は北海道農大出なれば、自然科学に造詣深く中々面白し。（十一月八日）

午前十時大連発急行鳩にて奉天に向かう。車中〔空欄〕氏より蒙古人に関する興味ある話を聞く。午後四時過ぎ奉天駅に長澤君の出迎えを受け、満大に行き寺田君に会い、三木君学位審査にたいする礼を言う。長澤君、寺田君と共に郊外の自宅に行き、そこにとめていただく。寺田君も昨年来、度々追いたちを食い、八月末新住宅をたてたりという。余と全く同じ状況なりと思う。十一時過ぎまで話し、寝に就く。奉天の交通は京城以上なれども洋車、馬車あるため京城よりはよし。（十一月十日）

午後家内及び子供を連れ、清凉里鄭君の宅を訪問す。家の構造を見るためなり。東大門より三十分を要す。思ったより近きも先方の平和を乱するを恐れ、未だ決定せず。住宅営団のアパ

ートかまたは鄭君宅か、未だ決定を見ず。ここ数日極めて暖かし、教室内火を要せず。（十一月十六日）

午前最初の時間の講義を済まし、清凉里療養病院内、鄭子英君の住宅の下に転宅を成す。トラック三台にのせ午前中転宅を完了す。本日天気晴朗。四年半新堂町の住宅を転居し、感慨無量なり。トラック代五十円也。トラック入手中々困難なり。教室員六人加勢に来る。西洋の室にて住み心地一寸変なり。追々慣れるものならん。（十一月二十五日）

昨夜雨降り、大いに暖かし。日米交渉決裂し、本日午前米英に対し遂に宣戦布告を成す。実に有史以来の大事件なり。この日グアム、ホノルル、シンガポール、香港を空襲し、馬来半島上陸す。上海にて英船を撃沈し、米艦を降伏せしむ。西太平洋にて英米と交戦し、シンガポールをも空襲す。東條首相の演舌極めて意味深長なり。世界歴史の一大転換ともいう可し。毎日新報に「星と半島農民」を投稿す。（十二月八日）

開戦後三日間に於ける戦果は次第に明らかとなり、英米の憂色明らかなり。鮮人の日本海軍に対する賞賛の声大なり。三木承稷氏も海軍に一万円を寄付す。開戦第一日よりラジオは一時間毎に放送。その間は軍歌を放送す。（十二月十一日）

午前中三越に行きズボンを買う。粗製品十五円也。源氏蛍発生史に関する論文を訂正す。平家蛍の論文をウンゲルン氏に送る。賀川君病気にてまたまた欠席。顔色悪し。夜久し振りに昇さん、勝美さん（略）等に手紙を出す。ここの生活にもやや慣る。妻は頻りに共同炊事の時、鮮人の不潔に就いて訴う。（十二月十七日）

本日を以て本学期二年級の薬理の講義を終わる。基礎教授会を開く。明年は八月八日まで授業を継続し、七月に入れば実習を始むる事に内定す。非常時愈々身辺にせまり来るを痛感す。（十二月二十一日）

日本薬理学会出演の宿題原稿を書く。（略）赤城、金沢等鮮人が反って文章上手なるに反し、野副、鈴木君等の文章下手なりは皮肉なり。英首相チャーチル敗戦の立ち直しをやる為に米ワシントンを訪問せりという。本日臨時教授会ありしも、多忙なる為に欠席す。崔経世の論文をウンゲルン氏に送る。（十二月二十三日）

三寒日に入り寒気厳し。（略）漸くもち米を入手し、枡屋氏宅に持ち行き、もちにして家内は子供と共に持ち帰る。まきの入手困難にて、東大門外にてまき騒動を起こす気配ありという。

練炭、石炭を充分買い込み、冬ごもりの支度出来、漸く安神す。生活をここまで持ち来すはなかなか困難なりき。長期戦に入れば益々困難となるか。(十二月三十日)

愈々昭和十六年も暮れんとす。国家としては英米に対し大東亜戦争勃発し、一家としては住宅難に苦しみ貫きたる後、遂に清涼里に移転す。不愉快たる連続なりしも、戦後に於ける日本の輝かしき将来を考え、忍苦せざるを得ず。来年は是非宿望の理学博士論文提出に邁進せんとする心算なり[昭和二十年北海道大学で学位授与さる]。昭和十六年。いざさらば。午後十二時記了。(十二月三十一日)

三　朝鮮に与えられ、また与えた人

『朝鮮の自然と生活』に所収されたいくつかのエッセイや日記から知ることができるのは、挾間が朝鮮の地から与えられた人であると同時に、与えた人でもあるということで、このような人がこの時代に朝鮮で仕事をし、生活をしていたということは幸いなことであったと思う。ただし挾間文一は偶然朝鮮にてやってきた人であって、朝鮮ではなく、他の地に飛ばされても、おそらくはその地でなにかしら新しい関心事を見出し、探求心を発揮し、なにかしらの発見をしていたのだと思う。『自然科学　南と北』にはそんなことを思わせる文がある。

四、五年前の十月末のことであった。台湾の南端四重渓温泉で旅塵を洗った私は、黄昏の椰子の並木道を散歩していた。どこからともなく夕闇を突いて、龍舌蘭《りゅうぜつらん》の甘い香を含んだ涼風が熱帯の感触を運んで来る。ふと路傍の草叢《くさむら》を見ると幽かに光るものがある。手にとって観ると翅《はね》の黄色い珍しい蛍である。温帯の黒い蛍しか見たことのなかった私は、好奇心に駆られてさらにその付近を探すと、今度は翅の縁辺《えんぺん》の黄色い蛍が見つかった。あとで調べてみると前者はつま黒蛍、後者は黄べり蛍と呼ぶ大東亜共栄圏には最も普通な熱帯蛍とわかった。それからというものは旅先で蛍を採集するようになり、延《ひ》いてはいろいろな発光動物への興味が唆《そそ》られ、動物学専攻ならぬ私が脱線して発光器の研究に深入りし、最近この研究をまとめて出版することとなった。旅先のちょっとした出来事が意外な結果をもたらしたものである。この台湾旅行が動機となって旅を科学する楽しみを覚え、旅館の庭の中で見慣れぬ昆虫を捕らえたり、停車の短い時間に駅の構内で珍しい植物を採集したり、或いは通りすがりの農民の珍奇な皮膚病を調べたり、僅かな時間に少し注意を払うだけで、意外な旅の収穫を挙げ得ることを知った。これだけの臆劫《おつくう》さから、世間一般の旅行者たちは、むざむざと旅の獲物を逸しているのが、時にはお気の毒にさえ思われて来る。私はずいぶんと各地を旅行もし、また時には純学術的な調査行にも参加する機会に恵まれたが、南に北に親しく行脚した日の珍奇な見聞を自然科学的見地から綴ったものが本書なのである。

本書の中では、私の興味のままに、南海の発電魚のことを述べるかと思えば、北満の奇病に就いて記し、また北京原人の頭蓋骨を通じて人類学を説き、朝鮮農民の間に伝わる星の伝説中から天文学を論ずるなど、旅の合間に割き得る零砕《れいさい》な時間を利用して調査し得た事象が、いろんな角度から述べられてある。これ等の記載を通じて、旅から自然科学的な知識をとり得る喜びを世間の人たちに頒《わか》ちたいのが、私の希求するところである。

過去に於いて踏破した旅の足跡を顧みると、興安嶺の湿地帯通過に難渋したこと、白頭山頂の天池畔で台風に襲われて不安な一夜を明かしたこと、匪賊の来襲に怯えながら万里の長城を見物したことなど、辛かった反面にも、全山芙蓉の花に彩られた阿里山の美観、張家口の華賓楼で友と烙羊肉をつつきながら、回教徒の食物に就いて語り合った愉快な思い出、さては春宵の東支那海を走る大連丸から仰ぎ見た煌々たる南極老人星の瞬きが、日に日に追懐されてならぬ。研究室から旅へ、旅から研究室へと、私の慌しい生活がこれからもずっと続くことであろう。(『自然科学　南と北』力《ちから》書房、一九四三年、一〜三頁)

文一はしかしこれを記した翌年肺結核の病に倒れ、病院船で福岡の九州大学病院に運ばれるが、回復することはなかった。それにしても右の文の末尾にある文は、先に引用した『朝鮮の自然と生活』の序文に似て、どこか自分の短い生涯が今終わりに近づいていることに気がついている風である。夫に先立たれた妻の秀子はその前年には母を原爆で失っているが、戦後はその原爆で妻も研究資料の大半も失った老父(国友鼎)の介護をしながら、娘の濟《なる》(濟子)と息子の秀文を育て、一九八四年に亡くなっている。

註

1　アレクサンドル・イズヴォリスキーは日本大使時代の一九〇〇年、日露両国による大韓帝国の分割を日本に提案した人である。一九〇六年ストルイピン首相の下で外務大臣に就任するが、一九一〇年に解任。その後フランス大使となるが、ロシア革命後もフランスに留まり、その地で没している。娘のヘレーネはパリに戻ると反革命派知識人として活動し、渡米後はカトリック労働者運動系の学者や作家として活動し、一九七五年ニューヨーク州で没している。ヘレーネはむしろロシア語式に「エレーナ」と記すべきかもしれない。

なおウンゲルンの兄バルタザールについては土井久美子著「バルタザール・ウンゲルン゠シュテルンベルク氏について」(『大阪市立美術館紀要』第一五号、二〇一五年)の論考がある。バルタザールは日本美術品の蒐集家で、晩年その所蔵品を大阪市立美術館に寄贈している。

鄭大均（てい・たいきん）

一九四八年岩手県生まれ。韓国系日本人。専攻は日韓関係論、在日外国人。立教大学、UCLAで学び、八一年から九五年まで韓国の啓明大学校外国学大学等で教鞭をとる。現在は東京都立大学名誉教授。
著書に『増補版　韓国のイメージ』『日本のイメージ』『在日の耐えられない軽さ』（いずれも中公新書）、『在日・強制連行の神話』（文春新書）、『韓国のナショナリズム』（岩波現代文庫）、『韓国が「反日」をやめる日は来るのか』（新人物往来社）、『日韓併合期ベストエッセイ集』（編書、ちくま文庫）などがある。

筑摩選書 0256

隣国《りんごく》の発見《はっけん》
日韓併合期《にっかんへいごうき》に日本人《にほんじん》は何《なに》を見《み》たか

二〇二三年五月一五日　初版第一刷発行

著　者　鄭大均《ていたいきん》

発行者　喜入冬子

発行所　株式会社筑摩書房
東京都台東区蔵前二-五-三　郵便番号 一一一-八七五五
電話番号　〇三-五六八七-二六〇一（代表）

装幀者　神田昇和

印刷 製本　中央精版印刷株式会社

ISBN978-4-480-01774-1 C0336

筑摩選書
0174

台湾物語
「麗しの島」の過去・現在・未来

新井一二三

ガイドブックよりも深く知りたい人のために！　台湾でも活躍する作家が、歴史、ことば、民俗、建築、映画、そして台北、台中、台南などの街と人々の物語を語る。

筑摩選書
0179

南方の志士と日本人
インドネシア独立の夢と昭和のナショナリズム

林　英一

インドネシア人初の日本留学生たる二人は独立の志士。戦前から戦後にかけて「親日」と「反日」の間を揺れ動き、壮絶な人生を送った彼らと日本人との交流を描く。

筑摩選書
0192

アジア主義全史

嵯峨　隆

アジア諸国と連帯して西洋列強からのアジア解放を目指したアジア主義。その江戸時代から現在までの全史をたどりつつ、今後のアジア共生に向けて再評価する試み。

筑摩選書
0207

紅衛兵とモンゴル人大虐殺
草原の文化大革命

楊海英

文化大革命で中国政府は内モンゴルのモンゴル人三四万六〇〇〇人を逮捕し、二万七九〇〇人を殺害した。それを実行した紅衛兵の実態を暴き、虐殺の真相に迫る。

筑摩選書
0209

乱歩とモダン東京
通俗長編の戦略と方法

藤井淑禎

一九三〇年代の華やかなモダン東京を見事に描いて、読者の憧れをかきたてた江戸川乱歩。都市の魅力を盛り込み大衆の心をつかむ、その知られざる戦略を解明する。

筑摩選書
0210

日本回帰と文化人
昭和戦前期の理想と悲劇

長山靖生

横光利一、太宰治、保田与重郎、三木清、京都学派……。彼らは絶望的な戦争へと突き進む日本に何を見たか。多様な作品を読み解き、その暗部に光を当てる意欲作。

筑摩選書
0214

中国共産党、その百年

石川禎浩

創立百周年を迎える中国共産党。いかにして超巨大政権党となったのか、この組織の中核的属性はどのように形作られたのか、多角的に浮き彫りにした最良の通史!

筑摩選書
0232

日清・日露戦史の真実
『坂の上の雲』と日本人の歴史観

渡辺延志

『日清戦史』草稿の不都合な事実はなぜ隠蔽されたか。『日露戦史』でもなされた戦史改竄が遺した禍根を考察し、『坂の上の雲』で形成された日本人の歴史観を問い直す。

筑摩選書
0241

基地はなぜ沖縄でなければいけないのか

川名晋史

沖縄に米軍基地が集中し、その状態が続くのはなぜか? この問題の解決策とは? 基地問題の「解決」をめぐり論争が続く今、基地研究の成果を世に問う渾身の書!

筑摩選書
0254

日本政教関係史
宗教と政治の一五〇年

小川原正道

統一教会問題でも注目を集めている政治と宗教の関係の変遷を、近現代の様々な事例をもとに検証。信教の自由と政教分離の間で揺れ動く政教問題の本質に迫る。